JN425682

SAS 시스템과 SAS 언어

제7판

성내경 저

자유아카데미

머 리 말

한국 최초로 펴낸 본격적인 SAS 해설서로서 1990년도에 초판을 발행한 「SAS 시스템과 SAS 언어」는 그 간 수많은 독자 제현들이 보내준 관심에 힘입어 이번에 7판을 발간하게 되었다. 제 7판에서는 SAS 9.1/9.2를 기준으로 해설을 진행하고 있는 바, SAS 9.1판 이상은 SAS 연구소에서도 스스로 밝혔듯이 윈도우즈용 SAS의 결정판이라고 할 수 있다. 이에 부응하여 본서에서도 SAS 9.1판 이전의 흔적은 대부분 삭제하고 새로 도입된 운용 환경에 적합하도록 전면적 개정을 하였다.

불과 20여년의 세월이지만 그 동안 컴퓨터 환경의 급속한 변화는 괄목할 정도라 하겠다. 운영체제도 도스는 더 이상 찾아보기 힘들고 윈도우즈가 주축이 되었다. 그런데 컴퓨터 사용 환경이 바뀌더라도 SAS 시스템의 작업 방식은 기실 과거나 지금이나 별 차이가 없다. 왜냐하면 컴퓨터를 운용하는 방식이 바뀌어도 통계분석법이 달라지는 것은 아니기 때문이다.

7판에서도 전과 마찬가지로 SAS 시스템을 구동하여 통계 데이터 분석을 할 때 꼭 필요한 프로그래밍 기법들을 비롯하여 특히 SAS 시스템 전체를 소개하는데 주안점을 두고 있다.

SAS 시스템을 처음 접하거나 컴퓨터 사용이 미숙한 이들은 반드시 책에 나와 있는 내용 그대로 컴퓨터 앞에 앉아 직접 실습해보기를 권유한다. 컴퓨터에 관한 한 책을 읽어 이론을 이해한다는 것과 실제로 사용할 수 있느냐는 전혀 별개의 문제다. 컴퓨터는 많이 써본 사람만이 더 잘 알고 능숙하게 이용할 수 있으며, 우리가 컴퓨터를 사용하는 목적인 생산성을 높일 수 있다.

그 간 생각 밖으로 많은 독자들로부터 SAS 작업시 나타나는 여러 문제점들에 대한 해결 방법들을 질문받았다. 이러한 질문들에 응답하는 과정에서 부족하다고 느꼈던 사항들도 이번 기회에 추가하였다. 또한 여러 자문회사들에서 데이터마이닝에 관련된 컨설팅을 수행하면서 꼭 필요하다고 느꼈던 데이터 조작법을 추가하였다.

그 간 본서에 기대 이상의 많은 관심을 보여주고 더 나은 책을 만들 수 있는 기회를 준 독자 제현께 감사의 말을 드린다.

2009년 1월
成 來 慶

제1판의 머리말

최근에는 어느 학문 분야를 막론하고 통계학을 응용하지 않는 분야를 찾아보기 어렵다. 인문·사회 분야는 물론이고 이공 계통의 거의 모든 분야에서 통계 분석 기법을 활용하고 있는 것이 현실이다. 통계적 자료분석 기법의 응용이 필수적인 여러 분야의 공통점은 다음 두 가지다. 첫째로 자신의 분야에서 제기된 질문에 답하기 위하여 수집된 자료에 대한 통계적 해석이 요구된다는 점이다. 두번째는 대부분의 경우 자료가 상당히 커서 손으로 직접 모든 필요한 계산을 할 수가 없다는 점이다.

자료를 모으고 적절한 분석 방법을 선택하는 작업은 일반 통계학 교재를 참고하면 되겠으나, 실제로 계산을 하려면 반드시 컴퓨터에 의존할 수 밖에 없다. 이것은 시간과 비용을 절감하며, 더욱 정확한 수치 및 결과를 얻을 수 있다는 실용적인 측면에서 더욱 그러하다. 컴퓨터를 이용하여 통계 분석을 하려면 필히 원하는 분석에 상응하는 프로그램의 개발이 수반되어야 한다. 그러나, 개인적으로 필요한 모든 프로그램을 일일이 작성하여 자료분석을 해야한다면 그러한 시간 낭비도 없을 것이며 컴퓨터를 이용한 통계자료 분석의 매력도 퇴색될 수 밖에 없다.

SAS는 표준화된 자료 입력 방식과 분석 결과의 출력 방식을 근간으로 각종 통계 분석 프로그램을 결집하여 하나로 만든 포괄적인 통계 분석 패키지 프로그램이다. 통계 분석 패키지 프로그램은 SAS 외에도 무수히 많지만 SAS만큼 다양한 분석 기법을 제공하고 인기있는 패키지 프로그램은 당분간 찾기 어려울 것이다.

이 책에서 해설하는 PC/SAS는 개인 컴퓨터용으로 개발된 SAS를 뜻한다. 개인 컴퓨터용 SAS라도 원래의 대형 컴퓨터용 SAS와 비교하여 별 차이는 없다.

필자가 처음 SAS에 접한 것은 1984년 미국에서 유학 생활을 시작할 때다. 그 당시만 해도 국내에 들어와있던 통계 패키지 프로그램으로는 주로 사회과학 분야에서 많이 쓰이던 SPSS밖에 없었고, 그밖에 수학 및 기초 통계 수준의 FORTRAN 부프로그램 패키지인 IMSL 정도를 꼽을 수 있었다. 그리고 자신이 작성한 프로그램은 언제나 천공 카드에 담아 실행시키는 것이 보편적이었다. 그런 상황에서 유학 생활을 처음 시작하게 되었는데 한 학기 동안 필수로 가장 먼저 배운 것이 바로 SAS 사용법이었다. 당시에는 미국에서도 IBM-PC가 갓 등장한 직후였고 개인용 컴퓨터에 하드 디스크를 다는 것은 상상할 수도 없었던지라 대형 컴퓨터에 연결된 터미날에서 SAS 프로그램을 편집하고 편집이 끝나면 곧바로 실행시켜 결과를 보고, 또 틀린 곳이 없으면 인쇄기로 넘기는 식이었지만 카드 천공기에 익숙한 필자에게는 경이의 연속이었고 또 그만큼 새로운 시스템과 새로운 언어에 익숙해져야 하는 고통이 한동안 지속되던 기간이었다.

단순히 자신에게 필요한 만큼의 SAS에 대한 지식만 갖추는 것으로 끝났다면 아마도 오늘에 와서 감히 SAS 해설서를 저술할 수는 없었을 것이다. 유학 생활 중 필요한 학비는 연구 조교를 하면서 조달하였는데 그때 맡은 임무가 주로 가정대학과 인문사회대학에서 넘어오는 각종 통계자료 분석에 대한 상담 역할이었고 통계분석 프로그램은 전부 SAS를 이용하여 작성하였다. 이공 계통의 실험 결과는 대체로 통계 분석이 용이한 자료 형태를 갖추고 있지만 가정대나 인문사회대 쪽의 자료는 의뢰인의 입장에서는 가장 이해하기 쉬운 형태로 정리되었다고 할 수 있을지 몰라도 분석하는 사람의 입장에서는 글자 그대로 엉망진창인 경우가 대부분이었고 따라서 자료에 대한 체계적인 정리가 선행되지 않는한 의뢰된 자료에 대한 직접적인 통계 분석의 적용은 거의 불가능하였다. 게다가 전공 분야마다 사용되는 학술 용어의 차이도 그다지 쉽게 이해할 수 있는 것은 아니었다. 이 몇년간 SAS를 사용하면서 갖가지 희한한 형태의 자료분석도 많이 경험하였고 더불어 무수히 많은 오류를 범하기도 하였다. 짐작하거니와 SAS 프로그램을 작성하는 것보다는 유발된 에러 메시지를 이해하고 오류를 수정하는데 더 많은 시간을 소비하였고 또 그 과정에서 어느 정도 SAS 사용법에 익숙해졌다고 생각한다.

PC/SAS는 AT 급의 개인용 컴퓨터의 보급이 확산되고 대용량의 하드 디스크 가격이 떨어지던 1986년 경에 처음 등장하였다. 터미날에서 SAS 프로그램을 편집 및 실행하고 대형 컴퓨터 사용료를 절약하느라 늦은 시간까지 터미날 앞에 붙어앉아 있는 것을 당연시하다가 아무 때나 편리하게 사용할 수 있는 개인용 컴퓨터에서 방대한 SAS 시스템을 작동할 수 있게 되었다는 사실은 또 하나의 경이였다. 최초에는 PC를 사용해서 분석할 수 있는데는 제약이 따르리라는 불신감이 앞섰으나 궁극적으로 대형 컴퓨터용 SAS나 PC/SAS나 전혀 차이가 없다는 점을 확인할 수 있었고 따라서 이러한 초기의 불신감은 시간이 지남에 따라 전부 희석되어 버렸다. 물론 계산 속도의 차이는 상존하지만 PC/SAS 사용의 간편성은 속도의 차이를 상쇄하고도 남음이 있다.

결국 필자는 PC/SAS에 매료되었고, 어느 때인가는 정확하지 않으나 개인적으로 필요한 자료분석은 전부 PC/SAS를 이용하게 되었다. 심지어 통계 분석과는 전혀 상관없는 보통 프로그램까지도 PASCAL이나 FORTRAN 등은 제쳐두고 아예 SAS를 이용하여 작성하는 것이 더 편하게 느껴지게 되었으며 이 점은 아직도 그러하다.

지난 1989년 초가을 유학 생활을 청산하고 귀국해보니 그 사이 한국에서도 SAS의 사용이 점점 더 늘어나는 추세에 있다는 사실을 깨닫고 그 간 실무 경험으로 축적된 SAS 사용법에 대한 해설서를 집필할 생각을 굳혔다. 그러나 SAS 시스템 자체가 워낙 방대한 까닭에 개인용 컴퓨터에서 작동되는 PC/SAS라도 단 한 권의 책으로 전체를 해설하기란 불가능하여 SAS 시스템을 구성하는 단위 소프트웨어 별로 순차적으로 해설서를 저술할 계획을 세웠고, 이 책은 그 중 제1권에 해당한다. 앞으로 계속 출간될 해설서에서는 다음과 같은 순서로 SAS 시스템의 사용법을 해설할 예정이다.

기본 SAS 소프트웨어와 SAS/STAT (I)
SAS/IML
SAS 마크로(Macro)
SAS/GRAPH
SAS/STAT (II)

이 책에서는 PC/SAS 시스템의 전체적인 개요와 SAS 프로그램을 작성하는 모체인 SAS 언어에 대한 포괄적인 해설을 하였다. 경험상 그다지 많이 쓰이지 않고 불필요하다고 생각되는 부분의 해설은 생략하였다. 그리고 단순한 용법의 해설을 지양하고, 가급적 실제 사용례를 많이 들었으며, 필자가 작성하여 플로피 디스크에 오래 전부터 보관해둔 프로그램 중에서 많은 사용례를 추출하였다. 몇 가지 부분의 해설은 SAS 연구소에서 공식적으로 발간된 해설서에도 나오지 않는 것들이 있는 바 이들은 필자 스스로 SAS를 연구하면서 깨우친 것들이다. 그리고 이 책의 모든 해설은 SAS 6.03판 이상을 기준으로 하였다. 6.02판 이하의 SAS 시스템의 용법과 다소 다른 부분도 있을 것이나 대부분 지엽적인 차이에 지나지 않는다.

모든 컴퓨터 소프트웨어 지침서들의 한 가지 가장 큰 공통점은 쉽게 이해할 수 없다는 점이다. 이 점에서는 영문 SAS 지침서 역시 예외가 아니다. 이런 점을 고려하여 이 책에서는 가급적 평이한 사용법 해설이 되도록 노력하였다.

이 책에서는 컴퓨터에 대한 기초 지식과 가장 초보적인 SAS 시스템의 사용법 해설에도 상당 부분을 할애하였지만 그렇다고 해서 컴퓨터도 모르고 SAS를 들어본 적도 없는 초심자들을 대상으로 집필한 것은 아니다. 그러한 기초 지식은 다시 한 번 더 복습한다는 의미에서 첨가하였을 뿐이다.

그리고 이 책의 초반부는 이화여자대학교 통계학과 2학년 대상의 SAS 강의를 간추린 것으로 집필 중 반응이 빠르고 씩씩하며 활발한 학생들 덕을 많이 보았다.

이 책을 참고로 하여, SAS 시스템의 사용법에 더 익숙해지고 언뜻 어려워보이는 자료 처리를 손쉽게 해결할 수 있다면, 필자로서는 더 바랄 것이 없다.

끝으로 이 책은 지난 30여년 뒷바라지에 애쓰신 부모님께 바친다. 스스로 자식을 낳아 길러보니 고마운 느낌이 더욱 절실하다.

1990년 4월

成 來 慶

차 례

4. 수식과 함수 · 77

5. DATA 단계의 SAS 문장들 · 117

6. PROC 단계의 SAS 문장들 · 243

7. 어디서나 사용하는 SAS 문장들 · 261

8. SAS 시스템의 운용 · 277

부록 I - SAS 절차 일람 · 299

1

SAS 시스템

1.1 통계 패키지 SAS

고속 컴퓨터의 등장과 그로 인한 계산 능력의 비약적 발전에 따라 오늘날 각 분야에서 처리해야 할 데이터의 양은 나날이 방대해지고 있으며 아울러 신속정확한 의사결정을 위한 적절한 통계 분석의 필요성 또한 그에 비례하고 있다. 현대통계학의 발전도 컴퓨터의 출현에 힘 입은 바 크다. 컴퓨터가 없던 시절에는 분석 시간을 엄청나게 요구하는 복잡한 통계방법에 대한 연구는 엄두도 내지 못했으나 고성능 컴퓨터의 보급에 따라 통계학의 발전도 가속화되어 과거에는 감히 생각지 못했던 새로운 분야가 많이 나타나게 되었다. 새로운 분야 중에서도 데이터마이닝(datamining)과 같이 대용량 데이터와 고속 컴퓨터의 계산 능력이 결합된 기법의 등장이 돋보이며 또 기존 통계 방법 중 회귀분석, 다변량분석 등과 같이 컴퓨터의 도움 없이는 거의 계산이 불가능한 분야의 발전이 눈부시다. 또한 통계 문제를 더 효율적으로 다루기 위한 컴퓨터 알고리즘을 연구하는 전산통계학(computational statistics) 등이 빠른 속도로 발전하고 있다. 따라서 통계학을 제대로 활용하려면 컴퓨터에 대한 이해가 필수적이며 기본적으로 한두 가지 통계 소프트웨어에 대한 지식을 반드시 습득해 놓아야 한다.

작금에 통계적 자료분석 기법을 조금이라도 사용하지 않는 분야는 거의 찾아보기 어렵다. 기업과 관공서를 비롯하여 연구기관에 이르기까지 계속 축적되는 데이터로부터 조금이나마 쓸모 있는 정보를 얻어내려면 통계학에 기대지 않을 수 없는 것이 현실이다.

그런데 지금까지 통계학에서 개발된 자료분석법들은 이루 헤아릴 수 없을 만큼 많다. 예를 들어 누구나 다 활용하는 초보적인 자료분석법으로 막대그래프, 히스토그램 따위의 도표, 또 산술평균, 중앙값, 표준편차, 상관도 등과 같은 간단한 기술 통계량의 계산과 해석 등을 꼽을 수 있다. 또한 전문적인 고급 통계 기법으로 회귀분석, 분산분석, 다변량분석 등을 들 수 있다. 덧붙여 상황에 따라 적용할 수 있는 자료분석 기법의 다양함에 버금가게 통계조사 혹은 통계실험으로부터 얻어지는 자료의 구조 또한 천태만상이다. 만약 주어진 상황에 적합한 통계 분석을 위해 각 경우마다 일일이 개별적인 컴퓨터 프로그램을 작성하여 통계 분석을 해야한다면 지극히 불편할 것이다.

이런 문제점을 일거에 해결하는 간단한 방법은 다양한 형태의 원시 데이터를 시스템의 표준 형식으로 변환하여 저장한 후 시스템에 집적한 각종 통계 데이터 분석법들을 통일된 형식으로 적용하여 분석하고 처리할 수 있는 **소프트웨어 패키지**(software package)를 제작하는 것이다. 이와 같이 많은 부속 프로그램들이 동일 구조 하에 통합된 소프트웨어 패키지 중 특히 통계 자료처리와 분석이 주목적인 패키지를 **통계 패키지**(statistical package)라 한다.

어떠한 통계 패키지든 자체의 고유한 입력 방법으로 원시 자료를 읽어들이고 사용자가 선택한 단위 프로그램으로 자료 처리를 한 후 처리 결과를 그 나름의 표준 방식에 준하여 출력하게끔 설계되어있다. 그리고 소프트웨어 패키지를 구성하는 단일 모듈(module)에서 만들어진 데이터는 시스템 내 다른 모든 모듈에서 공유할 수 있도록 설계된다. 즉 입출력 방식이 소프트웨어 패키지마다 고유한 방식으로 고정되어 있으며, 부속 프로그램 중 어떠한 것을 사용하더라도 그 데이터나 중간 결과 또는 출력을 공유할 수 있는 것이다. 그렇지만 원래 서로 다른 소프트웨어 패키지들 간에는 호환성이 없다. 다만 최근에는 통계 패키지들마다 자기와 다른 데이터 포맷을 자체 포맷으로 변환하는 도구 프로그램을 지원하기 때문에 데이터 공유에 큰 문제는 없다.

우리 나라에서 주로 사용하는 통계 패키지로는 SAS, SPSS, MINITAB 등을 들 수 있다. 통계 패키지의 종류는 수백 가지에 이른다. 그들 중 현재 세계적으로 가장 시장 점유율이 높고 따라서 가장 널리 사용되는 것이 바로 SAS다. 기타 S-Plus, BMDP, Stata, NCSS, STATISTICA 등과 같은 통계 패키지 프로그램이 수없이 많으나 지원하는 통계 분석법의 종류라든가 인기도 등에서 SAS는 타 프로그램의 추종을 불허하고 있다.

SAS는 범용 통계 패키지다. 즉 SAS 하나만 있으면 존재하는 거의 모든 통계 분석을 할 수 있다. 이와 대치되는 개념이 전문 통계 패키지로서 이런 소프트웨어로는 특정 분야의 자료 처리만 전문적으로 수행할 수 있다. 예를 들어 SUDAAN과 같은 통계 패키지는 조사(survey) 데이터 분석만을 전문적으로 수행하며, StatXact는 오로지 정확검증(exact test)에 관련된 분석에만 탁월하다. 전문 통계 패키지들은 그 분야에 대한 자료 처리와 분석에는 탁월하지만 똑같은 데이터로 색다른 분석을 시도하지 못하는 단점이 있다. 반면에 하나의 시스템으로 모든 자료 처리를 일관성있게 수행할 수 있고 종류가 다른 통계 분석 작업을 같은 환경에서 처리할 수 있는 것이 범용 소프트웨어의 장점이다.

SAS의 장점으로는 존재하는 거의 모든 통계 분석법을 지원하는 점과 또한 강력한 데이터 구조 변경 능력을 들 수 있다. 더불어 아무리 대용량의 데이터를 불러와도 시스템이 다운되지 않는 안정성 등이 SAS가 많이 이용되는 주요 이유라 할 수 있다. 그렇다고 SAS가 가장 좋은 통계 패키지라고 단언하기는 어렵다. 왜냐하면 SAS는 전문가를 위한 시스템으로 인식될 만큼 사용법을 익히기가 다소 어렵기 때문이다. SAS 언어에 익숙해져야 비로소 SAS를 제대로 사용할 수 있으며 또 SAS를 잘 활용하려면 무엇보다 튼튼한 통계 지식이 뒷받침되어야 한다. SAS에서 지원하는 통계분석법들은 너무 많아 사실상 전문가라도 다 알지 못한다. 그러나 기초적인 통계분석을 하기 위하여 요구되는 지식은 기실 그리 많지 않다.

1.2 SAS 시스템 개요

SAS는 **SAS 연구소**(SAS Institute: http://sas.com)에서 개발한 그리고 아직도 새로운 개발이 진행 중인 각종 통계분석을 위한 통계 패키지 프로그램인데 SAS가 처음 등장하였을 때에는 그 사용법 해설서가 불과 40 여쪽에 미달하였지만 지금까지 계속 보완되고 발전된 결과 현재는 SAS 연구소에서 공식적으로 간행된 해설서가 총계 수만 쪽이 될 정도로 큰 소프트웨어가 되었다.

SAS는 1970년대 초 미국 북캐롤라이나 주립대학에서 농업분야 실험의 관리와 분석을 목적으로 개발한 통계 소프트웨어로서 원래 'Statistical Analysis System' (통계분석 시스템)를 뜻하는 약자였다. 그러나 최근에는 전통적인 통계분석 이외에도 기업경영과 관리 분야에서 새롭게 대두된 자료분석 겸 문제해결 도구로 각광받는 고객관계관리(CRM: customer relationship management), 데이터마이닝(datamining) 등 경영관리기법들을 대폭 추가하면서 SAS 연구소에서는 더 이상 'SAS'는 통계분석에 국한된 소프트웨어 이름이 아니라 그냥 상표명이라고 홍보하고 있다. SAS는 흔히 '쌔쓰', 또는 영어 자모 그대로 '에쓰에이에쓰'라 읽는다. 편의상 이 책에서는 원어 그대로 SAS로 표기한다.

SAS는 그 동안 통합된 통계분석법은 물론이요 자료의 관리, 검색 및 집계, 보고서 작성, 그래프 작성, 프로그래밍 등 다양한 기능에 첨단 경영진단 기법까지 갖춘 종합정보처리시스템으로 발전해왔다. 실제로 통계뿐 아니라 경영 기법 등을 포함한 매우 신뢰도가 큰 종합정보처리시스템으로 평가받고 있는 SAS는 다른 통계 패키지와 비교할 때 다음과 같은 장점이 있다.

- 데이터의 구조 변경이 용이하다.
- 현재까지 공인된 거의 모든 통계분석을 포함하고 있으며 보고서 작성뿐 아니라 발표용 그래픽에도 탁월한 성능을 보유하고 있다.
- 일반관리업무용 소프트웨어로 많이 사용되는 Excel, Oracle 등 다양한 데이터베이스 포맷으로 저장된 데이터를 직접 입력할 수 있다.

역사 오랜 다른 통계 패키지들도 마찬가지지만 SAS는 원래 대형 컴퓨터용으로 개발되었는 바 1980년대 중반부터 개인용 컴퓨터의 보급이 폭발적으로 늘어나면서 PC용 SAS가 출현하게 되었다. PC용 SAS나 대형 컴퓨터용 SAS나 그 기능 면에서 차이는 거의 없다. 간편히 사용할 수 있다는 점에서는 오히려 PC용 SAS가 더 낫다고 할 수도 있겠다.

PC용 SAS에는 도스판(DOS version)과 윈도우즈판(Windows version)이 있다. 도스용 SAS는 6.04판을 마지막으로 단종되었다. 6.12판부터 시작된 윈도우즈용 SAS는 현재 9.2판까지 나와있는데 완전히 다 설치하려면 약 2 GB 이상의 디스크 공간이 요구된다. 통계분석에 관련된 핵심 부분만 재단하더라도 최소한 약 500 MB의 하드디스크 공간을 소모하는 엄청난 규모의 소프트웨어다.

윈도우즈용 SAS는 도스용 SAS에 비하여 비교적 최근에 개발되었기에 여러 가지 새로운 통계 분석 절차와 문제 해결 도구들이 추가되고 사용하기가 약간 쉽다는 이점은 있으나 통계 분석에 국한하면 근본적 변화는 거의 없다고 하겠다. 이는 당연한 것이, 계산 환경이야 바뀔 수 있지만 근본적인 통계 분석법이 바뀌는 것은 아니기 때문이다. 다만 윈도우즈는 그래픽 위주의 사용자 환경(GUI: graphical user interface)을 제공하기 때문에 이를테면 SAS/GRAPH의 출력을 더 세밀하게 다듬거나 모든 종류의 SAS 출력을 그대로 다른 윈도우즈 응용 프로그램으로 보내는 작업 등을 간단히 처리할 수 있다.

SAS를 이용하여 자료분석을 하려면 먼저 **SAS 프로그램**(SAS program)을 만들어야 한다. SAS 프로그램은 **SAS 언어**(SAS language)로 작성하며, SAS 언어는 범용 컴퓨터 언어인 C, C++ 등과 같이 고유 문법이 있고 사용 가능한 어휘가 있다. 본서에서 특히 집중적으로 해설하는 내용이 바로 SAS 언어의 사용법이다.

1.3 SAS 시스템의 설치

SAS는 개인에게 판매하는 소프트웨어가 아니며 기관 또는 기업을 대상으로 매년 임대하는 형식으로 보급한다. 따라서 SAS는 컴퓨터가 인식하는 오늘 날짜를 라이센스 파일(license file)에 주어진 임대 만기일과 비교하여 날짜가 지났으면 작동되지 않는다. 임대 만기일을 갱신하려면 새로운 라이센스 파일을 받아 실행시켜야 한다.

라이센스 파일의 형식은 버전에 따라 다르다. 8판 이전에는 SETINIT.SAS, 8판에서는 SETINIT.SSS, 9판부터는 SETINIT 대신 SID.TXT (SAS Installation Data) 파일을 사용한다. SETINIT에는 SAS 시스템을 임대한 각 사이트(site)마다 고유한 라이센스에 대한 정보가 들어있다. SID 파일에는 SETINIT 정보에 더하여 그 사이트에서 라이센스를 획득한 단위 소프트웨어들에 대한 정보도 수록되어 있다. SID 파일의 이름은 예를 들어 SAS9*n*_xxxxxx.txt와 같이 주어진다. 즉, 사이트 'xxxxxxx'에 대한 9.*n*판의 SID 파일이란 의미다.

SAS를 설치하려면 자신이 설치하려는 버전에 합당한 라이센스 파일을 먼저 디스크에 복사해두어야 한다.

1.3.1 SAS 9.1.3판의 설치

SAS 9.1.3을 구성하는 CD들의 목록은 다음과 같으며 최종 사용자는 처음 7 장만 설치하면 된다.

- SAS SETUP DISK
- SOFTWARE DISK 1
- SOFTWARE DISK 2
- SOFTWARE DISK 3
- SOFTWARE DISK 4
- SAS SHARED COMPONENTS
- SAS/SECURE

- SAS Software Navigator
- Configuration and Management

- Mid Tier Components
- Online Docs for the Web
- Enterprise Guide

- Client Side Components Volume 1
- Client Side Components Volume 2
- SAS Online Tutor Programming
- SAS 9.1 Add-on for SAP

- Third Party Software Components Volume 1
- Third Party Software Components Volume 2
- PLATFORM LSF Job Scheduler For SAS - Disk 1
- PLATFORM LSF Job Scheduler For SAS - Disk 2

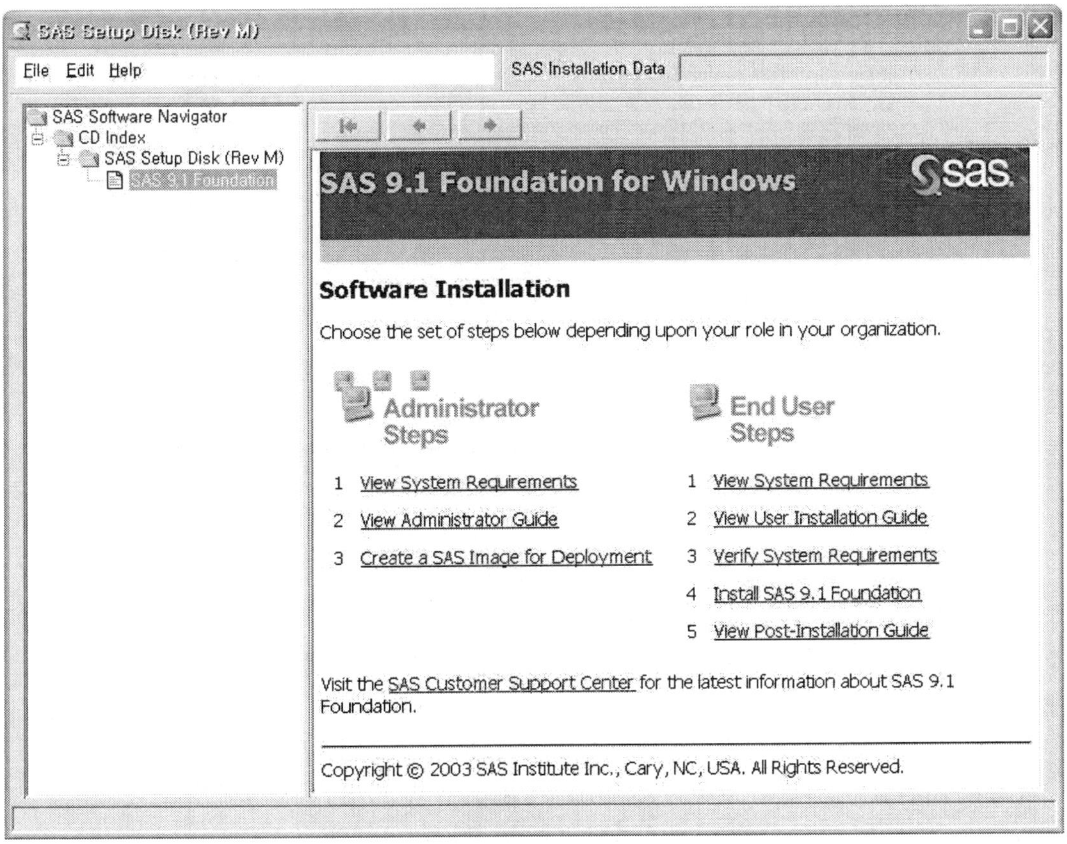

화면 1.1 초기 설치 화면 – SAS 소프트웨어 항법사

SETUP DISK를 넣거나 아니면 탐색기에서 수동으로 설치 프로그램 SETUP.EXE를 실행하면 화면 1.1의 SAS 소프트웨어 항법사 화면이 나타난다. 일반 사용자들이라면 'End User Steps' 메뉴 중 다음 두 가지만 차례로 선택하면 된다.

3. Verify System Requirements
4. Install SAS 9.1 Foundation

SAS 9.1 Foundation(기반)이란 전사적 SAS 시스템을 구축할 때 가장 바닥층을 형성하는 부분으로서 Base SAS를 기초로 SAS/CONNECT, SAS/STAT, SAS/ACCESS, SAS/GRAPH 등 SAS 시스템에서 자료처리와 통계분석에 관련된 모든 단위 소프트웨어들로 구성되는 바 자료 관리, 자료의 시각화, 각종 데이터베이스에 대한 접근 기능,

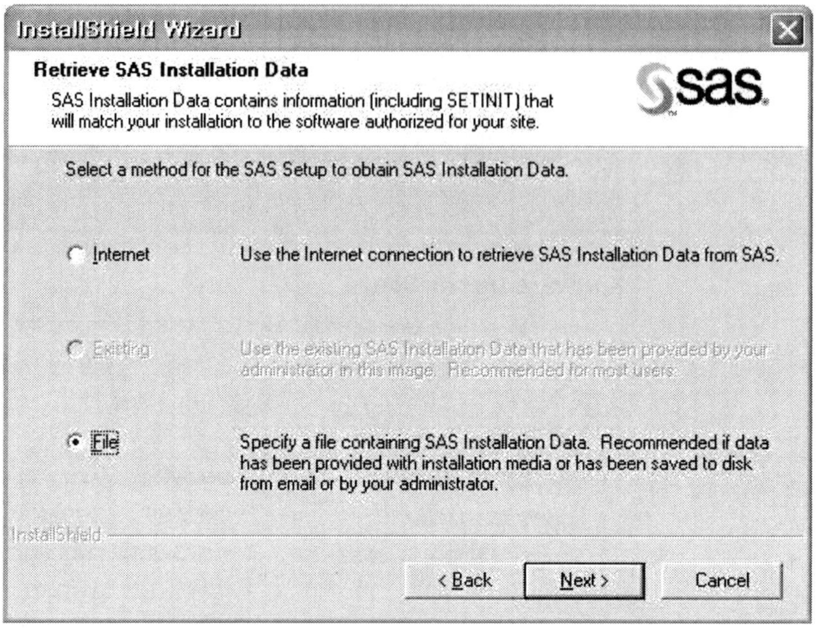

화면 1.2 SID 파일의 검색 방법 지정

데이터마이닝, 고급 통계기법 등 핵심적 자료조작 기능을 제공한다.

설치가 시작되면 화면 1.2와 같이 SID 파일의 검색 방법을 지정해야 한다. 어떤 방법을 선택해야 하는가는 최종 사용자의 등급에 따라 다르다. SAS 시스템에서는 최종 사용자의 등급을 다음과 같이 세 가지로 구분한다.

- 고객 사용자(client users)
  최종 사용자의 PC에는 최소한의 요소들만 설치하고 관리자가 서버에 설치한 네트워크 이미지(network image: 일종의 파일 서버)로부터 SAS 시스템을 실행하는 경우로서 SID 파일은 이미지 안에 존재한다. 화면 1.2에서 'Existing'을 선택한다.

- 네트워크 접근 가능 개인 사용자(personal users with network access)
  네트워크 이미지로부터 모든 SAS 시스템을 개인 PC에 설치하는 경우로서 SID 파일은 이미지 안에 존재한다. 화면 1.2에서 'Existing'을 선택한다.

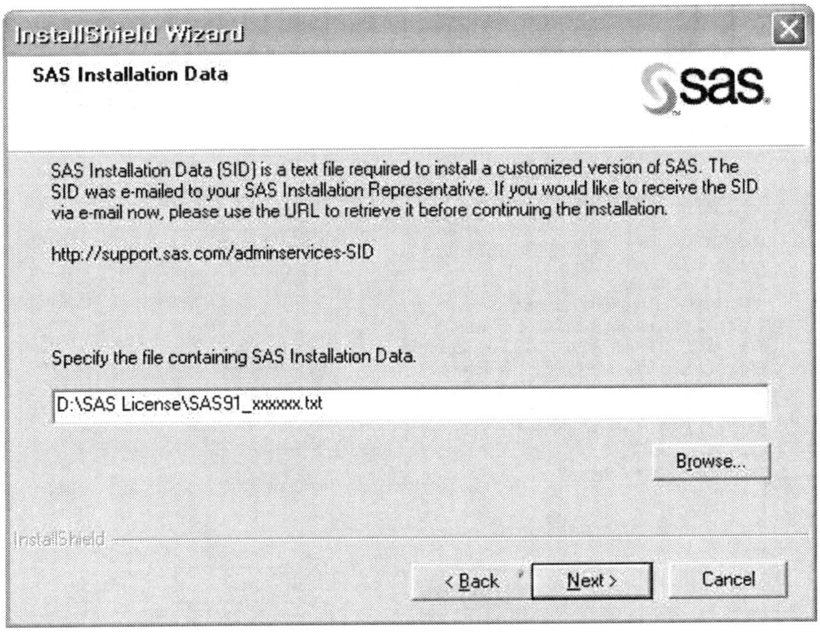

화면 1.3 SID 파일의 위치 지정

- 네트워크 접근 불가능 개인 사용자(personal users without network access)
  설치 CD들로부터 SAS 시스템 전부를 개인 PC에 설치하는 경우로서 SID 파일은 직접 SAS 연구소(http://sas.com)에 접속하여 검색(화면 1.2에서 'Internet'을 선택)할 수도 있고 아니면 관리자로부터 파일로 받아 디스크에 미리 저장해놓고 검색(화면 1.2에서 'File'을 선택)할 수도 있다.

화면 1.2에서는 'File'을 선택하였다. 이렇게 하면 화면 1.3과 같이 SID 파일이 저장된 폴더와 파일 이름을 지정해야 한다.

그러면 화면 1.4와 같이 지정한 SID 파일 내 정보를 읽어들여 최종 사용자가 라이센스를 갖고있는 제품들의 목록이 나타난다.

화면 1.5에서는 SAS 시스템에서 사용할 언어를 선택한다. 만일 'Korean'을 선택하면 SAS 한글판이 설치된다. 또 만일 'English'를 선택하면 SAS 영문판이 설치된다. 필요한대로 여러 언어를 선택할 수 있다. 대체로 다음 세 가지를 선택하는 것이 무난하다.

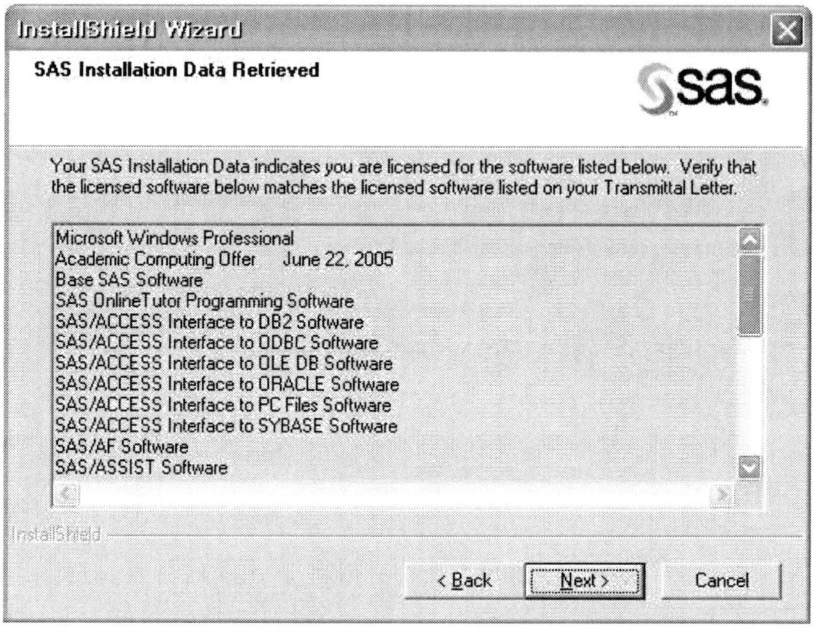

화면 1.4 SID 파일에서 추출한 라이센스 정보

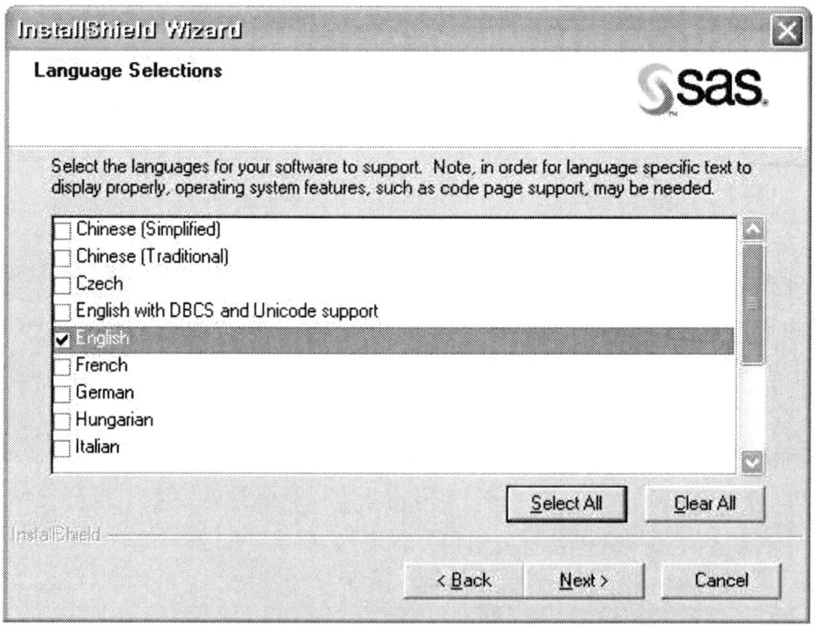

화면 1.5 SAS 시스템에서 사용할 언어 선택

- SAS 9.1 (English)
- SAS 9.1 (English with DBCS and Unicode support) √
- SAS 9.1 (Korean)

참고로 한중일 삼국의 글자를 컴퓨터에서 표시하려면 글자당 2 바이트의 공간이 필요하다. 이러한 문자 세트를 **DBCS** (Double-Byte Character Sets)라 부른다. 데이터로 한글을 입력하고 싶다면 'Korean' 또는 'English with DBCS and Unicode support'를 선택해야 한다. 후자의 경우 메뉴판 등은 전부 영어로 나타나지만 데이터로 한글 입력이 가능하다. 필자는 'English with DBCS and Unicode support'를 선호한다.

화면 1.6에서는 SAS 시스템을 설치할 폴더를 지정하고 있다.

화면 1.7에서는 개인별 데이터 파일들을 저장할 폴더를 지정한다. 물론 혼자 사용하는 PC라면 큰 의미는 없다.

화면 1.8에서는 SAS 실행 시 생성되는 임시 파일들을 저장할 폴더를 지정한다.

화면 1.9에서는 설치하고 싶은 구성요소들을 선택한다. 최상단의 상자에 체크 표시를 하면 모든 소프트웨어가 다 설치된다.

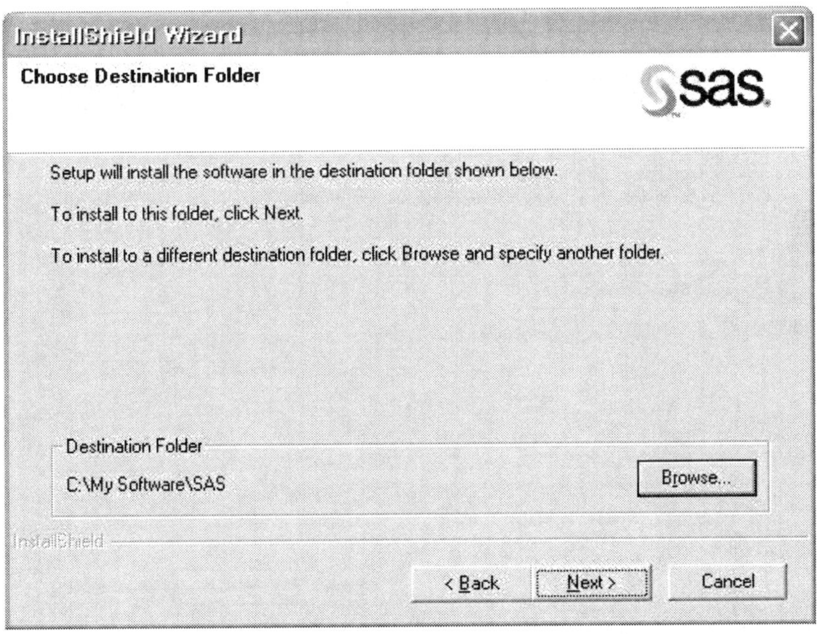

화면 1.6 설치 폴더 지정

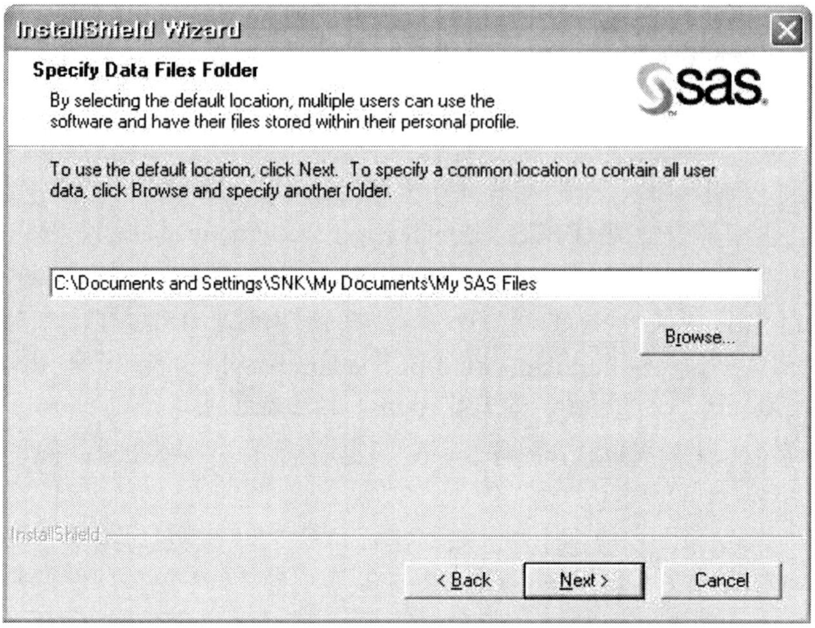

화면 1.7 데이터 파일들을 저장할 폴더 지정

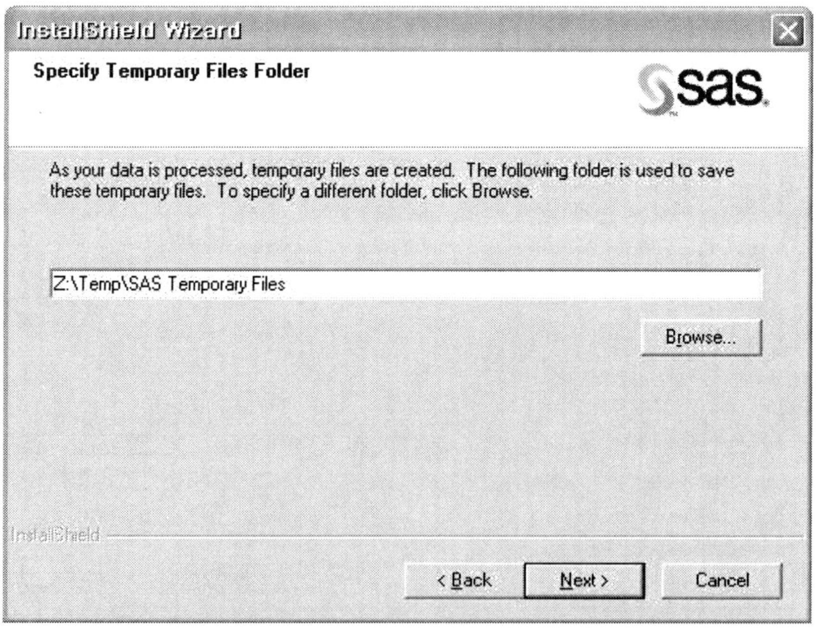

화면 1.8 임시 파일들을 보관할 폴더 지정

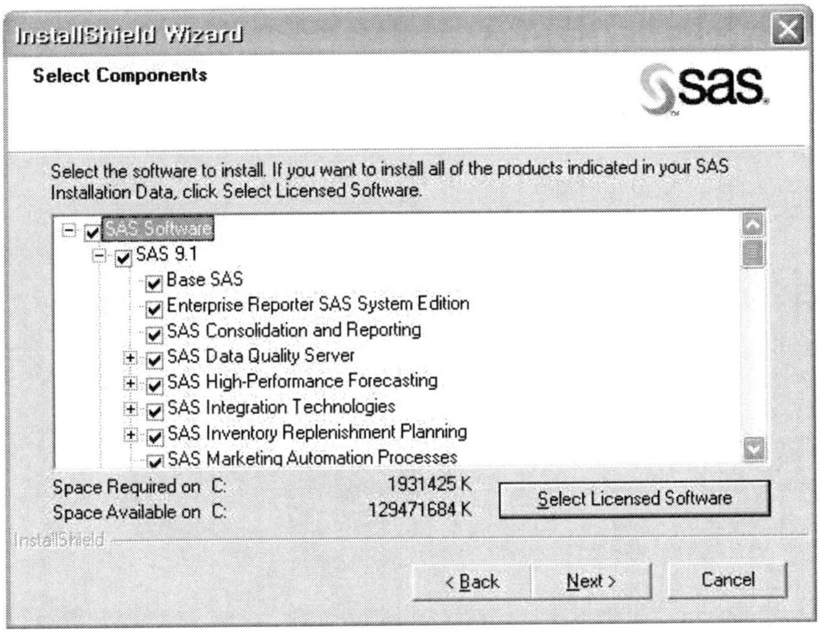

화면 1.9 설치할 단위 소프트웨어 선택

SAS 시스템에서 설치 가능한 단위 모듈들의 목록은 다음과 같다.

- ☐ Base SAS
- ☐ Enterprise Reporter SAS System Edition
- ☐ SAS Consolidation and Reporting
- ☐ SAS Data Quality Server
- ☐ SAS High-Performance Forecasting
- ☐ SAS Integration Technologies
- ☐ SAS Inventory Replenishment Planning
- ☐ SAS Marketing Automation Processes
- ☐ SAS OLAP Server
- ☐ SAS/ACCESS Interfaces to Baan, DB2, MySQL, ODBC Server, OLE DB, ORACLE, PC Files, PeopleSoft, R/3, SAP BW, SYBASE, Teradata
- ☐ SAS/AF
- ☐ SAS/ASSIST
- ☐ SAS/CONNECT
- ☐ SAS/EIS

- ☐ SAS/ETS
- ☐ SAS/FSP
- ☐ SAS/GIS Census Tract Maps
- ☐ SAS/GIS
- ☐ SAS/GRAPH Map Data Sets
- ☐ SAS/GRAPH
- ☐ SAS/IML
- ☐ SAS/INSIGHT
- ☐ SAS/IntrNet
- ☐ SAS/LAB
- ☐ SAS/OR
- ☐ SAS/QC
- ☐ SAS/SHARE
- ☐ SAS/SPECTRAVIEW
- ☐ SAS/STAT
- ☐ SAS/TOOLKIT
- ☐ SAS/Warehouse Administrator
- ☐ SAS/TextMiner
- ☐ SAS/TextMiner for European Languages

이외에도 Enterprise Miner, Enterprise Guide 등 기타 다른 SAS 모듈에 대한 라이센스를 갖고 있다면 이들에 대한 설치 여부도 이 시점에서 결정할 수 있다.

1.3.2 SAS 9.2판의 설치

2008년도에 나온 SAS 9.2판의 설치는 이전 판들에 비하여 상당히 단순하다. DVD 한 장에 모든 설치 파일들을 집적했고 또 사용자에게 허가된 단위 소프트웨어 위주로 설치가 진행되기 때문에 9.1.3판의 경우처럼 설치 과정에서 구체적인 내용을 보여주지 않는다. 그러나 9.2판의 설치 중 내부적으로 수행되는 일체의 과정은 9.1.3판의 경우와 거의 동일하다. 다만 SAS Stat Studio, SAS Simulation Studio 등 특정 목적의 데이터 처리를 위한 외부 소프트웨어들이 추가된 점이 다르다.

SAS 9.2판의 설치는 SAS 배포 마법사(Deployment Wizard)로 시작한다. 화면 1.10을 보라.

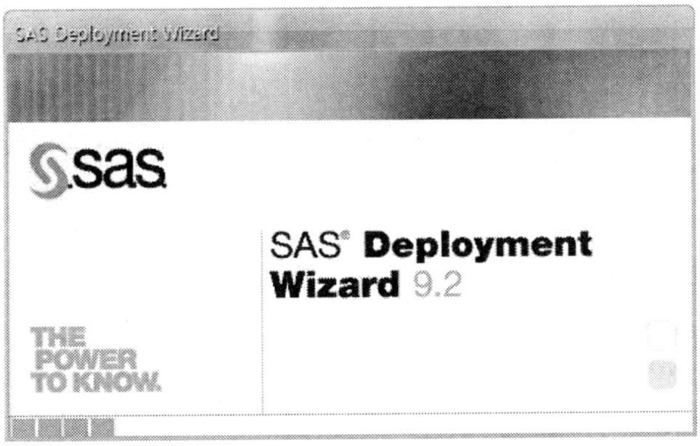

화면 1.10 SAS 배포 마법사

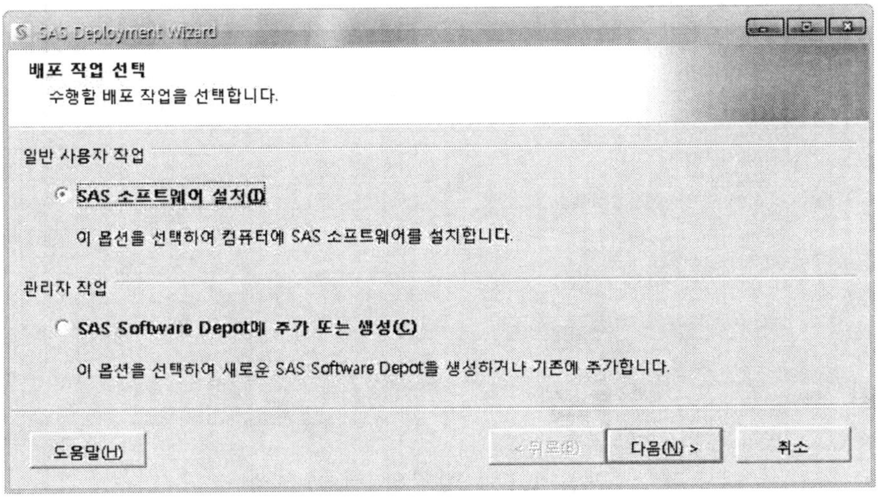

화면 1.11 배포 작업 선택

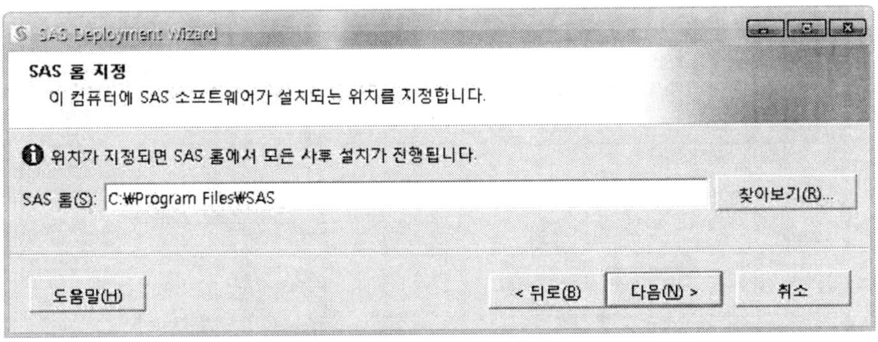

화면 1.12 설치 폴더 지정

화면 1.11에 보이는대로 'SAS 소프트웨어 설치'를 선택하고 화면 1.12처럼 설치 폴더의 위치를 지정한다. 그러면 화면 1.13과 같이 현재 컴퓨터 시스템에 설치 가능한 단위 제품들이 나열된다. 화면 1.14에서는 SID 파일이 저장된 위치를 지정한다. 자신의 라이센스 파일이 위치한 폴더를 지정하면 된다.

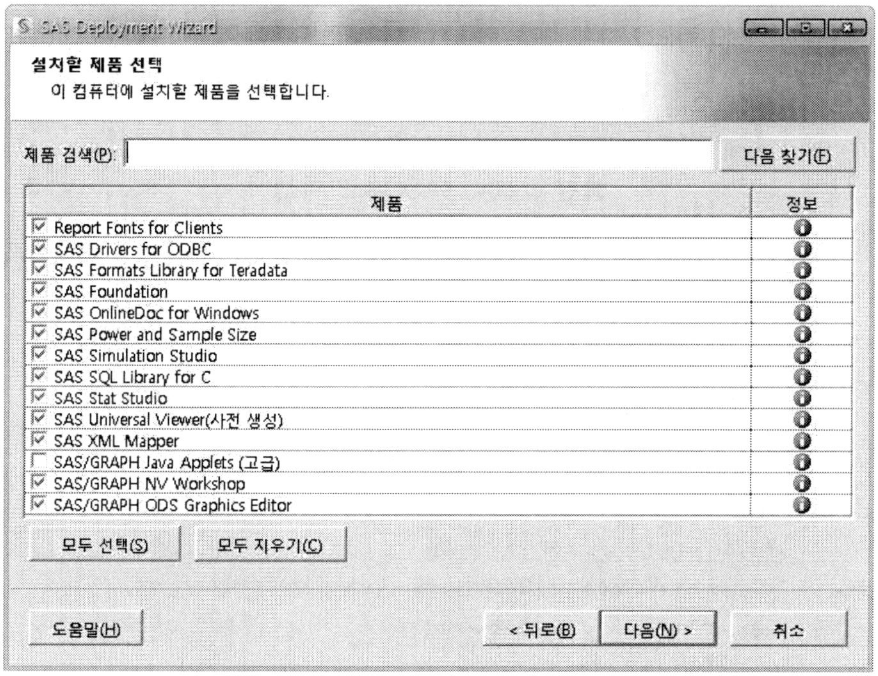

화면 1.13 설치할 제품 선택

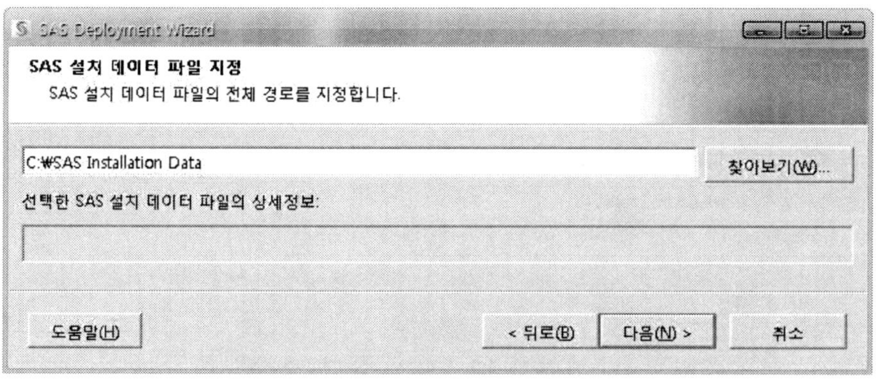

화면 1.14 SID 파일의 위치 지정

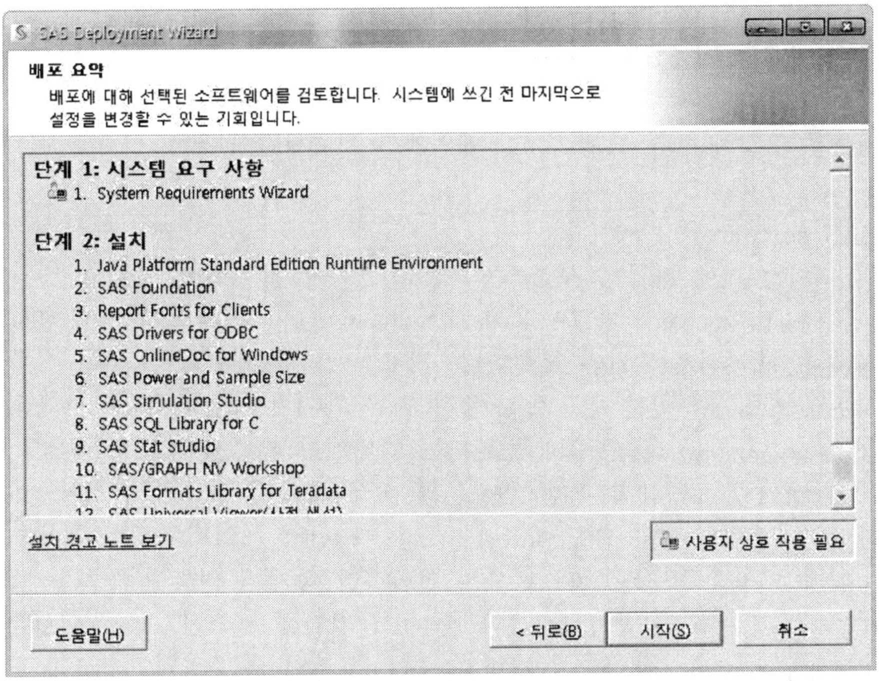

화면 1.15 설치 단계

화면 1.16 SAS 9.2의 시작 화면

결국 사용자가 굳이 입력해야 하는 부분은 SID 파일의 위치 하나인 바, 이후 설치 과정에 문제가 없다면 화면 1.16과 같은 로고 화면을 볼 수 있을 것이다. 그런데 어느 판의 SAS를 설치하든 실제 구동 방식은 완전히 동일하다.

1.4 SAS 시스템의 구성 요소

SAS 시스템을 구성하는 각 단위 소프트웨어에서 전담하는 역할은 다음과 같다.

- **Base SAS software**
  SAS 시스템의 기반에 해당하 부분으로 이상적 통계 패키지의 네 가지 기본 요소인 **자료접근**(data access), **자료관리**(data management), **자료분석**(data analysis), **자료표현**(data presentation)을 구현한다. 자료접근이란 여러 포맷으로 저장된 데이터베이스를 읽을 수 있는 기능으로 특히 다른 데이터베이스 관리시스템(DBMS: database management system)과 호환되는 인터페이스를 제공할 수 있어야 한다. 자료관리란 입력된 자료에 수록된 변수들의 속성에 따라 자료의 순서화(sorting), 분할(split), 결합(concatenation, interleaving), 조건별 데이터의 추출(subsetting) 기능 등을 제공하는 것이다. 자료분석은 일반적인 통계 분석들에 필요한 계산 기능을 제공하는 것이다. 자료표현이라 함은 분석 결과를 보고서, 도표, 그래프 형식으로 나타냄을 뜻하며 덧붙여 그 결과를 모니터, 프린터, 플로터 등 표준 출력 장비로 내보내는 기능을 뜻한다. 이러한 SAS 시스템의 핵심 기능을 담당하는 부분을 **기본 SAS 소프트웨어**(base SAS software)라고 부르며 이 부분은 SAS/CORE와 SAS/BASE의 두 모듈로 이루어진다. 이 두 모듈은 SAS 언어로 작성된 SAS 프로그램의 해석 및 컴퓨터의 제어와 같이 SAS 시스템 관리를 담당하는 프로그램들로 구성된다. 이 소프트웨어에서는 자료의 입력, 입력된 자료의 저장, 수정, 추후 검색, SAS 파일의 편집, 각종 단순한 기술통계분석, 보고서 작성 등의 필수 기능을 제공하기 때문에 각종 자료처리 및 기술통계분석은 기본 SAS 소프트웨어만으로 충분하다. 필자의 「SAS 해설 제2권: 기본 SAS 소프트웨어」에서는 이 소프트웨어에 포함된 통계 절차들 중 사용 빈도가 높은 것들만을 골라 집중적으로 해설하고 있다.

- SAS/ACCESS
  데이터베이스 관리시스템(DBMS)들과 SAS 시스템 간의 연결 인터페이스를 제공하는 소프트웨어로, ORACLE, DB2, R/3, SYBASE, Teradata 등 대표적인 DBMS 소프트웨어를 비롯하여 각종 데이터베이스 포맷 파일들을 SAS 시스템으로 입력하고 검색하는 기능을 제공한다. 참고로 SAS 시스템을 설치하면 자동적으로 **ODBC** (Open Database Connectivity) 드라이버도 설치되는데 ODBC란 데이터베이스를 읽는 표준 인터페이스를 의미한다. 예를 들어 Excel로 저장된 데이터 파일을 SAS 자료로 읽기 위해서는 ODBC 드라이버의 도움이 필요하다.

• SAS/AF
SAS 시스템을 기반으로 객체지향(object-oriented) 응용 프로그램 개발에 사용하는 소프트웨어로 대화 형식의 응용 프로그램 개발 환경을 제공한다. 주로 고급 사용자가 말단 사용자를 위하여 윈도우즈 형식의 단추(button), 메뉴(menu), 아이콘(icon) 등 사용하기 편리한 인터페이스를 이용하는 응용 프로그램을 디자인할 때 사용한다. AF는 'Applications Facility'를 뜻한다. SAS/AF에서 사용하는 언어는 SCL (SAS Component Language)이라 부르며 SAS 언어와는 다르다.

• SAS/ASSIST
이 소프트웨어는 복잡한 SAS 시스템에 지레 겁 먹는 초심자들을 위하여 개발된 것으로 데이터 처리 및 통계 분석 등을 수행할 때 사용자가 직접 프로그램을 작성해서 실행시키는 것이 아니라 단순히 화면 상에 나타난 메뉴판 위에서 필요한 항목들만 마우스로 선택하면 나머지는 SAS 시스템이 알아서 수행하는 형식으로 구성된 시각적 인터페이스(visual interface)를 제공한다. 작업이 끝나면 전체 과정을 완전한 SAS 프로그램으로 작성하여 출력해주기 때문에 특히 초심자들이 SAS 프로그램을 쉽게 이해할 수 있다. 화면 1.17을 보라.

• SAS/CONNECT
개인용 컴퓨터나 워크스테이션(workstation)에서 SAS 시스템을 사용하는 사람들이 운영체제가 다른 대형 컴퓨터와 접속하여 SAS 응용 프로그램을 실행하고 데이터를 공유할 수 있도록 도와주는 소프트웨어로서 일종의 통신 모듈이다. SAS를 실행하는 서로 다른 컴퓨터 기종들 간 상호통신에 대한 전문화된 소프트웨어다.

• SAS/EIS
기업정보시스템(EIS: Enterprise Information Systems)을 만들고 유지하는데 필요한 객체지향적 개발 환경을 제공하는 소프트웨어다. 기업 내에서 발생하는 모든 종류의 자료 처리 및 분석 작업들을 통합한 소프트웨어를 만들 때 필요하다. SAS를 이용하여 경영 컨설팅(consulting)을 하는 이들의 필수 도구다.

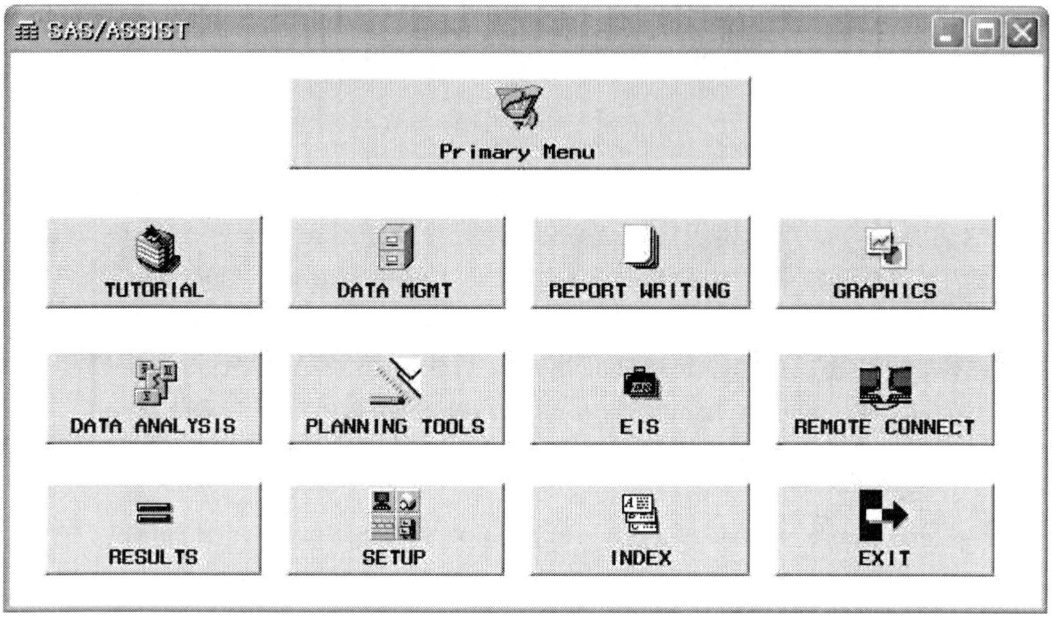

화면 1.17 SAS/ASSIST WorkPlace

- SAS/ETS

계량경제와 시계열분석(ETS: Econometrics and Time Series) 등을 담당하는 소프트웨어다. 예측, 계량경제, 시스템 모형화 및 재무 분석 등을 수행할 수 있으며, 시계열 자료를 분석하는 많은 절차들을 포함한다.

- SAS/FSP

수집된 원시 자료의 입력, SAS 자료 및 외부 자료의 수정, 검색, 인쇄 등 제반 정보를 전화면 처리(FSP: Full Screen Processing)하는 소프트웨어다. SAS/FSP를 이용하면 자료의 입출력 화면을 새로 구성하여 데이터를 자신이 바라는 형식으로 보면서 작업할 수 있다.

- SAS/GIS

인구통계, 시장조사, 역학조사 등과 같이 공간데이터(spatial data)를 분석하고 표현하는 지리정보시스템(GIS: Geographic Information System)에 관한 소프트웨어다. 공간데이터를 지도 위에 도시하고 통계적으로 분석한다.

- SAS/Genetics

주로 유전표지 데이터(genetic marker data)를 전문적으로 분석하는 단위 소프트웨어로서 SAS 9판 이상에서 지원한다.

- SAS/GRAPH

글자 그대로 보기 좋은 각종 형태의 천연색 도표, 그래프, 슬라이드, 지도, 삼차원도, 등고선도 등을 제작하는 프로그램들로 구성된 모듈이며 그래픽 출력을 직접 수정할 수 있는 그래픽 편집기도 제공한다.

- SAS/IML

행렬 연산만을 담당하는 아주 강력하고 쓸모있는 소프트웨어로 IML은 'Interactive Matrix Language'를 뜻한다. 광범위한 함수와 연산자를 제공하며 SAS로 통계 분석용 프로그램을 직접 작성하고자 할 때 없어서는 안 되는 소프트웨어다.

- SAS/INSIGHT

그래픽스 모듈인 동시에 자료의 탐색과 분석용 소프트웨어인 바, 'dynamic (동적)'과 'interactive (대화식)'이라는 두 낱말로 이 소프트웨어의 성격을 대변할 수 있다. SAS/INSIGHT에는 히스토그램, 상자그림(box plot), 삼차원 회전도, 각종 회귀분석, 다차원 데이터의 시각화 기법 등이 포함되어 있는데 모든 그래프들은 상호 연결되어 있기 때문에 한 그래프의 변화가 다른 그래프들에도 즉각 반영된다.

- SAS/IntrNet

웹 페이지에 등재한 데이터를 서버에서 처리하여 그 결과를 다시 웹 페이지로 이송하여 볼 수 있도록 하는 소프트웨어로, 서버에서 모든 작업을 실시간으로 일괄 처리하기 때문에 통계처리 보고서의 배포, 응용 프로그램의 갱신 등이 간단해진다.

- SAS/LAB

이 소프트웨어는 실험실(lab)에서 실험하고 연구하는 과학자용으로 개발된 것으로 초보적인 통계 분석법과 그래픽 기법들을 포함한다.

- SAS/MDDB Server

MDDB (Multidimensional Database) Server 소프트웨어는 다차원 데이터분석, 또

는 다른 말로 OLAP (Online Analytical Processing)을 지원한다. OLAP은 일종의 의사결정 방법으로 다차원 데이터를 분석하여 사용자의 조회(query)에 답을 주는 형식으로 사용된다. 참고로 OLAP과 데이터마이닝은 개념이 다른다. 데이터마이닝은 데이터로부터 정보를 추출하는 과정이고, OLAP은 추출된 정보를 확인하는 과정이라고 할 수 있다. 예를 들어, 데이터마이닝 결과 '20대 여자들이 휴대폰을 남용한다'는 패턴을 발견했다면, OLAP에서는 '20대 여자들이 휴대폰을 남용하는가?' 라는 질문에 대답을 준다.

- SAS/OR

여러 가지 프로젝트 관리(project management), 결정분석(decision analysis), 수리계획(mathematical programming) 등 OR (Operations Research) 관련 의사결정 기법에 관한 프로그램들로 구성된다.

- SAS/QC

통계적 품질관리(Quality Control) 기법을 전담하는 소프트웨어인 바, 각종 관리도(control chart)를 비롯하여 Shewhart, Pareto, Ishikawa diagram 등 도표들과 공정 관리, 다구찌(Taguchi) 기법을 포함하는 실험설계 방법들을 제공한다.

- SAS/SHARE

동시에 여러 명의 사용자들이 동일 데이터에 접근하고 읽고 쓰고 검색할 수 있게끔 하는 데이터 공유 소프트웨어로 일종의 데이터 서버(data server)다.

- SAS/SPECTRAVIEW

다차원 데이터(multidimensional data)를 시각화하고 모형화하는 도구다.

- SAS/STAT

통계적 데이터 분석 도구로서 주로 모형을 이용한 광범위한 자료분석기법을 비롯하여 모수 추정 등 고급 응용통계 방법들을 지원한다. 회귀분석, 분산분석, 범주형자료분석, 경로분석과 요인분석을 포함하는 다변량분석, 생존분석, 비모수분석, 군집분석, 심리통계분석 등과 특정 변수에 대한 선형 및 비선형 변환 기능을 제공한다. SAS 시스템의 가장 핵심적인 모듈이다.

• SAS/TOOLKIT

SAS 사용자가 직접 자신의 SAS 절차를 프로그래밍하고 함수나 입출력 포맷을 만들 수 있도록 도와주는 소프트웨어다.

• SAS/Warehouse Administrator

복잡한 데이터웨어하우스 또는 데이터마트 처리를 효율적으로 관리할 수 있도록 하는 소프트웨어다.

• Enterprise Miner (간단히 E-Miner라고 지칭)

데이터마이닝(data mining)은 광산에서 값나가는 광석을 채광(mining)하듯 난삽한 데이터로부터 정보를 제공할 수 있는 패턴, 경향 등을 추출하려는 방법으로 특히 경영 관리 분야에서 대량의 기업 데이터를 기초로 경영 전략을 수립하려는 목적으로 많이 사용된다. E-Miner는 이러한 데이터마이닝 기법들을 통합한 소프트웨어로서 결정나무(decision tree), 신경망(neural network) 등 데이터마이닝의 주요 기법들을 지원한다.

• Enterprise Reporter

구축된 데이터웨어하우스(data warehouse)의 내용을 사용자의 필요에 따라 다양한 형태로 문서화하는 도구다. 데이터웨어하우스란 데이터 창고를 의미하는 바 여러 경로를 통해 유입되는 대량의 원시 데이터를 일정한 포맷 하에 재정리하여 컴퓨터 저장매체에 보관한 것을 데이터 창고라고 부른다. E-Repoter는 데이터 창고에 보관된 정보를 필요에 따라 재정비하여 보고하는 소프트웨어다. 참고로, 창고에 보관된 데이터는 비록 정리된 데이터이기는 하나 이를 기초로 직접 데이터마이닝하거나 분석하지는 않는다. 대신 마이닝하거나 분석할 자료들은 일단 창고에서 데이터 마트(data mart)로 추출해야 한다. 그 다음 데이터 마트로 추출된 데이터를 기초로 마이닝과 같은 분석 작업을 하는 것이 상례다. 이런 과정을 도시하면 다음과 같다.

원시자료 ➡ 데이터 창고 ➡ 데이터마트

다음에 나열한 몇 가지 소프트웨어들은 굳이 단위 소프트웨어로 분류되지는 않지만 SAS 시스템에서 사용 가능한 것들이다.

- SAS Macro

  일반 컴퓨터 용어로 **마크로**(macro)는 반복 작업을 줄이거나 복잡한 작업을 단순화하는 기법을 통칭하는 용어다. 예를 들어 한 프로그램에서 구조가 같은 독립적인 10 개의 자료를 입력한 다음 데이터를 인쇄하고 막대 그래프를 그리고 회귀분석을 한다고 가정한다면 결국 각 자료마다 분석 절차는 전부 동일한 것이다. 이때 각 경우마다 일일이 똑같은 프로그램을 작성하여 덧붙이는 것은 시간 낭비다. 일반 컴퓨터 언어와 흡사하게 분석용 부프로그램(subroutine)을 하나 작성하고 자료만 바꾸어가며 실행하는 편이 훨씬 효율적일 것이다. SAS 시스템에서는 이런 류의 작업 처리를 SAS 마크로 처리(SAS macro processing)라 하며 SAS 마크로 처리를 위한 독립적인 SAS 마크로 언어(SAS macro language)가 따로 있다.

- Analyst Interface

  데이터 입력부터 각종 보고서 작성까지 분석 작업을 메뉴 방식으로 단순화한 인터페이스로 통계 초심자용이다. 도표, 그래프, 교차표, 회귀분석, 분산분석 등 일상에서 주로 사용하는 간단한 통계 기법들만 제공한다.

- ADX Interface

  많은 종류의 실험설계 및 분석을 자동화한 메뉴 시스템이다. ADX는 'automated design of experiments'를 뜻한다. 일부요인설계, 직교배열, 반응표면분석, 혼합실험설계, 다구찌 실험설계 등이 가용하다.

- Time Series Forecasting Interface

  시계열 자료를 분석하는 메뉴 시스템이다. 지수평활모형, Box-Jenkins의 ARIMA 모형, Winters 모형 등 여러 가지 시계열 자료분석 방법을 제공한다.

- PROJMAN Interface

  프로젝트 관리(project management)를 전문으로 수행하는 메뉴 시스템이다. 프로젝트 자료의 관리, CPM 프로젝트 일정 및 사용자 양식에 따른 일정을 생성한다.

- SQC Interface

  통계적 품질관리(SQC: statiastical quality control)에 관한 메뉴 시스템이다. 공정 분석, Shewart도, Pareto도, Ishikawa도 등을 출력한다.

1.5 도움말과 지원 도구

SAS 시스템에 대한 도움말이 필요할 경우 다음 사이트에 접속하면 버전별 온라인 설명서를 다운로드할 수 있다.

http://support.sas.com/documentation/

화면 1.18은 컴퓨터에 설치된 SAS 9.2판의 온라인 설명서를 불러온 것이다.

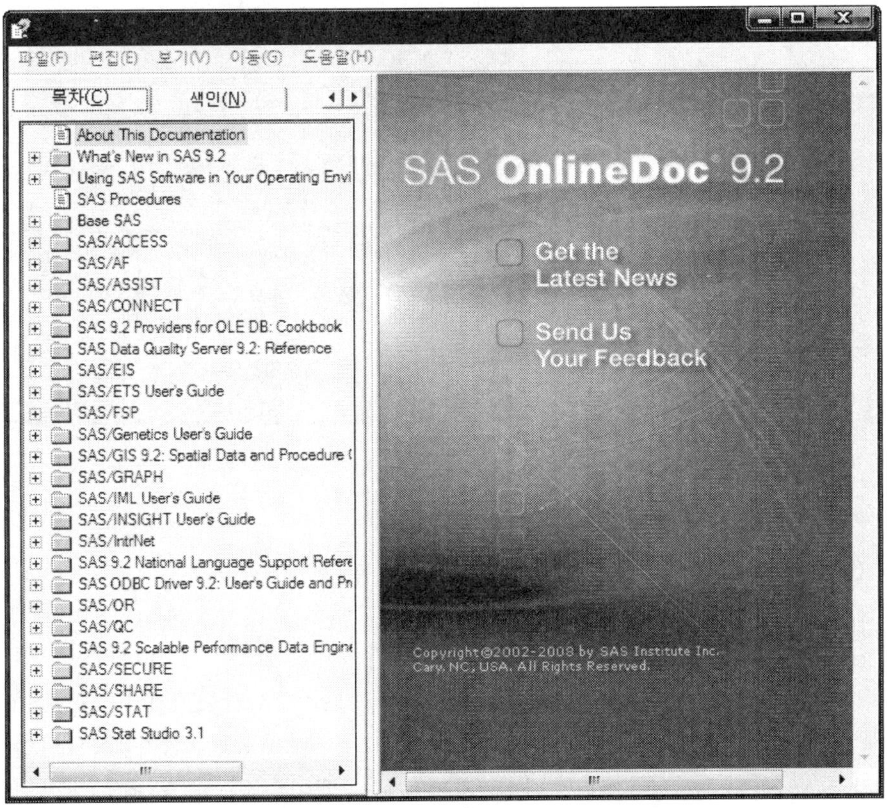

화면 1.18 OnlineDoc 화면

SAS 시스템 자체에서 제공하는 입문서를 보려면 SAS 시스템 메뉴판에서 '도움말 → SAS 서프트웨어 입문 가이드'를 선택한다. 화면 1.19를 보라.

화면 1.19 SAS 입문

1.5.1 SAS Learning Edition

SAS Learning Edition은 SAS를 처음 배우고자 하는 학생들을 대상으로 만든 학습 모듈이다. Base SAS와 SAS Enterprise Guide를 기반으로 SAS/STAT, SAS/GRAPH, SAS/ETS, SAS/QC 등 주요 모듈에서 가장 사용 빈도가 높은 절차들만 선별하여 제작한 '미니 SAS'라고 할 수 있다. 다만 처리 가능 데이터 수는 1,000 개까지로 한정된다. 또 SAS 시스템과 SAS LE는 원래 함께 설치할 수 없도록 설계되었다. 그러나 동시 운용이 완전히 불가능하지는 않다.

SAS Enterprise Guide는 SAS 시스템 위에 설치하는 응용도구인데, 이를 설치하여 이용하면 SAS 프로그래밍에 대한 지식이 전혀 없어도 단지 마우스 조작만으로 데이터 분석, 그래프와 보고서 작성이 가능토록 설계된 단위 소프트웨어다. 덧붙여 자신이 수행한 분석 과정 전부를 SAS 코드로 변환시킬 수도 있다.

1.5.2 JMP

JMP는 '점프'라고 발음하는데 이는 SAS 시스템과 무관한 독자적인 통계분석 시스템이다. 물론 SAS 시스템의 엔진을 사용하고 있기는 하지만 별개의 소프트웨어로 보면 틀림없다. SAS를 배우기가 쉽지 않은 관계로 기피하는 사용자층을 위하여 나온 것으로 SPSS나 MINITAB과 유사한 메뉴판 분석 체계를 갖고 있다. 이는 SAS 시스템에 Enterprise Guide를 접목시킨 제품이다.

1.6 SAS 라이센스의 갱신

라이센스를 갱신하려면 SID 파일을 미리 적당한 위치에 저장한 후 시작 단추를 누르고 'SAS → SAS 9.2 License Renewal & Utilities → Renew SAS Software'를 선택한다. 그러면 화면 1.20과 같은 갱신창이 화면에 나타나며 화면에서 지시하는대로 단계별로 필요한 위치만 지정해주면 된다.

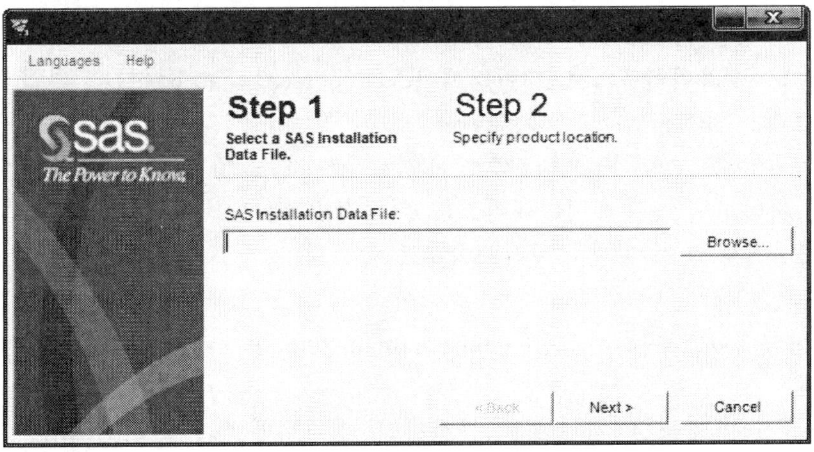

화면 1.20 라이센스 갱신

1.7 데이터 관련 용어

각종 데이터 관련 용어들과 그에 대한 개념을 약술한다.

1.7.1 데이터(data)

데이터는 서로 다른 정보의 단편들로서 다양한 형태로 존재한다. 종이에 씌여진 숫자나 글자의 형태를 취할 수도 있고 컴퓨터 메모리에 비트(bit)와 바이트(byte)로 저장될 수도 있으며 사람의 머리 속에 기억된 사실로서 남아있을 수도 있다. 통계 소프트웨어뿐 아니라 일반적으로 모든 소프트웨어는 데이터와 프로그램의 두 부분으로 나눌 수 있다. 기실 프로그램이란 입력된 데이터를 처리하는 명령어들의 모음인 것이다.

1.7.2 데이터베이스(database)

흔히 DB로 약칭하며 특히 컴퓨터 프로그램으로 원하는 정보를 신속히 선택할 수 있도록 정리한 데이터를 뜻한다. 전통적 데이터베이스는 **필드**(field), **레코드**(record), **파일**(file)의 위계 순으로 구성된다. 즉, 필드란 정보의 단편이며, 레코드는 필드들로 이루어진 하나의 완전한 세트(set)이며, 파일은 레코드들의 모임이다. 예를 들어 전화번호부는 하나의 파일로서, 전화번호부에 수록된 개체 목록들은 레코드에 해당하며, 또 각 개체마다 이름과 전화번호와 주소가 나열되어 있는 바 이들 각각은 필드에 해당한다. SAS에서는 필드를 **변수**(variable), 레코드를 **관측**(observation 또는 case), 파일을 **데이터세트**(dataset)라 부른다.

이와 대비하여 **하이퍼텍스트 데이터베이스**(hypertext database)는 최근 등장한 새로운 개념인 바 하이퍼텍스트 데이터베이스를 구성하는 **객체**(object)는 문서, 그림, 동영상 등 무엇이든 상관 없으며 객체와 객체 간 자유로운 연결이 가능하다. 그러나 기본적으로 하이퍼텍스트 데이터베이스는 이질적인 정보를 취합하는데 유용할 뿐 통계분석이 가능하도록 설계된 데이터베이스는 아니다.

1.7.3 데이터베이스 관리시스템(database management system)

데이터베이스에 구축된 정보에 접근하려면 데이터베이스 관리시스템이 필요하다. 흔히 DBMS로 약칭한다. DBMS를 기반으로 데이터베이스에 정보를 입력하거나 선택하거나 수정하거나 변형할 수 있다. 내부적으로 정보를 정리하는 방법에 따라 DBMS에는 관계형(relational), 네트워크형(network), 위계형(hierarchical) 등 여러 종류가 있다. 데이터베이스로부터 정보를 요청하는 방법은 정형화된 질문, 곧 조회(query)의 형태를 이용한다. 다음과 같은 형태가 조회의 한 가지 예라 하겠다. 이런 명령은 sex 필드가 'Male'이고 age 필드가 30 미만인 모든 레코드를 요청하는 것이다.

```
SELECT ALL WHERE sex = "Male" AND age < 30
```

조회를 가능케 하는 규칙들을 **조회언어**(query language)라 한다. 현재 많은 DBMS에서 공통적으로 사용하는 시장 표준 조회언어인 **SQL** (structured query language)은 Base SAS에 존재하는 SQL 절차의 형태로서 SAS에서도 사용 가능하다. SQL은 원래 Oracle에서 처음 도입되었다. 또한 SAS/ACCESS에서는 Oracle, SyBase, DB2 등 범용 DBMS들에 대한 인터페이스를 제공한다. 참고로 SQL과 같은 데이터베이스를 다루는 정교한 언어를 4세대 언어(4GL: fourth-generation language)라 부른다.

1.7.4 메타데이터(metadata)

DBMS를 유지하려면 데이터 파일들 외에 데이터 파일에 대한 관리 정보를 수록한 데이터가 필요하며 이를 메타데이터라 한다. 데이터의 포맷, 레코드와 필드에 대한 인덱스(index) 등이 대표적인 메타데이터의 예라 하겠다. DBMS의 성능은 효율적인 메타데이터의 구축에서 비롯된다고 해도 과언이 아니다.

1.7.5 데이터 웨어하우스(data warehouse)

DW로 약칭한다. 일반적으로 거대 조직체에서 보유한 서로 다른 형태의 수많은 데이터베이스들의 조합을 의미한다.

1.7.6 데이터마트(data mart)

데이터 웨어하우스로부터 필요한 부분만 가공하여 추출한 소규모 데이터베이스를 의미한다. 데이터마이닝(datamining)을 포함한 통계분석은 주로 데이터마트를 기초로 진행한다.

1.7.7 데이터마이닝(data mining)

데이터마이닝이란 다량의 데이터로부터 일정한 패턴(pattern), 경향(tendency), 추세(trend)를 고성능 컴퓨터를 이용하여 자동적으로 찾는 과정을 말한다. 이를 두고 '데이터베이스에서 지식 발견' (KDD: knowledge-discovery in databases)이라 부르기도 한다. 통계 방법에 패턴인식(pattern recognition)이 결합된 계산기법이다. 결정나무(decision tree)를 이용하여 분석하는 방법이 대표적인 데이터마이닝 기법이다.

SAS에서는 Enterprise Miner, SPSS에서는 Clementine이 데이터마이닝을 위한 단위 소프트웨어다. 그런데 우리 나라에서 불리는 노래 가사를 보면 Clementine이 어부의 딸로 되어 있지만 원래 영어 가사는 광부의 딸(a miner's daughter)인지라 데이터마이닝 도구의 이름이 자연스럽게 Clementine이 된 것이다!

1.7.8 데이터 공유(data sharing)

윈도우즈용 소프트웨어들이 보여주는 강점 중의 하나가 소위 OLE (object linking and embedding: 객체 연결 및 끼워넣기) 기능이다. OLE 기능이란 응용 프로그램들을 서로 연결하여 프로그램들 간 데이터 공유를 가능케하게 하는 기술이다. OLE 개념하에서는 모든 종류의 데이터를 객체(object)라고 부른다. 객체에는 문서, 그림, 그래프, 도표, 오디오, 비디오 등 많은 형태의 데이터가 포함된다. OLE에서는 윈도우즈 환경에서 지원하는 클립보드(clipboard)를 매개로 객체를 전송한다.

OL (object linking: 객체 연결)과 OE (object embedding: 객체 끼워넣기)는 서로 다른 처리 과정이다. 예를 들어 Excel 프로그램과 SAS 시스템 간에 동적 연결이 이루어지면 어느 한 쪽에서 일어난 변화가 다른 쪽에 그대로 반영된다. 이를 객체 연결이라 한다. 객체 끼워넣기는 한 쪽에서만 변화가 일어나고 다른 쪽은 그대로 있는 경우다. OLE 기능을 사용하면 예를 들어 SAS의 그래프 출력 따위를 그대로 흔글 문서로 손쉽게 끼워넣을 수 있다.

OLE와 비슷하지만 그보다 하위 개념으로 DDE (dynamic data exchange: 동적 데이터 교환)가 있는데 OLE가 DDE보다는 더 그래픽 쪽으로 치우쳐 있고 더 강력한 기능이다. SAS에서는 이 두 가지 방식의 데이터 공유를 모두 지원한다.

2

SAS 작업공간

2.1 SAS 작업공간

SAS 시스템을 시작하면 화면 2.1에 보이는 **SAS 작업공간**(SAS workspace)이 나타난다. SAS 시스템에서는 SAS에 연관된 모든 작업을 수행하는 창을 작업공간이라 부르고 있다.

화면 2.1을 보면 층계(cascade) 형식으로 배치된 기본 윈도우들이 나타나 있다. 그리고 화면 상단 왼쪽에는 명령 막대(command bar), 오른쪽에는 도구 아이콘들이 모

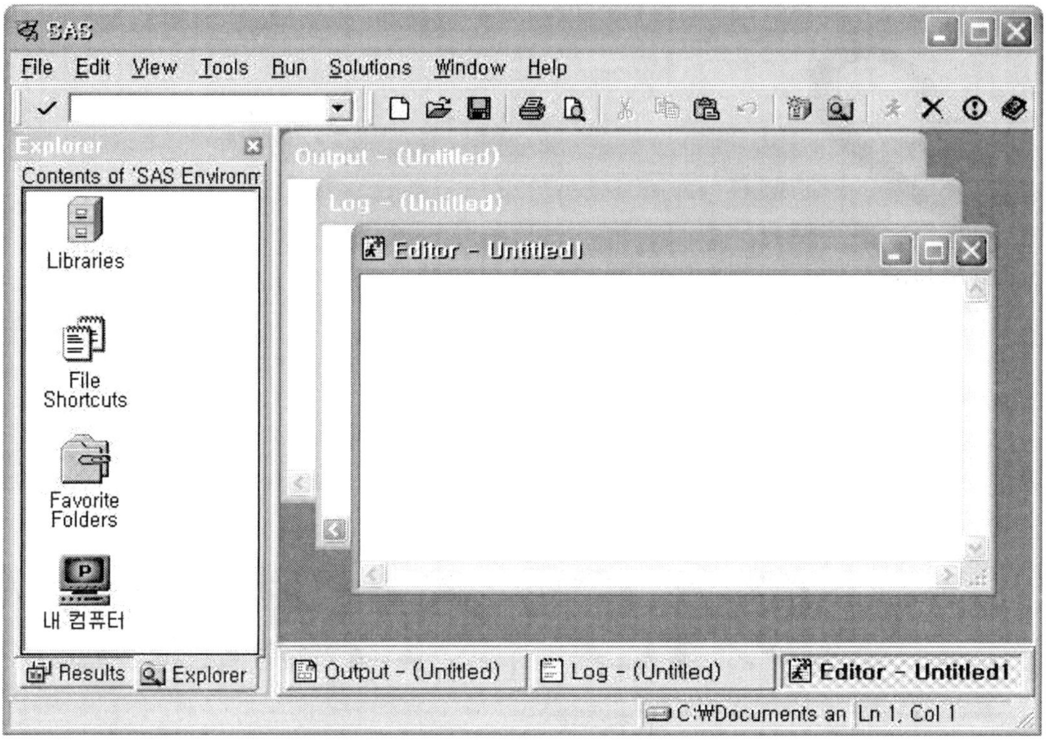

화면 2.1 SAS 작업공간

인 도구막대(toolbar)가 위치하고 있다. 화면 2.1에 보이는 SAS 작업공간의 모양은 원래 SAS 시스템의 디폴트 형식은 아니고 필자의 시스템에 나타난 화면을 그대로 보이고 있는 것이다.

작업공간을 구성하는 기본 윈도우는 다음 다섯 가지다.

- 확장 편집기(Enhanced Editor)
- 로그(Log)
- 출력(Output)
- 결과(Results)
- 탐색기(Explorer)

Editor 윈도우(화면 2.2)에서는 사용자가 SAS 프로그램을 편집한 후 완성된 프로그램을 SAS 시스템에 접수(submit)하여 실행(run)시킬 수 있다.

```
options notes source ls=72;

DATA students;
   INPUT name $ 1-20 id_num sex $ dept $ exam1 exam2 exam3;
DATALINES;
Sung Min Young       2005 f stat 30 30 40
Sung Min Ji          2009 f cs   30 30 40
Hong Gil Dong        1750 m math 29 28 27
Kong Jui             1810 f cs   20 20 30
Pat Jui              1808 f stat  5 10 15
Yun Heung Boo        1670 m math  0 10  5
Yun Nol Boo          1665 m cs   20 30 10
Sun Nyeo             0300 f stat 25 25 35
Shim Chung           1880 f math 29 28 27
RUN;

PROC PRINT;
RUN;

PROC SORT;
   BY id_num;
RUN;

DATA credit;
   SET students;
   score=exam1+exam2+exam3;
   IF score >= 50 THEN credit='Pass';
                  ELSE credit='Fail';
RUN;

PROC PRINT;
RUN;
```

화면 2.2 Enhanced Editor 윈도우

화면 2.2에 보이는 Editor 윈도우는 SAS 8판부터 지원하는 확장 편집기 윈도우로서 각 단계별로 화면을 끊어주고 데이터, 키워드, 선택사항 등을 색깔로 구별하여 프로그램 작성의 편리를 꾀하고 있다. 따라서 프로그램 작성시 오류의 발견이 용이하다. 물론 그 이전 판까지 디폴트 편집기인 'Program Editor'를 여전히 사용하게끔 할 수는 있으나 그에 비하여 'Enhanced Editor'의 기능이 더 탁월하다.

프로그램 편집을 제대로 하려면 편집기 글꼴(font)을 변동폭(variable width)보다는 고정폭(fixed width)으로 지정해두는 것이 좋다. 특히 데이터 필드들의 칸을 맞추거나 열블록(column block)을 잡는 편집을 하려면 더욱 그러하다.

고정폭 글꼴을 지정하려면 영문 메뉴냐 또는 국문 메뉴냐에 따라 다음과 같이 옵션을 설정한다.

<u>**편집기 글꼴을 고정폭으로 변경하려면**</u>

- Tools → Options → Enhanced Editor → Appeareance → Font=**Fixedsys**
- 도구 → 옵션 → 확장 편집기 → 표시 → 폰트=**Fixedsys**

Log 윈도우(화면 2.3)로는 실행되고 있는 SAS 프로그램에 관련된 메시지들이 출력된다. SAS 프로그램 실행에 잘못이 있으면 오류 메시지(error message)나 경고 메시

```
Log - (Untitled)
19      BY id_num;
20    RUN;

NOTE: There were 9 observations read from the data set WORK.STUDENTS.
NOTE: The data set WORK.STUDENTS has 9 observations and 7 variables.
NOTE: PROCEDURE SORT used (Total process time):
      real time           0.17 seconds
      cpu time            0.01 seconds


21
22    DATA credit;
23      SET students;
24      score=exam1+exam2+exam3;
25      IF score >= 50 THEN credit='Pass';
26                     ELSE credit='Fail';
27    RUN;

NOTE: There were 9 observations read from the data set WORK.STUDENTS.
NOTE: The data set WORK.CREDIT has 9 observations and 9 variables.
NOTE: DATA statement used (Total process time):
      real time           0.03 seconds
      cpu time            0.00 seconds


28
29    PROC PRINT;
30    RUN;

NOTE: There were 9 observations read from the data set WORK.CREDIT.
NOTE: PROCEDURE PRINT used (Total process time):
      real time           0.00 seconds
      cpu time            0.00 seconds
```

화면 2.3 Log 윈도우

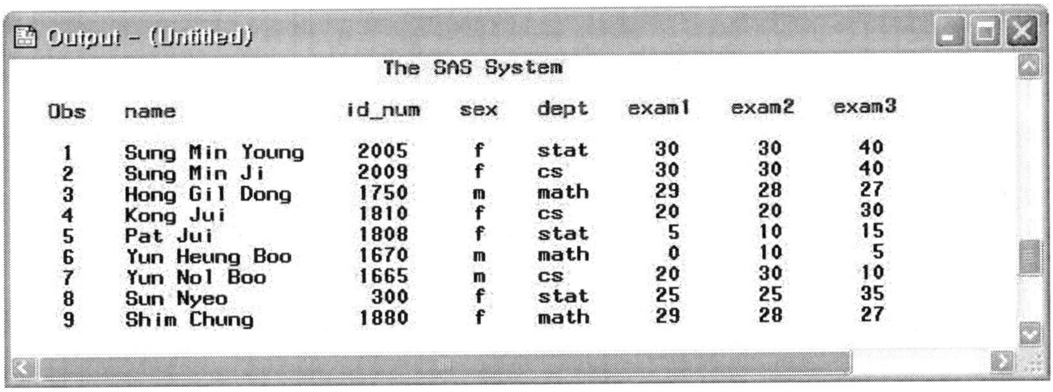

Obs	name	id_num	sex	dept	exam1	exam2	exam3
1	Sung Min Young	2005	f	stat	30	30	40
2	Sung Min Ji	2009	f	cs	30	30	40
3	Hong Gil Dong	1750	m	math	29	28	27
4	Kong Jui	1810	f	cs	20	20	30
5	Pat Jui	1808	f	stat	5	10	15
6	Yun Heung Boo	1670	m	math	0	10	5
7	Yun Nol Boo	1665	m	cs	20	30	10
8	Sun Nyeo	300	f	stat	25	25	35
9	Shim Chung	1880	f	math	29	28	27

화면 2.4.1 Output 윈도우

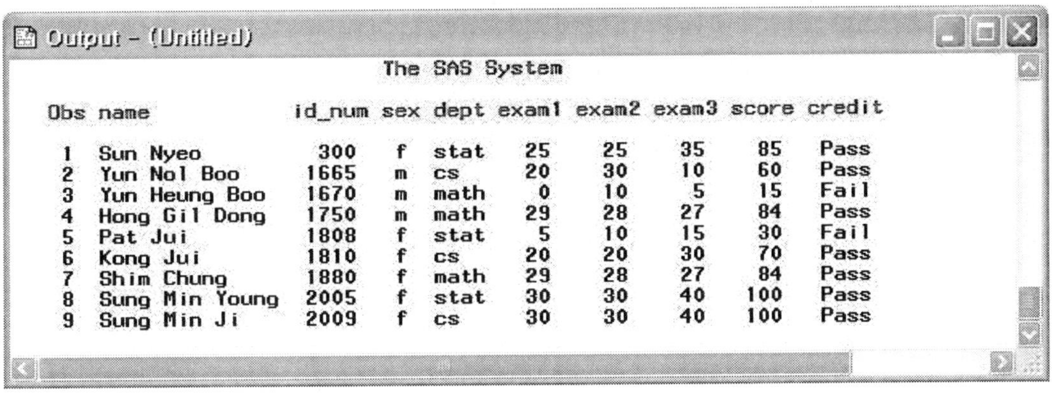

Obs	name	id_num	sex	dept	exam1	exam2	exam3	score	credit
1	Sun Nyeo	300	f	stat	25	25	35	85	Pass
2	Yun Nol Boo	1665	m	cs	20	30	10	60	Pass
3	Yun Heung Boo	1670	m	math	0	10	5	15	Fail
4	Hong Gil Dong	1750	m	math	29	28	27	84	Pass
5	Pat Jui	1808	f	stat	5	10	15	30	Fail
6	Kong Jui	1810	f	cs	20	20	30	70	Pass
7	Shim Chung	1880	f	math	29	28	27	84	Pass
8	Sung Min Young	2005	f	stat	30	30	40	100	Pass
9	Sung Min Ji	2009	f	cs	30	30	40	100	Pass

화면 2.4.2 Output 윈도우

지(warning message)가 출력된다. 오류 메시지일 경우에는 잘못된 부분에 밑줄이 쳐지며 잘못된 이유와 어떤 식으로 수정할 수 있는지 여러 가지 대체 가능한 어휘들이 보여진다.

Output 윈도우(화면 2.4)로는 실행된 SAS 프로그램의 결과가 출력된다. 출력 내용은 곧바로 인쇄할 수도 있고 필요하면 텍스트 파일 또는 웹 게시용 HTML 파일로 저장하여 보관할 수 있다. 파워포인트 슬라이드에 SAS 출력을 삽입하려면 HTML 출력 지정이 필수적이다. 화면 출력의 디폴트는 리스트(list) 출력이다.

출력을 HTML로 저장하고 싶다면 다음 형식으로 옵션을 설정한다.

출력을 HTML 파일로 저장하려면

- Tools → Options → Preferences → Results → 'Create HTML'에 ✓
- 도구 → 옵션 → 설정 → 결과 → 'HTML 생성'에 ✓

Results 윈도우(화면 2.5)는 출력 결과를 손쉽게 검색하기 위한 도구로서 분석절차별로 출력을 세분화하여 사용자로 하여금 원하는 분석에 대한 출력 결과를 찾아 읽기 쉽도록 하고 있다.

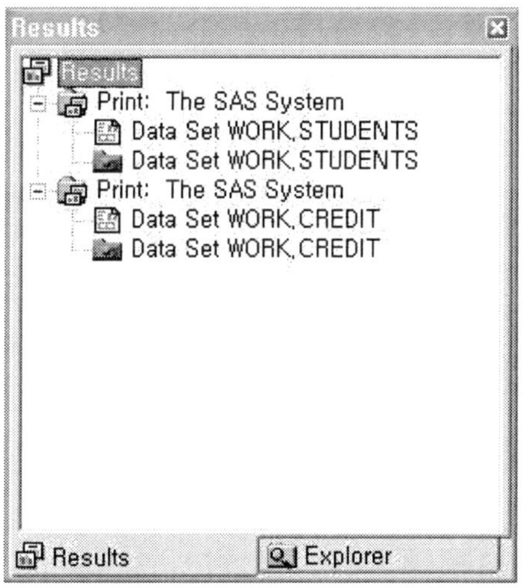

화면 2.5 Results 윈도우

화면 2.5에서 처음 세 줄이 뜻하는 바는 다음과 같다.

Print: The SAS System ← 절차 이름과 타이틀(title)
  Data Set WORK.STUDENTS ← **리스트 출력**
  Data Set WORK.STUDENTS ← HTML **출력**

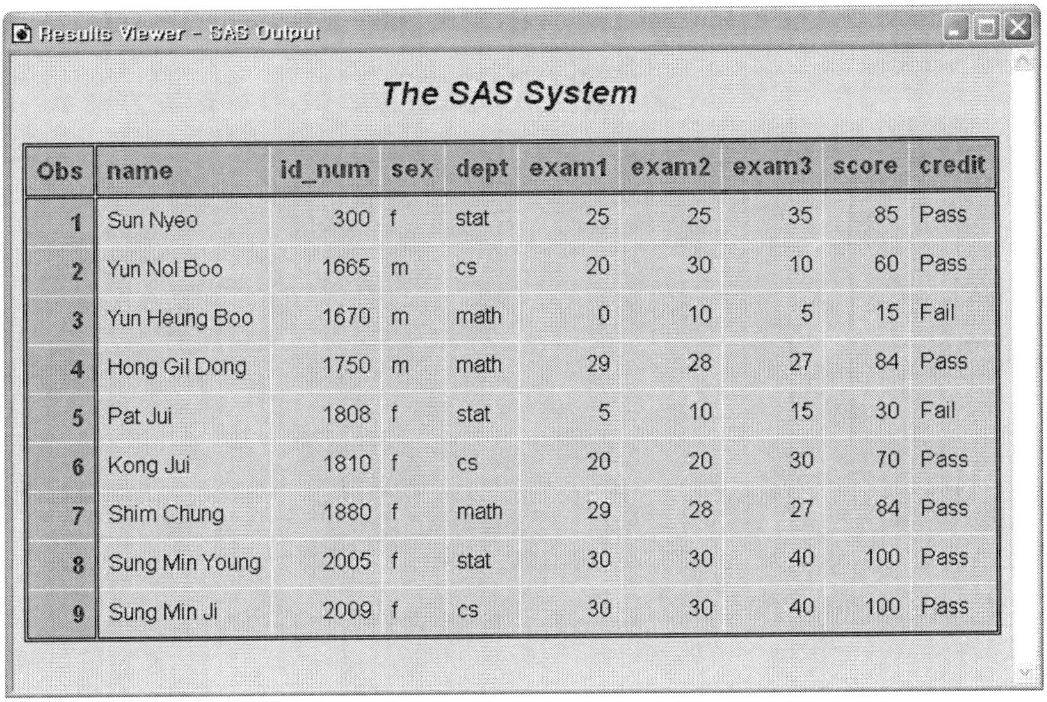

Results Viewer - SAS Output

The SAS System

Obs	name	id_num	sex	dept	exam1	exam2	exam3	score	credit
1	Sun Nyeo	300	f	stat	25	25	35	85	Pass
2	Yun Nol Boo	1665	m	cs	20	30	10	60	Pass
3	Yun Heung Boo	1670	m	math	0	10	5	15	Fail
4	Hong Gil Dong	1750	m	math	29	28	27	84	Pass
5	Pat Jui	1808	f	stat	5	10	15	30	Fail
6	Kong Jui	1810	f	cs	20	20	30	70	Pass
7	Shim Chung	1880	f	math	29	28	27	84	Pass
8	Sung Min Young	2005	f	stat	30	30	40	100	Pass
9	Sung Min Ji	2009	f	cs	30	30	40	100	Pass

화면 2.6 Results Viewer 윈도우

프로그램에 표제(title)를 따로 지정하지 않으면 출력 페이지마다 자동적으로 표제가 'The SAS System'으로 출력된다. 그래서 첫 줄의 의미는 표제 없는 PRINT 절차의 출력이란 것이다. 이 절차의 출력은 한 페이지인데 만일 리스트 출력을 보고 싶으면 둘째 줄을 두 번 클릭한다. 또 만일 동일 내용에 대한 HTML 출력을 보고 싶으면 셋째 줄을 두 번 클릭하면 된다. 그리고 'Data Set WORK.STUDENTS'란 임시 데이터세트 STUDENTS에 대한 출력이란 뜻이다.

리스트 출력은 Output 윈도우에서 확인할 수 있다. 반면에 HTML 출력은 화면 2.6에 나와있는대로 **Results Viewer 윈도우**에서 그 내용을 볼 수 있다. Results Viewer란 SAS 시스템에 내장된 일종의 웹 브라우저(web browser)로서 필요하다면 통상의 인터넷 탐색기(IE), Opera 등 외부 브라우저를 통해서 출력을 보는 것도 가능하다.

Explorer 윈도우(화면 2.7)는 라이브러리(library), 카탈로그(catalog) 등 각종 SAS 파일들에 대한 관리 작업을 전담하며 동시에 통상의 탐색기 역할도 수행한다. 따라서 필요한 파일을 찾기 위하여 굳이 SAS 시스템 밖에서 윈도우즈 탐색기를 열지 않아도 무방하다.

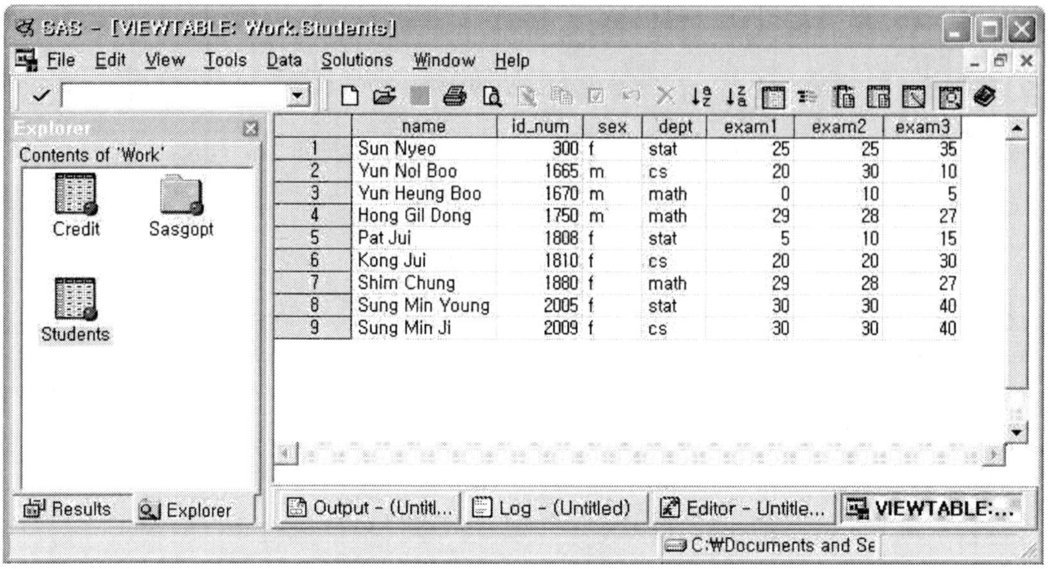

화면 2.7 Explorer 윈도우에서 WORK 라이브러리 내 STUDENTS의 내용을 검색

화면 2.7에서는 Explorer 윈도우에서 WORK 라이브러리에 임시로 저장되어 있는 데이터세트 STUDENTS의 내용을 검색한 결과를 보여준다. Excel 화면과 동일한 형태로 데이터세트의 내용을 확인할 수 있다.

작업공간 메뉴에서 'Tools → Customize...'를 선택하면 메뉴 바로 아래 있는 도구막대(toolbar)에 보이는 아이콘(icon)들을 변경할 수 있다. 도구막대란 자주 사용하는 명령을 아이콘 형태로 화면에 띄워 일일이 명령을 입력하거나 메뉴판을 탐색하지 않고 단지 아이콘을 마우스로 누르기만 하면 곧바로 명령을 수행하게끔 하는 기능을 갖는다. 표 2.1에 특히 Editor 윈도우용 도구막대의 디폴트 아이콘들에 부속된 명령어들을 정리하였다.

화면 2.8은 도구막대에서 Open 대화상자를 호출한 결과다. 이 대화상자에서 실행시킬 SAS 프로그램 등을 선택하여 Editor 윈도우로 불러올 수 있다.

만일 현재 보이는 윈도우의 내용을 파일로 저장하고 싶으면 언제나 메뉴에서 'File → Save as'를 선택하여 나타나는 'Save As' 대화상자에서 적당한 폴더에 적당한 파일 이름을 지정해 주기만 하면 된다. 화면 2.9를 보라.

메뉴에서 'File → Print'를 선택하면 Print 대화상자가 나타나는데 여기서는 윈도우에 보이는 내용을 어떤 식으로 인쇄할 것인지 지정한다. 별다른 지정을 하지 않으면 윈도우의 내용이 윈도우즈 시스템에서 디폴트로 선정한 프린터로 이송된다.

표 2.1 Editor 윈도우용 도구막대의 아이콘

아이콘	명령	기능
	New	새 프로그램을 편집한다. 다른 윈도우에서는 내용을 지운다.
	Open	새 파일을 연다.
	Save	현재 파일 이름으로 윈도우의 내용을 저장한다.
	Print	윈도우의 내용을 인쇄한다.
	Print Preview	인쇄된 상태를 미리 본다.
	Cut	선택된 부분의 내용을 클립보드로 이동한다.
	Copy	선택된 부분의 내용을 클립보드로 복사한다.
	Paste	클립보드의 내용을 커서 위치에 붙인다.
	Undo	직전 명령을 취소한다.
	New Library	새로운 라이브러리를 추가한다.
	SAS Explorer	Explorer 윈도우를 연다.
	Submit	편집된 SAS 프로그램을 접수시켜 실행(run)한다.
	Clear All	초기 상태로 돌아간다.
	Break	실행중인 프로그램을 중지시킨다.
	Help	도움말 윈도우를 연다.

그런데 만일 출력을 당장 인쇄하지 않고 파일로 만들고 싶으면 'Print to File'을 선택하고 적당한 파일 이름을 입력한다. 이렇게 생성된 파일은 디폴트 프린터의 인쇄 제어 정보가 삽입된 인쇄 파일로서 어떤 호환 기종의 프린터에서도 인쇄가 가능하다.

화면 2.8 Open 대화상자

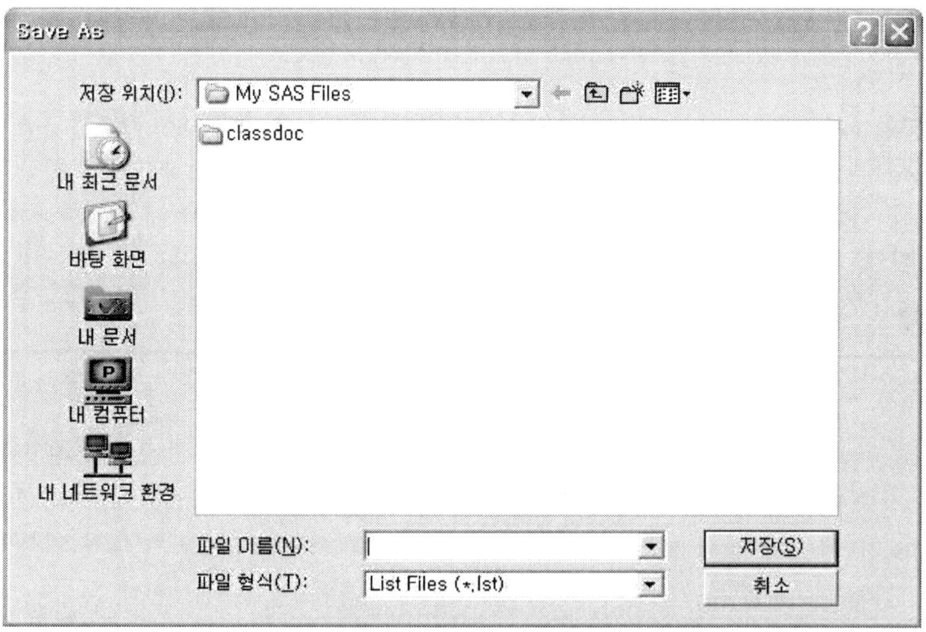

화면 2.9 Save As 대화상자

2.2 단축키

제 2.1 절에서 언급한 일차 윈도우(primary window)들 외에도 SAS 시스템에는 기타 특별한 목적에 쓰이는 특수 윈도우(special window)들이 많이 있다.

Keys 윈도우(화면 2.10)는 단축키를 정의하는 목적으로 사용한다. 작업공간 상단 좌측의 **명령막대**(command bar)에 'keys'를 입력하고 그 왼쪽의 '√' 표시를 마우스로 누르면 화면 2.10과 같은 Keys 윈도우가 열린다. Keys 윈도우는 SAS 시스템에서 프로그램 편집시 코딩(coding) 작업에 직접 사용되지 않는 특수키나 그러한 키들의 조합에 자주 쓰이는 명령어 혹은 그러한 일련의 명령어들을 기억시킬 때 사용한다.

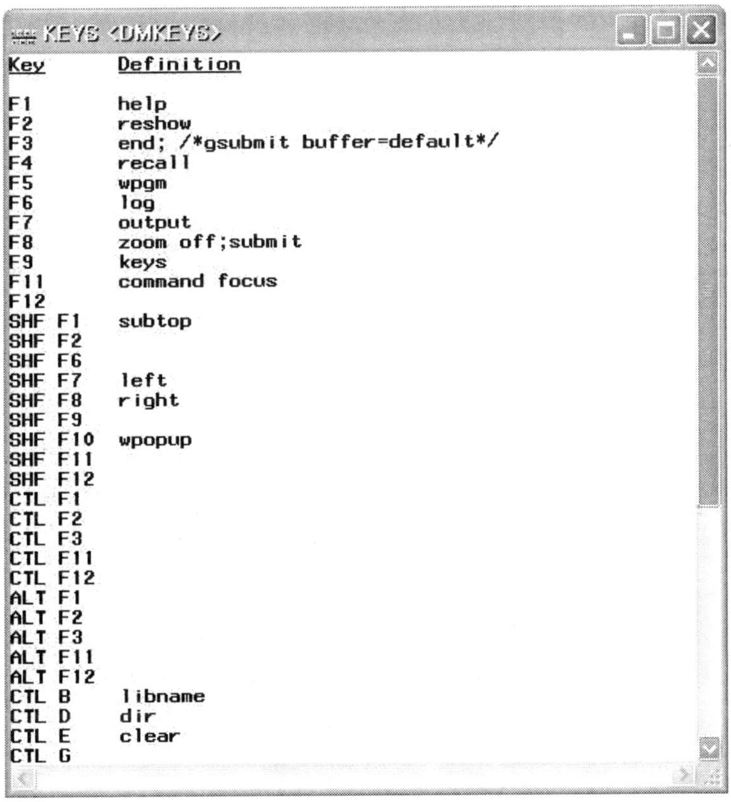

화면 2.10 Keys 윈도우

일단 Keys 윈도우를 열어 자신이 자주 쓰는 명령어를 조합키에 기억시켜 놓으면 번거롭게 마우스로 메뉴판을 뒤져 특정 항목을 선택하는 대신 단순히 원하는 명령어가 기억된 단축키만 누르면 되므로 SAS 작업이 상당히 편리해진다.

예를 들어 기능키 F1을 누르면 Help 윈도우가 나타난다. 또, Shift F10을 같이 누르면 돌출메뉴가 나타난다.

이와 같이 단축키 사용에 능숙하면 SAS 시스템의 편집, 실행, 윈도우 작업 등을 매우 빠르고 효율적으로 수행할 수 있다. 윈도우즈 시스템에서는 마우스 사용이 보편화되었지만 사실상 입력 속도 면에서 또 손가락의 피로도 경감 면에서 능숙한 키보드의 사용이 마우스의 남용보다는 더 낫다고 하겠다.

화면 2.10의 Keys 윈도우에서 Definition 밑에 보이는 각 단어들은 전부 SAS 작업공간 안에서 유효한 명령어들이다. 물론 어떤 키에 어떤 명령어를 기억시켰는지 생각이 나지 않는다면 직접 명령막대에서 원하는 명령어를 입력해도 무방하다.

화면 2.10에 제시한 단축키 정의는 SAS 시스템의 디폴트 설정이다. 화면 2.10을 보면 Keys 윈도우에 'SHF F2'와 같은 단축키가 있는데, 이것은 키보드의 Shift 키와 F2 키를 동시에 누르는 것을 의미한다. 화면을 보면 'SHF F2'에 대한 정의란이 비어있는데 여기에는 아직 아무런 명령어도 지정되지 않은 것이다.

Keys 윈도우의 표기에서 CTL은 키보드의 Ctrl 키, ALT는 키보드의 Alt 키를 의미한다. 따라서 'CTL Q'는 Ctrl과 Q를 동시에 누름을 뜻하며 'ALT F4'은 Alt 키와 F4 키를 동시에 누름을 뜻한다. 마우스 단추에도 기능을 부여할 수 있는데 RMB는 마우스 오른쪽 단추(right mouse button), MMB는 마우스 가운데 단추(middle mouse button)를 의미한다.

어느 키에 새롭게 명령어를 정의하려면 커서를 원하는 단축키가 있는 줄로 이동시켜 적당한 명령어를 입력한 다음 명령막대에서 'end'를 입력하거나 아니면 F3를 누른다. F3에는 시스템 디폴트로 'end' 명령이 기억되어있다. 이렇게 하면 Keys 윈도우가 화면에서 사라지고 새로 정의한 단축키가 기억된다.

실습 삼아 현재 비어있는 기능키 F12에 'cancel'을 정의해보자. 이렇게 하려면 먼저 F9 키를 눌러 Keys 윈도우를 연 다음 F12에 'cancel'을 입력하고 나서 F3를 누른다.

다시 F9을 눌러 Keys 윈도우를 열어보자. F12에 새롭게 정의한 'cancel' 명령이 기억되었음을 확인할 수 있다. 여기서 F12를 눌러보라. Keys 윈도우가 화면에서 사라질 것이다.

Keys 윈도우를 비롯한 특수 윈도우들은 언제나 CANCEL이나 END 명령으로 닫을 수 있다. 두 명령의 차이는 다음과 같다.

END - 변경된 내용이 있으면 저장한 다음 윈도우를 닫는다. CANCEL - 변경된 내용을 무시하고 윈도우를 닫는다.

따라서 Keys 윈도우를 열어 단축키에 많은 명령어들을 일껏 입력해도 CANCEL 명령으로 윈도우를 닫으면 도로아미타불이다.

이하에서는 시스템 디폴트로 정의된 단축키들을 기능별로 분류하여 소개한다. 그런데 SAS 시스템에서 사용 가능한 단축키들이 전부 Keys 윈도우에 등록되어 있지는 않다. 이러한 단축키들은 사용자가 재정의하지 못한다.

(1) 윈도우 이동 및 제어

SAS 시스템을 처음 시작하면 커서는 Editor 윈도우에 위치한다. 이같이 커서가 나타나있는 윈도우를 **활성윈도우**(active window)라 부른다. 표 2.2에 주요 윈도우들의 활성화 및 제어에 관련된 기능키들을 정리하였다. 그리고 특히 암기할만한 것들은 굵게 표시하였다.

기능키 Ctrl F6는 다음 윈도우를 활성 윈도우로 바꾸는 기능을 갖는다. 또 F4와 F8은 프로그램 실행에 꼭 필요한 단축키들이며, Shift F10을 누르면 활성 윈도우에 고유한 돌출메뉴(popup menu)가 나타나므로 역시 윈도우 내에서 작업하는데 반드시 알아둘만한 단축키다. 그리고 Editor 윈도우에서 F3를 누르면 프로그램이 실행된다.

단축키 F8의 정의를 보면 'ZOOM'이란 용어가 있다. 'ZOOM'은 활성 윈도우를 작업공간 전체로 크기를 확대하거나 또는 원래대로 축소하는 명령으로 토글(toggle) 명령이다. 줌은 원래 사진기 용어인데 줌 렌즈가 달린 사진기에서는 줌 렌즈를 조절함에 따라 피사체가 가깝게 보이기도 멀리 보이기도 한다. 줌 렌즈를 조절함에 따라 피사체가 확대 또는 축소됨을 생각하면, 윈도우의 확대와 축소를 지시하는 명령어를 왜 'ZOOM'이라 하는지 쉽게 이해할 수 있을 것이다.

그리고 이렇게 동일 명령이 반복됨에 따라 번갈아 상반된 동작이 반복되는 기능을 보유한 키를 컴퓨터 용어로 토글키(toggle key) 또는 간단히 **토글**이라 한다. 위의 경우 'ZOOM'은 활성 윈도우를 늘였다 줄였다하는 토글키다. 이러한 토글키의 또 다른 예는 키보드 오른쪽에 위치한 'Insert' 키다.

표 2.2 윈도우 제어 단축키

단축키	명령	기능
F1	**help**	Help 윈도우를 연다
F5	wpgm	Editor 윈도우를 연다
F6	log	Log 윈도우를 연다
F7	output	Output 윈도우를 연다
F9	keys	Keys 윈도우를 연다
Ctrl B	libname	Libname 윈도우를 연다
Ctrl D	dir	Dir 윈도우를 연다
Ctrl H	help	Help 윈도우를 연다
Ctrl I	options	Options 윈도우를 연다
Ctrl L	log	Log 윈도우를 연다
Ctrl Q	filename	Filename 윈도우를 연다
Ctrl T	title	Title 윈도우를 연다
Ctrl F6	**next**	다음 윈도우를 활성화한다
Alt F4	exit	SAS 시스템을 종료한다.
Ctrl F4	close	활성윈도우를 닫는다
F3	**end**	활성 윈도우의 내용을 저장하고 닫는다 (Editor 윈도우의 내용을 실행한다)
F4	**recall**	Editor 윈도우에서 지운 내용을 복원한다
F8	**zoom off; submit**	Editor 윈도우의 내용을 실행한다
F11	command focus	명령막대를 활성화한다
Shift F10	**wpopup**	돌출메뉴판을 보여준다

(2) 편집 관련 – 커서 이동

Editor 윈도우 등에서 커서의 위치 이동에 관련된 단축키들을 표 2.3에 정리하였다. 참고로 Page Up (Page Up), Page Down (Page Down) 등과 같이 윈도우의 내용을 검색할 때 사용하는 명령들을 두루마리 명령(scroll command)이라고 한다. 중세기 유럽이 무대인 영화에서 가끔 두루마리에 씌여진 칙서를 읽는 광경을 본 사람이 많을 것이다. 또 마법사가 갖고 다니는 비밀 주문도 대개 두루마리에 기술되어 있다.

표 2.3 커서 이동 단축키

단축키	기능
Ctrl →	다음 단어로 이동
Ctrl ←	전 단어로 이동
Home	줄의 처음으로 이동
End	줄의 끝으로 이동
Ctrl Home	문서의 최상단으로 이동
Ctrl End	문서의 최하단으로 이동
Page Up	한 페이지 위로 이동
Page Down	한 페이지 아래로 이동

여기서 힌트를 얻어 파일을 윈도우로 읽을 때 현재 윈도우 화면에 보이는 부분을 전체 두루마리의 일부로 간주하여 현재 화면의 다음 부분으로 가는 것을 두루마리를 내린다(scroll down), 그 앞 부분을 보는 것을 두루마리를 올린다(scroll up)고 표현한다. 이는 컴퓨터에서 흔히 쓰이는 용어다.

기능 설명에 나타나는 페이지(page)의 개념은 현재 윈도우에 가득 보이는 만큼이다. 따라서 윈도우가 크면 한 페이지에 나타나는 줄 수도 많을 것이고 작으면 그만큼 한 페이지를 구성하는 줄 수도 적게 된다. 즉, 윈도우 크기에 따라 페이지 크기는 달라진다. 다음 도해를 보라.

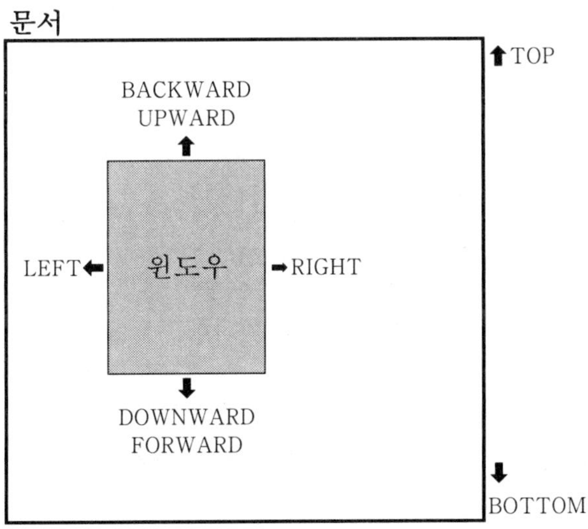

(3) 편집 관련 - 잘라 붙이기

프로그램 편집을 하다보면 일정 부분의 텍스트를 블록(block)으로 잡아 복사하거나 오려서 다른 곳에 붙이는 작업이 필요한 경우가 흔하다. SAS 시스템뿐 아니라 흔글이나 윈도우즈 시스템에서 이런 목적으로 사용되는 공통적인 단축키는 다음과 같다.

◦ Ctrl C - 복사(copy)
◦ Ctrl X - 자르기(cut)
◦ Ctrl V - 붙이기(paste)
◦ Ctrl Z - 취소 및 원상복구(undo)

윈도우즈에서는 Ctrl C로 복사한 텍스트 또는 Ctrl X로 오려낸 텍스트의 내용을 **클립보드**(clipboard)로 보낸다. 클립보드는 복사하거나 오려낸 텍스트의 내용이 잠시 보관되는 버퍼(buffer) 영역으로 만일 새로운 복사나 오리기가 수행되면 이전에 기억된 내용은 소거된다. Ctrl V는 클립보드에 기억되어있는 텍스트를 커서 위치로 다시 불러오는 역할을 한다. 그리고 이런 편집이 잘못된 경우 돌이키는 방법이 Ctrl Z를 누르는 것이다.

잘라 붙이기(cut and paste)는 문서 편집기 필수적으로 포함되어 있는 기능인데 잘라 붙이기를 하려면 우선 잘라낼 부분의 처음과 끝을 지정하여 그 안의 내용 전부를 블록으로 잡아야한다.

블록 지정 방법에는 두 가지가 있다. 하나는 **행블록**(row block), 다른 하나는 **열블록**(column block)이다.

다음과 같은 데이터를 보자.

```
Sung Min Young     2006 f stat 30 30 40
Sung Min Ji        2009 f cs   30 30 40
Hong Gil Dong      1750 m math 29 28 27
Kong Jui           1810 f cs   20 20 30
Pat Jui            1808 f stat  5 10 15
```

여기서, 성민영의 학번에 해당하는 2006부터 팥쥐의 학번 1808까지 문자열을 블록으로 잡는다고 가정하자. 만일 행블록으로 잡는다면 다음과 같은 역상 부분이 행블록이 된다.

```
Sung Min Young      2006 f stat 30 30 40
Sung Min Ji         2009 f cs   30 30 40
Hong Gil Dong       1750 m math 29 28 27
Kong Jui            1810 f cs   20 20 30
Pat Jui             1808 f stat  5 10 15
```

그러나 다섯 사람의 학번만을 열블록으로 잡으면 다음과 같이 된다.

```
Sung Min Young      2006 f stat 30 30 40
Sung Min Ji         2009 f cs   30 30 40
Hong Gil Dong       1750 m math 29 28 27
Kong Jui            1810 f cs   20 20 30
Pat Jui             1808 f stat  5 10 15
```

즉, 행을 기준으로 하는 블록이 행블록이요 열을 기준으로 하는 블록이 열블록인 것이다.

SAS 작업공간에서 행블록을 잡을 때는 블록의 첫 번째 문자를 마우스 왼쪽 단추로 지정하고 계속 마우스 단추를 누른 채로 끌어(drag) 블록의 가장 마지막 문자 위치에서 마우스 단추를 놓아준다. 또 열블록을 잡을 때는 Alt 키를 누른 상태에서 행블록을 지정하는 작업을 수행한다. 어느 경우든 선택된 블록은 화면에 역상으로 나타난다.

선택한 블록을 잘라낼 때는 어느 경우나 Ctrl X를 누른다. 앞서 행블록으로 잡힌 부분을 잘라내면 다음과 같은 부분이 남는다.

```
Sung Min Young      f stat  5 10 15
```

또 열블록으로 선택한 부분을 Ctrl X로 잘라내면 다음과 같이 된다.

```
Sung Min Young      f stat 30 30 40
Sung Min Ji         f cs   30 30 40
Hong Gil Dong       m math 29 28 27
Kong Jui            f cs   20 20 30
Pat Jui             f stat  5 10 15
```

잘라낸 부분을 다른 위치에 붙일 때는 Ctrl V를 사용한다. Ctrl V는 잘라낸 블록이 행블록인지 열블록인지를 기억하여 지정된 위치에 잘라낸 블록을 그대로 복원한다.

예를 들어, 앞서 잘라낸 행블록을 다음 화살표로 표시된 위치에 Ctrl V로 붙이면,

```
     ↓
Sung Min Young        f stat  5 10 15
```

다음과 같은 결과를 얻는다.

```
Sung 2006 f stat 30 30 40
Sung Min Ji          2009 f cs   30 30 40
Hong Gil Dong        1750 m math 29 28 27
Kong Jui             1810 f cs   20 20 30
Pat Jui              1808Min Young        f stat  5 10 15
```

반면에 열블록으로 잘린 학번을 Ctrl V로 동일 위치에 붙이면 다음과 같이 된다.

```
Sung 2006Min Young        f stat  5 10 15
     2009
     1750
     1810
     1808
```

여기서 역상으로 인쇄된 부분은 Ctrl V의 효과를 두드러지게 하는 목적으로 사용되었을 뿐 실제 화면은 정상 화면으로 나타난다.

잘라 붙이기에 관련된 편집용 단축키들을 표 2.4에 정리하였다.

표에서 LMB (left mouse button)는 마우스 왼쪽 단추를 의미한다. 행블록을 잡을 때 문서가 길면 때로 마우스 단추를 누른 채로 계속 끄는 작업이 만만치 않은 경우가 있다. 이런 경우에는 블록의 처음을 마우스 왼쪽 단추로 찍은 다음 문서를 스크롤하여 블록의 끝을 Shift 키를 누르면서 마우스 왼쪽 단추로 지정한다.

또 열블록을 잡을 때는 Alt 키를 누르면서 마우스 왼쪽 단추로 시작점을 지정하고 마우스를 끌면서 끝점을 지정한다. 만일 열블록이 여러 페이지에 걸쳐있다면 마우스 왼쪽 단추로 시작점을 지정한 다음 마우스에서 손을 떼고 끝점으로 가서 Alt Shift 키를 누르면서 마우스 왼쪽 단추를 누른다.

표 2.4 블록 편집용 단축키

구분	단축키	기능
행블록	LMB	행블록 잡기
	Shift →	우측으로 가면서 블록 잡기
	Shift ←	좌측으로 가면서 블록 잡기
	Shift Home	줄 처음까지 블록 잡기
	Shift End	줄 끝까지 블록 잡기
	Shift LMB	커서부터 이 지점까지 블록 잡기
열블록	Alt LMB	열블록 잡기
	Alt Shift LMB	커서부터 이 지점까지 블록 잡기
	Shift Ctrl Home	문서 상단까지 블록 잡기
	Shift Ctrl End	문서 하단까지 블록 잡기
	Shift Page Up	한 페이지 위까지 블록 잡기
	Shift Page Down	한 페이지 아래까지 블록 잡기

(4) 대화상자 입력시 필드 전환

대화상자(dialog box) 등에서 입력 필드 전환은 탭(tab) 키 Tab를 활용한다. 후진하려면 Shift Tab을 누른다. 이같은 방식의 필드 전환은 윈도우즈 공통이다.

2.3 SAS 프로그램의 편집 및 실행

표 2.5와 같은 가상의 데이터를 이용하여 간단한 성적관리 프로그램을 SAS로 작성해보자. 아직 여러분은 SAS 언에에 대하여 잘 알지 못하지만 이 장의 목적은 여러분들로 하여금 SAS 시스템에 익숙케하는데 있으므로 지침대로 따라해보기를 권한다.

표 2.5의 데이터를 사용하여 우리는 일단 입력된 데이터를 그대로 인쇄(print)하고, 학번 순으로 순서화(sort)한 다음 만일 세번 시험 점수의 합계가 50 점 이상이면 합격, 그렇지 않으면 불합격으로 처리해서 그 결과를 다시 인쇄하고자 하는 것이다.

표 2.1 시험 성적 데이터

이름	학번	성별	과	1차시험	2차시험	3차시험
성민영	2005	여자	통 계	30	30	40
성민지	2009	여자	컴퓨터	30	30	40
홍길동	1750	남자	수 학	29	28	20
콩쥐	1810	여자	컴퓨터	20	20	30
팥쥐	1808	여자	통 계	5	10	15
연흥부	1670	남자	수 학	0	10	5
연놀부	1665	남자	컴퓨터	20	30	10
선녀	300	여자	통 계	25	25	35
심청	1880	여자	수 학	29	28	27

SAS 시스템에서 이러한 작업을 수행하려면 우선 바라는 자료 처리를 할 수 있는 적절한 SAS 프로그램을 Editot 윈도우에서 작성해야한다.

이때 Editor 윈도우에서 SAS 프로그램을 작성하는 일련의 작업을 **편집**(edit)한다고 말한다.

SAS 프로그램은 SAS 문장(statement)이 모인 것으로 범용 컴퓨터 언어들의 문법과 달리 SAS 문장의 입력 방식에는 그다지 특별한 규칙이 없다. 문장의 시작열에 제한이 없고 또 한 문장을 여러 줄에 걸쳐 나눠 입력해도 프로그램 실행에는 전혀 문제가 없다. 게다가 한 줄에 여러 개의 독립된 문장들을 연속해서 입력할 수도 있다. 두 문장 사이에 여러 줄이 빈 줄이어도 상관없다. 영어 대문자를 써도 좋고 소문자를 사용해도 좋다. 혼합해서 사용해도 무방하다. 그러나 다음 두 가지 사항은 필히 명심해야 한다.

> ① SAS 문장은 반드시 세미콜론(;)으로 끝난다.
> ② 데이터는 SAS 문장이 아니므로 세미콜론을 쓰지 않는다.

이 책을 통틀어 SAS 시스템 고유의 용어, 즉 SAS 키워드(keyword)는 대문자로, 사용자가 임의로 정의할 수 있는 이름들은 전부 소문자로 표기하였다. 따라서 대문자

Example.sas

```
DATA students;
   INPUT name $ 1-20 id_num sex $ dept $ exam1 exam2 exam3;
DATALINES;
Sung Min Young          2005 f stat 30 30 40
Sung Min Ji             2009 f cs   30 30 40
Hong Gil Dong           1750 m math 29 28 27
Kong Jui                1810 f cs   20 20 30
Pat Jui                 1808 f stat  5 10 15
Yun Heung Boo           1670 m math  0 10  5
Yun Nol Boo             1665 m cs   20 30 10
Sun Nyeo                0300 f stat 25 25 35
Shim Chung              1880 f math 29 28 27
RUN;

PROC PRINT;
RUN;

PROC SORT;
   BY id_num;
RUN;

DATA credit;
   SET students;
   score=exam1+exam2+exam3;
   IF score >= 50 THEN credit='Pass';
                  ELSE credit='Fail';
RUN;

PROC PRINT;
RUN;
```

화면 2.11 Editor 윈도우에서 편집한 프로그램

로 표기된 용어들은 반드시 그대로 입력해야 한다. 화면 2.11에 주어진 프로그램을 그대로 입력해보라.

프로그램에서 id_num의 '_'은 대시(dash: –)가 아니고 밑줄(underscore: _)이다. 한 줄을 다 쳤으면 Enter 키를 눌러 그 다음 줄로 내려간다. 실수없이 입력하였으면 F3나 F8 키를 눌러 편집이 끝난 프로그램을 SAS 시스템에 접수시킨다. 그런데 F8에는 다음과 같은 명령들이 기억되어있다.

zoom off; submit;

'ZOOM OFF'와 'SUBMIT'은 별개의 명령인데, 이와 같이 둘 이상의 명령어들을 키

하나에 기억시킬 때는 세미콜론을 써서 구분한다. 위 명령은 Editor 윈도우가 전화면이면 원래대로 축소한 다음 편집한 프로그램을 SAS 시스템에 접수하라는 뜻이다.

ZOOM과 같은 토글 명령에는 상태를 나타내는 ON/OFF를 덧붙여 사용할 수 있다. 이는 SAS 시스템에서 사용 가능한 모든 토글 스위치에 그대로 적용된다. 집안에 있는 전구 스위치를 생각해보라.

ZOOM ON – 윈도우를 확대한다.
ZOOM OFF – 윈도우를 축소한다.

ON/OFF없이 ZOOM만 사용하면 ON과 OFF가 번갈아 작동된다. ZOOM과 같은 명령어는 단축키에 기억시키는 편이 낫다.

프로그램을 제대로 입력했다면 각 단계마다 처리 상황과 걸린 시간 등이 출력 2.1과 같이 Log 윈도우로 출력되고, 결과는 출력 2.2와 출력 2.3에 보이는대로 Output 윈도우로 출력된다. Log 윈도우와 Output 윈도우의 내용을 확인해보라.

프로그램 편집을 하노라면 뜻하지 않은 입력 실수를 저지를 때가 있다. 그런데 신통하게도 SAS 시스템에서는 어지간한 입력 오류는 자동으로 고쳐주기 때문에 예전처럼 사소한 잘못에 프로그램을 다시 실행할 필요가 없어졌다.

다음은 편집시 오류가 있는 것을 모르고 그대로 실행시켰을 때 Log 윈도우로 출력된 경고 메시지의 한 예다. 이 경우는 화면 2.11에 제시한 프로그램의 두 번째 줄에 있는 단어 'INPUT'을 'INTUT'으로 잘못 입력한 것을 고치지 않고 그대로 실행한 결과다. 입력에 오류가 있기는 했지만 SAS 시스템은 스스로 오류를 교정한 다음 프로그램을 실행하기 때문에 결국 제대로 된 결과를 얻을 수 있다.

```
2       INTUT name $ 1-20 id_num sex $ dept $ exam1 exam2 exam3;
        -----
        1
WARNING 1-322: Assuming the symbol INPUT was misspelled as INTUT.

 :
```

```
1      DATA students;
2        INPUT name $ 1-20 id_num sex $ dept $ exam1 exam2 exam3;
3      DATALINES;

NOTE: The data set WORK.STUDENTS has 9 observations and 7 variables.
NOTE: DATA statement used (Total process time):
      real time           0.01 seconds
      cpu time            0.01 seconds

13     RUN;
14
15     PROC PRINT;
NOTE: Writing HTML Body file: sashtml.htm
16     RUN;

NOTE: There were 9 observations read from the data set WORK.STUDENTS.
NOTE: PROCEDURE PRINT used (Total process time):
      real time           0.12 seconds
      cpu time            0.07 seconds

17
18     PROC SORT;
19       BY id_num;
20     RUN;

NOTE: There were 9 observations read from the data set WORK.STUDENTS.
NOTE: The data set WORK.STUDENTS has 9 observations and 7 variables.
NOTE: PROCEDURE SORT used (Total process time):
      real time           0.00 seconds
      cpu time            0.00 seconds

21
22     DATA credit;
23       SET students;
24       score=exam1+exam2+exam3;
25       IF score >= 50 THEN credit='Pass';
26                      ELSE credit='Fail';
27     RUN;

NOTE: There were 9 observations read from the data set WORK.STUDENTS.
NOTE: The data set WORK.CREDIT has 9 observations and 9 variables.
NOTE: DATA statement used (Total process time):
      real time           0.00 seconds
      cpu time            0.00 seconds

28
29     PROC PRINT;
30     RUN;

NOTE: Writing HTML Body file: sashtml1.htm
NOTE: There were 9 observations read from the data set WORK.CREDIT.
NOTE: PROCEDURE PRINT used (Total process time):
      real time           0.01 seconds
      cpu time            0.01 seconds
```

출력 2.1 Log 윈도우

The SAS System

Obs	name	id_num	sex	dept	exam1	exam2	exam3
1	Sung Min Young	2005	f	stat	30	30	40
2	Sung Min Ji	2009	f	cs	30	30	40
3	Hong Gil Dong	1750	m	math	29	28	27
4	Kong Jui	1810	f	cs	20	20	30
5	Pat Jui	1808	f	stat	5	10	15
6	Yun Heung Boo	1670	m	math	0	10	5
7	Yun Nol Boo	1665	m	cs	20	30	10
8	Sun Nyeo	300	f	stat	25	25	35
9	Shim Chung	1880	f	math	29	28	27

출력 2.2 Output 윈도우 – 첫 번째 페이지

The SAS System

Obs	name	id_num	sex	dept	exam1	exam2	exam3	score	credit
1	Sun Nyeo	300	f	stat	25	25	35	85	Pass
2	Yun Nol Boo	1665	m	cs	20	30	10	60	Pass
3	Yun Heung Boo	1670	m	math	0	10	5	15	Fail
4	Hong Gil Dong	1750	m	math	29	28	27	84	Pass
5	Pat Jui	1808	f	stat	5	10	15	30	Fail
6	Kong Jui	1810	f	cs	20	20	30	70	Pass
7	Shim Chung	1880	f	math	29	28	27	84	Pass
8	Sung Min Young	2005	f	stat	30	30	40	100	Pass
9	Sung Min Ji	2009	f	cs	30	30	40	100	Pass

출력 2.3 Output 윈도우 – 두 번째 페이지

SAS 6.12판까지는 Editor 윈도우에서 편집된 프로그램을 일단 SAS 시스템에 접수시키면 프로그램에 오류가 있든 없든 실행 즉시 그 프로그램은 윈도우에서 사라지는 것이 시스템 디폴트였다. 그러나 8판부터는 사용자 선택으로 이를 조절할 수 있다.

즉, SAS 작업공간 메뉴판에서 'Tools → Options → Enhanced Editor...'를 선택하고 '□ Clear text on submit'에 체크를 하면 전과 마찬가지로 실행된 프로그램을 사라지게 할 수 있다. 이와 같이 설정한 경우에 사라진 프로그램을 다시 불러오려면 Editor 윈도우에서 F4 키를 누른다. F4에는 'recall' 명령이 기억되어있다. RECALL은 다시 부른다는 뜻이니 이 RECALL이란 명령어가 하는 역할은 직전에 실행시킨 프로그램을 다시 Editor 윈도우로 불러오는 것이다. 프로그램이 다시 화면에 나타나면 적절한 수정을 가한 다음 다시 SAS 시스템에 접수시켜 실행한다.

이 절에서 공부한 다음 두 가지 명령어를 상기하라.

- **SUBMIT** – 현재 Editor 윈도우에 있는 프로그램 전부를 SAS 시스템에 접수시켜 실행한다. F8 또는 F3 키를 누르는 것과 동등하다.
- **RECALL** – 가장 최근에 실행한 프로그램을 다시 Editor 윈도우로 불러온다. F4 키를 누른다.

2.4 프로그램과 출력의 저장

제 2.3 절에서는 표 2.1에 주어진 데이터를 사용하여 간단한 성적관리용 SAS 프로그램을 편집하여 실행시켜 보았다. 차근차근히 책의 설명을 따라 작업을 했다면 오류 없이 제대로 결과를 얻었을 것이고 SAS 작업공간에 대하여도 어느 정도 이해할 수 있었을 것이다.

그렇다면 편집한 SAS 프로그램과 화면에 출력된 결과 등을 어떻게 하면 영구히 보관할 수 있을까? 실행된 결과야 필요하면 다시 프로그램을 돌려 새로 얻을 수 있겠지만 만일 편집한 SAS 프로그램을 보관하지 않고 SAS 시스템을 종료하면 원래의 프로그램을 회복할 방법이 없다.

현재 여러분의 모니터 화면을 보면 Editor 윈도우에는 편집된 프로그램이, Log 윈도우와 Output 윈도우에는 SAS 시스템에서 출력된 내용이 보일 것이다. 프로그램을 편집할 때 실수가 있어 여러 번 실행한 경우에는 출력 2.1~2.3에 제시된 것보다 더 많은 내용이 출력되었을 것이다.

일단 Log 윈도우와 Output 윈도우의 내용을 지워 보자. 먼저 Log 윈도우를 활성화한 다음 Ctrl E를 누르거나 도구막대에서 🗋 아이콘을 누른다. 이들에는 CLEAR 명령이 기억되어있다. CLEAR가 실행되면 Log 윈도우의 모든 내용이 깨끗이 사라진다. 다음에는 Output 윈도우로 가서 역시 윈도우에 출력된 모든 내용을 지워 보라. 그렇게 한 연후에 다시 Editor 윈도우로 돌아와 프로그램을 한 번 더 실행시켜보라. 이와 같이 하면 Editor 윈도우에는 오류 없는 완벽한 프로그램이, Log 윈도우에는 메시지들이, 그리고 Output 윈도우에는 흠없는 결과가 보일 것이다. 이제 각 윈도우의 내용을 저장할 준비가 다 끝났다.

각 윈도우의 내용을 저장하려면 작업공간 메뉴에서 'File → Save as...'를 선택하여 나타나는 Save As 대화상자에서 파일 이름으로 확장자 없이 적당한 이름을 붙이고 저장을 누르면 윈도우의 내용이 파일로 저장된다. 이때 저장 폴더를 바꾸려면 대화상자 상단의 저장 위치 부분에서 바라는 폴더로 조절한다.

SAS 시스템에서는 저장되는 파일의 성격에 따라 자동적으로 붙여주는 디폴트 확장자로 다음과 같은 것들이 있다.

- Editor 윈도우의 프로그램 파일: .sas
- Log 윈도우의 로그 파일: .log
- Output 윈도우의 결과 출력 파일: .lst
- 데이터 파일: .dat
- HTML 파일: .htm, 또는 .html
- RTF 파일: .rtf

참고로 RTF (rich text format)란 서로 다른 운영체제의 서로 다른 문서처리기 간 텍스트 파일 교환을 가능케하는 파일 포맷을 말한다. 예를 들어 윈도우즈 2003에서 마이크로소프트 워드로 작성한 문서를 RTF 파일로 저장하면 이 문서를 윈도우즈 XP에서 흔글 2007을 사용하는 사람에게 보내더라도 문서를 열고 읽을 수 있다.

2.5 Explorer 윈도우에서 SAS 자료 확인

SAS 프로그램 실행 중 생성된 SAS 파일들의 내용은 Explorer 윈도우에서 언제라도 확인할 수 있다. 이 기능을 잘 사용하면 만들어진 SAS 파일들의 내용을 PRINT 절차 등을 적용하여 굳이 인쇄해보지 않더라도 작업공간 내에서 그 내용을 직접 검색할 수 있는 이점이 있다.

제 2.1 절의 화면 2.7에서는 임시 작업 파일들이 저장되는 Work 라이브러리에 위치한 SAS 자료 Students를 선택하여 그 내용을 확인하는 과정을 보이고 있다.

2.6 SAS를 잘 쓰려면

SAS 시스템처럼 방대하고 강력한 통계 분석 소프트웨어를 잘 활용하려면 아무래도 꾸준히 참을성있게 공부하고 연습하는 것 이외에 다른 방법은 없다. 지나치게 많은 각종 명령어, 문법 등을 암기하려 애쓰지 말라. 자주 쓰지 않는 것은 어차피 기억에서 사라지게 되어있는 것이 인간이니까. 단지 필요한 자료분석 절차의 용법이 지침서 어느 항목에서 설명된다는 것을 아는 것으로 족하다.

일단 편집된 프로그램은 그것이 아무리 짧은 프로그램이라도 항상 저장하는 버릇을 들여야 한다. 당장은 별 것 아니라고 생각될지 모르지만 이러저러한 경우 내가 어떻게 프로그램을 짰던가 하고 과거에 작성했던 프로그램들을 훑어볼 기회가 반드시 생기게 마련이다.

프로그램에 오류가 있어 한없이 프로그램이 실행되는 등 프로그램 실행 중 문제가 있음을 발견하였다면 도구막대에서 브레이크 아이콘 을 눌러서 실행을 중지시킨다.

이상에서 언급한 여러 주의점들을 잘 지키면서 SAS 시스템의 원활한 사용법을 익혀 나가자.

2.7 SAS 문서

SAS 지원센터(http://support.sas.com)에서 PDF 문서로 제공하는 SAS 9.2판 설명서들 중 꼭 다운로드할만한 것들을 소개한다.

[SAS 언어와 기본 SAS 소프트웨어]

- Step-by-Step Programming with Base SAS Software
- Base SAS 9.2 Procedures Guide
- SAS 9.2 Companion for Windows
- SAS 9.2 Language Reference: Concepts
- SAS 9.2 Language Reference: Dictionary

- SAS 9.2 Macro Language: Reference
- SAS 9.2 Output Delivery System: User's Guide

[통계 분석]

- SAS/STAT 9.2 User's Guide
- SAS/GRAPH 9.2 Reference
- SAS/IML 9.2 User's Guide
- SAS/ETS 9.2 User's Guide
- SAS/QC 9.2 User's Guide
- SAS/Genetics 9.2 User's Guide

3

SAS 언어 개요

하나의 컴퓨터 언어로서 **SAS 언어**(SAS language)는 자체의 어휘와 구문을 엮는 문법을 갖고 있다. 이러한 어휘와 구문들이 문법에 따라 조합되어 하나의 **SAS 문장**(SAS statement)을 이루며, 데이터를 처리하고 분석하기 위한 일련의 SAS 문장들의 모임이 바로 **SAS 프로그램**(SAS program)이다. 이 장에서는 SAS 프로그램의 구조와

SAS 언어를 사용하기 위한 기본 개념들에 대하여 해설한다.

3.1 SAS 프로그램의 구조

SAS는 이름 그대로 통계 분석용 프로그램이다. 주지하다시피 통계학은 수집한 자료를 그럴듯한 방법으로 분석하는 학문이다. 자료 없는 통계 분석은 있을 수 없다. 따라서 통계학이 함축하는 가장 중요한 두 단어는 **자료**(data)와 **분석**(analysis)이라 할 수 있다.

흡사하게 SAS 프로그램은 원시자료(raw data)의 입력과 분석 결과의 출력이란 두 부분으로 나누어진다. SAS에서 자료 입력은 **DATA 단계**(DATA step)에서 처리하며, 분석 결과의 출력은 **PROC 단계**(PROC step)에서 담당한다.

DATA와 PROC은 SAS 언어에서 쓰이는 어휘들 중 가장 중요한 두 단어다. DATA는 글자 그대로 자료를 뜻하며 PROC은 영어에서 **절차**를 뜻하는 'procedure'의 앞 네 글자다.

똑같은 자료라도 분석하는 통계 방법은 여러 가지가 존재할 수 있으므로 사용자는 주어진 자료에 대하여 적절하다고 생각되는 통계 분석법을 선택하여 자료 처리를 해야 한다. SAS 시스템에서 지원하는 모든 분석 방법은 PROC 단계에서 선택하며 따라서 PROC은 분석 방법 즉 분석 절차에 해당한다.

DATA 단계를 자료 단계, PROC 단계는 절차 단계라 번역할 수도 있으나 이 책에서는 원래 용어 그대로 사용하겠다.

프로그램 3.1을 기초로 논의를 진행해보자.

프로그램을 살펴보면 DATA와 PROC의 두 단어가 문장 첫 머리에 쓰인 것을 발견할 수 있을 것이다. SAS 프로그램에서 DATA로 시작되는 문장을 간단히 DATA 문장, PROC으로 시작되는 문장을 PROC 문장이라 한다.

프로그램에서 자주 나타나는 또 하나의 단어는 RUN이다. 프로그램을 주의 깊게 살펴보면 RUN이 PROC 문장이나 DATA 문장 직전에 사용되었음을 알 수 있다. 프로그램에서는 편의상 DATA, PROC, RUN을 굵은 글씨체로 표시하였다.

프로그램에서 관찰할 수 있는 공통적인 패턴은 전체 프로그램이 DATA나 PROC으로 시작되어 RUN으로 끝나는 몇 개의 그룹으로 구성된다는 점이다. 이렇게 DATA로 시작되어 RUN까지의 일련의 문장의 모임을 **DATA 단계**라 부르고, PROC으로 시작되어 RUN까지의 일련의 문장의 모임을 **PROC 단계**라 한다.

```
DATA students;
  INPUT name $ 1-20 id_num sex $ dept $ exam1 exam2 exam3;
DATALINES;
Sung Min Young      2005 f stat 30 30 40
Sung Min Ji         2009 f cs   30 30 40
Hong Gil Dong       1750 m math 29 28 27
Kong Jui            1810 f cs   20 20 30
Pat Jui             1808 f stat  5 10 15
Yun Heung Boo       1670 m math  0 10  5
Yun Nol Boo         1665 m cs   20 30 10
Sun Nyeo            0300 f stat 25 25 35
Shim Chung          1880 f math 29 28 27
RUN;
```

DATA 단계

```
PROC PRINT;
RUN;
```

PROC 단계

```
PROC SORT;
  BY id_num;
RUN;
```

PROC 단계

```
DATA credit;
  SET students;
  score=exam1+exam2+exam3;
  IF score >= 50 THEN credit='Pass';
                 ELSE credit='Fail';
RUN;
```

DATA 단계

```
PROC PRINT;
RUN;
```

PROC 단계

프로그램 3.1 예제 프로그램

RUN 문장의 역할은 이 지점에서 하나의 단계가 끝났으니 그 단계를 실행하라는 명령을 SAS 시스템에 내리는 것이다. RUN 문장은 몇몇 경우를 제외하고는 반드시 각 단계의 끝마다 삽입할 필요는 없으나 제외되는 경우를 기억하기보다는 언제나 그렇게 하는 습관을 들이는 편이 더 낫다.

DATA 단계에서는 자료의 입력, 입력된 자료의 구조 변형, 저장 등의 작업을 할 수 있는 바 이는 통계 분석을 위하여 데이터를 준비하는 단계인 것이다. PROC 단계에서는 지정된 분석 절차를 사용하여 DATA 단계에서 넘어온 자료를 토대로 분석한 결과를 출력한다.

프로그램 3.1은 두 개의 DATA 단계와 세 개의 PROC 단계로 구성되어 있다. SAS 프로그램은 이와 같이 DATA 단계와 PROC 단계의 두 단계로 구성되며 제 아무리 긴 SAS 프로그램이라도 궁극적으로 수많은 DATA 단계와 PROC 단계의 반복 사용에 불과하다. 그리고 당연하지만 우리가 SAS 프로그램을 작성하여 일련의 자료 처리와 분석을 하고자 할 때 그 최초 단계는 반드시 DATA 단계다. DATA 단계에서 입력 처리된 자료 없이는 PROC 단계를 쓸 수 없는 것이다.

기실 SAS를 배우는 가장 효율적인 전략은 DATA 단계의 기법들에 집중하여 공부하는 것이다. 대부분의 경우 통계 분석 자체보다 분석이 가능한 데이터를 준비하는 것이 더 어렵고 시간을 더 소모하기 때문이다. 예를 들어 어떤 조직의 데이터베이스에 집적된 대규모 데이터를 분석할 때 분석 가능한 데이터마트(datamart)를 준비하는 노력이 전체 프로젝트의 80% 이상을 차지함은 공지의 사실이다.

3.2 SAS 자료

우리가 흔히 자료라 번역하는 데이터(data)를 SAS에서는 **데이터세트**(data set)라 한다. 이 말을 굳이 번역한다면 '자료 모임'이라 할 수 밖에 없는데 이런 식의 억지 번역으로는 원래의 뜻하는 바를 제대로 표현하기가 어렵다.

그렇다면 우리가 흔히 쓰는 데이터와 SAS에서 데이터세트는 어떻게 다른가? 간단히 이야기해서 데이터세트는 일정한 규칙 하에 항목별로 정리된 데이터를 뜻한다.

표 3.1에 주어진 각 개인별 시험 성적에 관한 정보는 데이터인 동시에 데이터세트다. 이 데이터는 각 개인별로 이름, 학번, 성별, 과, 1차 시험, 2차 시험, 3차 시험 순으로 정리된 데이터세트인 것이다.

그런데, 만일 표 3.1의 학생들이 두 반으로 나뉘어져 있는데 성민영, 홍길동, 콩쥐의 선생님은 성적표를 이름, 과, 성별, 학번 순으로 정리했고, 나머지 학생들을 담당하는 선생님은 이름, 학번, 성별, 과 순으로 데이터를 서로 다르게 정리했다면 이 두 성적표에 주어진 정보는 그것들을 합쳐 새로 정리하기 전에는 단순히 데이터일 뿐 SAS에서 이야기하는 데이터세트는 아니다.

표 3.1 성적 데이터

이름	학번	성별	과	1차시험	2차시험	3차시험
성민영	2005	여자	통 계	30	30	40
성민지	2009	여자	컴퓨터	30	30	40
홍길동	1750	남자	수 학	29	28	20
콩쥐	1810	여자	컴퓨터	20	20	30
팥쥐	1808	여자	통 계	5	10	15
연흥부	1670	남자	수 학	0	10	5
연놀부	1665	남자	컴퓨터	20	30	10
선녀	300	여자	통 계	25	25	35
심청	1880	여자	수 학	29	28	27

데이터세트를 이루는 최소의 기본 단위를 **데이터 값**(data value)이라 한다. 표 3.1의 이름 '선녀', 심청의 학번 '1880' 등이 그 예다.

또 표 3.1에서 표의 각 행(row)은 한 개인에 국한된 정보다. 이와 같이 동일 개체에 국한된 데이터 값들을 **관측**(observation 또는 case)이라 한다. 따라서 데이터세트는 관측들이 모인 것이다.

같은 특성을 갖는 데이터 값들의 모임은 **변수**(variable)라 하고, 그러한 변수를 묘사하는 이름을 **변수 이름**(variable name)이라 한다. 표 3.1의 데이터에서 가장 윗 줄의 이름, 학번, 성별 등은 변수 이름이며, 성민영, 홍길동, …, 심청 등 아홉 명의 이름은 '이름'이라는 하나의 변수를 구성한다.

결국 **데이터세트의 각 열은 변수, 각 행은 관측**이며 각 변수마다 그것을 대표하는 이름이 있는 것이다. 표 3.2에 이러한 개념을 도시하였다.

표 3.1의 데이터를 SAS 식으로 표현한다면 이 데이터세트에는 9 개의 관측과 7 개의 변수가 있고 따라서 9×7=63 개의 데이터 값들이 있다고 하겠다. 데이터 값은 도해에도 굵은 글씨로 나와있지만 변수와 관측의 교차점이다.

참고로 SAS 용어 중에 'SAS data set'이라는 것이 있다. 'SAS data set'과 그냥 'data set'은 완전히 다른 것이다. 우리가 SAS 프로그램을 작성하여 자료 처리를 하려면 일단 DATA 단계에서 수집한 자료를 입력해야 한다. DATA 단계에서 입력 처리된 자료는 SAS 시스템만이 이해하는 고유 포맷을 갖는 컴퓨터 파일로 저장되는데,

표 3.2 데이터세트의 관측과 변수

변수 ↓

데이터 값 ↘

Sung Min Young	2005	f	stat	30	30	40
Sung Min Ji	2009	f	cs	30	30	40 ← 관측
Hong Gil Dong	1750	m	math	29	28	27
⋮	⋮	⋮	⋮	⋮	⋮	⋮
Shim Chung	1880	f	math	29	28	27

'SAS data set'은 바로 이 파일을 의미한다. 이런 파일은 SAS 시스템 밖에서는 전혀 그 내용을 알 도리가 없다. 대부분의 경우에 'SAS data set'은 SAS 프로그램 수행 중 일시적으로 만들어져 디스크 상에 저장되었다가 작업 종료와 함께 전부 지워진다. 물론 이을 영구 저장할 수도 있다. 정리하자면 'data set'은 그 내용을 우리가 문서편집기 등으로 직접 볼 수 있는 평범한 원시자료이고, 'SAS data set'은 SAS 시스템의 처리를 거친 내부 파일로서 만약 전용 도구를 이용하여 미리 데이터 포맷을 변환하지 않는 이상 다른 응용 프로그램에서는 그 내용을 직접 볼 수 없는 것이다. 요컨대 흔글로 작성한 hwp 문서를 일반 텍스트 편집기에서 읽을 수 없는 것과 마찬가지다.

결국 SAS 시스템에서 'data', 'data set', 'SAS data set' 간의 의미 차이는 다음과 같이 요약할 수 있다.

- **data** – 광의의 원시 자료. data set을 포함한다.
- **data set** – 일정한 규칙 하에 정리된 data.
- **SAS data set** – DATA 단계를 거쳐 SAS 고유의 포맷을 갖는 컴퓨터 파일로 저장된 data set.

세 가지 용어에 차이가 있으나 SAS 프로그램에서 자료를 입력할 때 일정한 규칙 하에 항목별로 정리되지 않은 자료를 입력한다는 것은 상상할 수 없으므로 앞으로는 편의상 'data'와 'data set'은 둘다 데이터 또는 자료, 그리고 'SAS data set'은 **SAS 자료**라 부르기로 하자.

3.3 SAS 문장과 SAS 이름

SAS **문장**(statement)은 **키워드**(keyword), **이름**(name), **연산자**(operator)와 기타 **특수문자**(special character)로 이루어지며 반드시 **세미콜론**(;)으로 끝난다.

프로그램 3.1에서 다음과 같이 대문자로 씌여진 단어들은 전부 SAS 키워드들이다.

```
DATA, INPUT, DATALINES, RUN, PROC, PRINT,
SORT, BY, SET, IF, THEN, ELSE
```

다음과 같이 소문자로 씌여진 단어들은 SAS 이름에 해당한다.

```
students, name, id_num, sex, dept,
exam1, exam2, exam3, credit, score
```

연산자는 DATA 단계에서 나오는 다음과 같은 연산 부호들을 말한다.

```
=, +, >=
```

그리고, 특별한 목적에 사용하는 다음 문자들을 특수문자라 한다.

```
$, '
```

하나의 SAS 문장은 반드시 세미콜론(;)으로 끝난다. 그러나 입력 데이터는 SAS 문장이 아니므로 각 관측에 대한 데이터의 끝마다 세미콜론을 붙이지 않는다.

프로그램 3.1에서 첫 번째 DATA 단계를 보면 원시 자료가 DATALINES 문장 다음부터 RUN 문장 직전까지 입력되고 있다. 원시자료는 SAS 문장이 아니기 때문에 각 줄의 끝에 세미콜론을 사용하지 않았음에 유의하라.

SAS 키워드는 SAS 프로그램 내에서 그 용도가 이미 지정된 어휘들이다. 반면에 SAS 이름은 사용자 편할대로 작명할 수 있다. 그러나 SAS 키워드를 SAS 이름으로 선택할 수는 없다. SAS 키워드, 연산자, 특수 문자들은 SAS 시스템의 문법에 따라 사용하면 되니까 이들에 관해서는 차차 알아보기로 하고 먼저 SAS 이름을 만드는 규칙을 살펴보자.

SAS에서는 영어 대소문자를 구별하지 않는다. 예를 들어 SNK와 snk는 동일한 이름이다. 그러나 따옴표로 둘러친 문자상수에서는 대소문자를 구별한다.

그런데 SAS 8판 이전에는 내부적으로 모든 이름을 대문자로 변환했으나 지금은 프로그램에서 최초로 나타난 이름의 형태를 그대로 유지하고 있다. 만일 프로그램을 작성하면서 어떤 변수 이름으로 SNK, sNk, snk, Snk 등을 혼용했더라도 가장 최초로 사용한 이름이 Snk였다면 모든 출력에서 이 변수 이름은 Snk로 표시된다.

SAS에서 이름 짓는 규칙으로 다음 사항들을 주지해야 한다.

> SAS 이름을 짓는 규칙
>
> ① 변수와 SAS 자료 이름은 최대 32 개까지 문자열을 이용하여 만든다.
> ② 첫 문자로는 반드시 영문자나 밑줄(underscore; _)을 사용한다.
> ③ 두 번째 문자부터는 영문자, 밑줄, 숫자를 사용할 수 있다.
> ④ SAS 이름 중간에 빈 칸이 있을 수 없다.

밑줄 대신 대시(dash; -)를 사용하면 오류가 발생한다. '-'는 뺄셈 연산자(minus)기 때문이다.

다음은 전부 올바른 SAS 이름들이다.

```
a
id_number
MyFirstCar
dataset1
_effect_
```

그러나 다음은 잘못 만든 SAS 이름들이다. 숫자나 특수문자가 앞에 나올 수 없다.

```
1st_data
$ollar
```

SAS 프로그램 작성 중 여러분들이 자주 사용하는 SAS 이름은 **변수 이름**(variable name)과 **SAS 자료 이름**(SAS data set name)이다. 프로그램 3.1에서 소문자로 씌여진 단어들은 전부 SAS 이름이라 하였는데, 그 중 SAS 키워드인 DATA나 SET 다음에 사용된 students와 credit이 바로 SAS 자료 이름들이며 이 둘을 제외한 나머지 모두는 변수 이름들이다.

3.4 예제 프로그램 해설

프로그램 3.1을 기초로 SAS 시스템에서 어떤 식으로 작업 처리가 이루어지는지 그 흐름을 살펴보는 것이 앞으로 SAS를 이해하는데 도움이 되리라.

최초의 DATA 단계를 보자.

```
DATA students;
  INPUT name $ 1-20 id_num sex $ dept $ exam1 exam2 exam3;
DATALINES;
Sung Min Young       2005 f stat 30 30 40
Sung Min Ji          2009 f cs   30 30 40
Hong Gil Dong        1750 m math 29 28 27
Kong Jui             1810 f cs   20 20 30
Pat Jui              1808 f stat  5 10 15
Yun Heung Boo        1670 m math  0 10  5
Yun Nol Boo          1665 m cs   20 30 10
Sun Nyeo             0300 f stat 25 25 35
Shim Chung           1880 f math 29 28 27
RUN;
```

첫 줄의 DATA 문장은 앞으로 원시 데이터(raw data)를 읽어들여 students라는 이름의 SAS 자료를 만들겠다는 선언이다. 실제 원시 데이터는 DATALINES 문장 직후에 들어온다.

INPUT 문장에는 어떤 식으로 원시 데이터를 읽어 들일지, 즉 변수들의 입력 순서와 변수들의 데이터 값이 숫자인지 문자인지 명시한다. INPUT 문장에서 사용된 변수 이름들을 보면 name, sex, dept와 같은 변수 이름 뒤에는 $ 표시가 있다. $ 표시는 입력 변수의 데이터 값이 숫자가 아니라 문자임을 나타낸다. 데이터 값이 숫자만으로 이루어졌다면 $ 표시를 할 필요가 없다. 변수 이름 name 뒤에는 $ 표시 외에 1-20이 덧붙었는데 이는 입력될 각 관측에서 제 1 열부터 제 20 열까지의 스무 칸 사이에서 name 변수가 입력됨을 나타내는 포맷 지정이다. 기타 다른 변수에는 그 변수가 입력되는 열의 표시가 없는데 이런 경우 SAS에서는 입력되는 데이터 값들 사이에 존재하는 하나 이상의 빈 칸으로 변수들을 구분한다.

DATALINES 문장은 바로 그 다음 줄부터 자료가 뒤따름을 선언하며, 자료의 마지막 관측의 다음 줄에는 RUN 문장을 사용하여 DATA 단계가 끝이 났음을 SAS 시스템에 알린다.

DATA 단계 다음에는 다음과 같은 간단한 PROC 단계가 있다.

```
PROC PRINT; RUN;
```

이 PROC 단계에서는 PRINT 절차를 호출하여 방금 만든 SAS 자료 students의 내용을 인쇄한다. 인쇄 결과는 Output 윈도우로 출력된다.

그 다음에는 SORT 절차를 호출하는 다음과 같은 PROC 단계가 있다.

```
PROC SORT; BY id_num; RUN;
```

SORT 절차는 주어진 변수값을 기준으로 SAS 자료를 순서화할 때 사용하는 절차로서 여기서는 앞의 DATA 단계의 실행 결과로 생성된 SAS 자료 students의 관측들을 학번(id_num) 순으로 정리한다.

다시 새로운 DATA 단계가 나온다.

```
DATA credit;
  SET students;
  score=exam1+exam2+exam3;
  IF score >= 50 THEN credit='Pass';
               ELSE credit='Fail';
RUN;
```

이 DATA 단계를 수행하면 SAS 자료 students를 읽어들여 변수를 추가한 다음 모든 결과를 새로운 SAS 자료 credit으로 내보낸다.

SET 문장은 이미 만들어진 SAS 자료를 읽어들이는 목적으로 사용한다. 여기서는 앞서 만든 SAS 자료 students의 내용을 다시 읽어들이고 있다.

그리고 SAS 자료 students에 수록된 세 번 시험 성적을 합하여 그 결과를 score라는 변수에 넣는다. 만일 score 값이 50 이상이면 새로운 문자변수 credit에 'Pass'를 넣고, 아니면 'Fail'을 넣는다.

여기서 SAS 이름 credit은 SAS 자료 이름으로도 사용되었고 또한 변수 이름으로도 사용되었다. 이와 같이 서로 다른 종류의 이름은 같게 만들어도 전혀 상관이 없다.

마지막 PROC 단계를 보자.

```
PROC PRINT;
RUN;
```

The SAS System

Obs	name	id_num	sex	dept	exam1	exam2	exam3
1	Sung Min Young	2005	f	stat	30	30	40
2	Sung Min Ji	2009	f	cs	30	30	40
3	Hong Gil Dong	1750	m	math	29	28	27
4	Kong Jui	1810	f	cs	20	20	30
5	Pat Jui	1808	f	stat	5	10	15
6	Yun Heung Boo	1670	m	math	0	10	5
7	Yun Nol Boo	1665	m	cs	20	30	10
8	Sun Nyeo	300	f	stat	25	25	35
9	Shim Chung	1880	f	math	29	28	27

출력 3.1 SAS 자료 students에 대한 인쇄

The SAS System

Obs	name	id_num	sex	dept	exam1	exam2	exam3	score	credit
1	Sun Nyeo	300	f	stat	25	25	35	85	Pass
2	Yun Nol Boo	1665	m	cs	20	30	10	60	Pass
3	Yun Heung Boo	1670	m	math	0	10	5	15	Fail
4	Hong Gil Dong	1750	m	math	29	28	27	84	Pass
5	Pat Jui	1808	f	stat	5	10	15	30	Fail
6	Kong Jui	1810	f	cs	20	20	30	70	Pass
7	Shim Chung	1880	f	math	29	28	27	84	Pass
8	Sung Min Young	2005	f	stat	30	30	40	100	Pass
9	Sung Min Ji	2009	f	cs	30	30	40	100	Pass

출력 3.2 SAS 자료 credit에 대한 인쇄

이 PRINT 절차에서는 방금 만든 SAS 자료 credit을 인쇄하여 Output 윈도우로 출력한다. 출력 3.1과 3.2를 보라.

출력을 살펴 보면 프로그램에서 전혀 정의한 적이 없는 Obs라는 변수가 하나 더 출력되었는데 이것은 **관측번호**(observation number)다. 즉 SAS 자료에 수록된 관측

들의 순서대로 관측들에 1 번부터 차례로 관측번호가 붙어 출력된 것으로 별다른 지정을 하지 않고 PRINT 절차를 호출하면 자동적으로 붙어 나온다. 없앨 수도 있다.

그리고 프로그램 3.1에는 DATA 단계가 둘이 있어 SAS 자료 역시 두 개가 생성되었다. 이와 같이 하나의 PROC 단계 이전에 이미 만들어진 SAS 자료가 둘 이상 존재하는 경우에 사용자가 처리할 SAS 자료의 이름을 확실히 지정하지 않는 한 PROC 단계에서는 자동적으로 가장 최근에 만든 SAS 자료를 처리한다. 이런 이유로 가장 마지막에 보이는 PRINT 절차에서는 SAS 자료 students를 처리하지 않고 credit을 처리하여 인쇄한 것이다.

지금까지 설명한 예제 프로그램이 비록 간단한 작업을 하는 작은 SAS 프로그램이지만 본격적인 SAS 프로그램도 이런 류의 프로그램이 확장된 것에 불과하다.

3.5 SAS 변수

SAS에서 사용되는 변수에는 두 종류가 있다. 하나는 **숫자변수**(numeric variable), 또 다른 하나는 **문자변수**(character variable)다.

숫자변수에는 소숫점, +와 −같은 연산 부호, 지수를 나타내는 부호 E 등을 사용할 수 있다.

문자변수의 디폴트 길이는 원래 8 자까지다. 이보다 더 긴 상수열을 변수에 입력하려면 경우에 따라 다소 다르긴 하지만 입력포맷을 지정하든가 아니면 LENGTH 문장을 사용해야한다.

'문자변수의 디폴트 길이가 8 자까지'라는 사실을 깜박 잊고 있다가 심각한 오류가 발생하는 경우가 많다. 이는 숙달된 프로그래머도 자주 실수하는 부분이며 오류가 발생하더라도 무엇이 잘못되었는지 빨리 찾지 못하는 매우 중요한 사항이니 항상 유념하기 바란다.

다음 예에서는 14 자리의 문자열 'abcdefghijklmn'을 변수 x에 입력시키려 한다.

```
DATA;
  INPUT x $;
DATALINES;
abcdefghijklmn
RUN;
```

```
PROC PRINT;
RUN;
```

그런데 이 프로그램을 실행한 결과는 다음과 같다.

```
The SAS System

Obs        x

 1      abcdefgh
```

문자변수 x에는 입력 문자열 14 자리 중 오직 앞의 8 자리만 들어가 있음을 확인할 수 있다. 이런 경우를 방지하려면 애초 입력할 때 아예 다음과 같이 넉넉한 포맷을 지정해야 한다.

```
DATA;
  INPUT x $20.;
DATALINES;
abcdefghijklmn
RUN;

PROC PRINT;
RUN;
```

여기서는 문자변수 x의 길이로 20 자리를 할당하였다. 이렇게 하여 인쇄하면 다음과 같이 제대로 된 결과를 얻을 수 있다.

```
The SAS System

Obs            x
 1      abcdefghijklmn
```

다음 세 가지 중요한 SAS 용어는 변수들에 연관된 것들이다.

- INFORMAT
- FORMAT
- LABEL

3.5.1 입출력 방식 – INFORMAT과 FORMAT

일반 컴퓨터 언어에서는 변수의 입출력 방식을 통칭하여 포맷(format)이라 한다. 그러나 SAS 시스템에서는 입력 방식과 출력 방식의 용어가 구분되어 있는 바, 입력 방식은 들어온다는 의미로 IN을 덧붙여 INFORMAT, 출력 방식은 그대로 FORMAT으로 부른다.

SAS 시스템에서는 INFORMAT이든 FORMAT이든 어느 경우나 사용자가 특별히 지정하지 않는 한 자체에서 미리 정한 입출력 방식을 이용한다. 즉 숫자변수의 경우 32 자리까지, 문자변수의 경우 32,767 자까지는 사용자가 구태여 입출력 방식을 지정하지 않더라도 처리가 가능하다. 우리가 실제로 데이터를 SAS에서 입출력할 때 숫자 변수의 자릿수가 32 자리를 초과하고 또 문자열이 32,767 자를 초과하는 경우는 거의 없으므로 사실상 변수의 입출력 방식에 대한 깊은 이해가 없어도 SAS 시스템에서는 데이터 입출력을 어렵지 않게 처리할 수 있다.

그러나 다음 두 가지 경우에는 입력 방식과 출력 방식의 지정이 요구된다.

① 수집된 데이터를 컴퓨터에 입력할 때 입력 시간을 절약하기 위하여 소숫점을 무시하고 숫자만을 빈 칸 없이 연속해서 타자하는 등 그와 유사한 경우가 있다. 이런 데이터를 SAS에 입력하려면 반드시 입력 방식 INFORMAT을 따로 지정해야 한다.

② SAS 자체의 출력 방식으로 나온 결과에 소숫점 이하 자릿수가 불필요하게 많다거나 보기 좋게 정렬이 되지 않는 경우에 이런 점을 수정하기 위하여 출력 방식 FORMAT을 사용자가 직접 지정할 수 있다.

SAS 시스템에서 지원하는 INFORMAT과 FORMAT의 형식은 각각 수십 개에 이르나 자주 사용되는 형식은 제 5 장의 DATA 단계 해설에서 소개한다.

3.5.2 레이블 - LABEL

우리가 변수 이름을 정할 때 모두 32 개까지 문자를 사용할 수 있지만 프로그램 작성 시간의 절약 등 편의를 위하여 통상 변수 이름은 해당 변수의 특성을 반영하여 가능한 짧게 짓는다. 그런데 이렇게 짧은 문자열로 일관된 출력을 읽다보면 도대체 변수의 의미가 무엇인지 헷갈리는 문제가 있다. 이러한 경우 각 변수마다 그 변수를 설명하는 레이블(label)을 미리 붙여 놓으면 SAS 프로그램을 실행하여 얻은 출력 결과에 변수 이름 대신 대응되는 레이블이 자동적으로 인쇄되어 출력을 쉽게 읽을 수 있는 이점이 있다. 레이블은 최대 256 자까지 문자열을 이용하여 정의한다. 자세한 사항은 제 5 장과 제 6 장의 LABEL 문장 해설을 참고하라.

3.5.3 단축 용법

SAS 프로그램에서 정의한 변수 이름이 많으면 DATA 단계나 PROC 단계에서 필요한 변수 이름을 일일이 나열하기가 귀찮아지는 경우가 종종 생긴다. 이러한 경우 사용할 변수들을 통칭하는 단축 용법이 있다.

(1) 번호 붙은 변수들의 축약

예를 들어 다음 INPUT 문장

```
INPUT name $ exam1 exam2 exam3 exam4 exam5;
```

은 아래과 같이 간단히 쓸 수 있다.

```
INPUT name $ exam1-exam5;
```

SAS에서는 위와 같은 형식의 단축 용법이 가장 흔히 사용되는데, exam1, exam2 따위의 변수를 **번호 붙은 변수**(numbered variable)라 일컫는다. 번호붙은 변수들을 한꺼번에 통칭할 때는 처음과 끝 번호의 변수 사이에 대시(dash) 기호를 삽입한다.

만일 exam01−exam05라 하면 이는 다음 변수들을 통칭하는 것이다.

```
exam01 exam02 exam03 exam04 exam05
```

(2) 번호 붙지 않은 변수들의 축약

또다른 예를 들어 보자. 체위 조사를 한 후 일단 다음과 같은 INPUT 문장을 사용하여 변수들을 입력하였다고 가정하자.

```
INPUT name $ weight height bust waist hip;
```

이름을 제외한 각 변수들 간 피어슨 상관계수를 구하려면 CORR 절차를 호출하여 처리하면 되는데 이때 상호 상관계수를 구하고 싶은 변수 이름들을 SAS 키워드 VAR 다음에 아래와 같이 나열해야 한다.

```
VAR weight height bust waist hip;
```

그런데 이 변수 이름들에는 번호가 붙어있지 않으므로 앞의 예와 같은 단축 형식은 사용할 수 없다. 이 경우에는 다음과 같이 처음 변수와 마지막 변수 사이에 대시 기호를 연이어 두 번 삽입한다.

```
VAR weight--hip;
```

번호 붙지 않은 변수들에 대한 이와 같은 단축 용법은 매우 편리하지만 사용시 주의할 점이 하나 있다. 단축 용법이란 결국 단축되는 변수들의 범위를 명시해 놓은 것인데 그 범위에 들어가는 변수들의 순서는 애초 DATA 단계에서 나타난 순서대로다. 따라서 처리하고 싶은 변수들의 순서가 처음 INPUT 문장에서 입력된 순서와 같지 않으면 이러한 단축 형식을 사용할 수 없다.

만일 데이터 세트에서 변수들의 내부 저장 순서를 알고 싶다면 CONTENTS 절차로 확인할 수 있다.

예를 들어 프로그램 3.1을 실행한 후 SAS 자료 credit에 포함된 모든 변수들과 그 변수들의 생성 순서를 알고싶다면 다음과 같이 프로그램을 작성한다.

```
PROC CONTENTS DATA=credit VARNUM;
RUN;
```

출력 3.3을 보라.

이상에서 소개한 두 가지 단축 용법을 정리하였다.

```
                    The CONTENTS Procedure

Data Set Name          WORK.CREDIT            Observations        9
Member Type            DATA                   Variables           9
Engine                 V9                     Indexes             0
Protection                                    Compressed          NO
Data Set Type                                 Sorted              NO
Label
Data Representation    WINDOWS_32
Encoding               wlatin1  Western
                       (Windows)

              Engine/Host Dependent Information

Data Set Page Size          8192
Number of Data Set Pages    1
First Data Page             1
Max Obs per Page            101
Obs in First Data Page      9
Number of Data Set Repairs  0
File Name                   z:\Temp\SAS TemporaryFiles\credit.sas7bdat
Release Created             9.0101M2
Host Created                XP_PRO

                 Variables in Creation Order

                #    Variable    Type    Len

                1    name        Char     20
                2    id_num      Num       8
                3    sex         Char      8
                4    dept        Char      8
                5    exam1       Num       8
                6    exam2       Num       8
                7    exam3       Num       8
                8    score       Num       8
                9    credit      Char      4
```

출력 3.3 CONTENTS 절차로 확인한 credit의 내부 변수 목록

> ① 번호 붙은 변수 X1, X2, …, Xn
>
> - X1-Xn은 X1부터 Xn까지 모든 변수
> - X3-X9은 X3부터 X9까지 모든 변수
>
> ② 번호 붙지 않은 변수 one, two, three, …, end
>
> - one--end는 one부터 end까지 모든 변수
> - three--end는 three부터 end까지 모든 변수

위의 예에서 볼 수 있듯이 X3-X9나 three--end와 같은 일부 변수들에 대한 단축도 가능하다.

(3) 기타 단축 용법

PROC 단계에서 사용하는 단축 용법으로 **콜론 목록**(colon list)이 있다. 콜론 목록은 동일 문자(열)로 시작하는 모든 변수들을 선택할 때 사용한다.

예를 들어 다음 프로그램의 PRINT 절차를 보면 'x:' 지정이 있는 바 이를 실행하면 오직 변수 xk와 xa의 값만 인쇄된다.

```
DATA; xk=3; y=7; xa=2; RUN;

PROC PRINT; VAR x: ; RUN;
```

역시 주로 PROC 단계에서 사용하는 단축 용법으로 다음 세 가지가 있다.

NUMERIC　　　_CHARACTER_　　　_ALL_

글자 그대로 '_NUMERIC_'은 변수들 중 모든 숫자변수들만 선택할 때 지정한다. 마찬가지로 '_CHARACTER_'는 모든 문자변수들, '_ALL_'은 데이터 내 존재하는 모든 변수들을 지칭하는 것이다.

4

수식과 함수

DATA 단계에서 자료 처리에 활용되는 SAS 수식과 SAS 함수들에 대하여 설명한다. SAS 함수는 많이 사용되는 것들에 한하여 소개하였다.

4.1 SAS 수식

수식(expression)은 일련의 **연산자**(operator)와 **피연산자**(operand)들의 배열로서

원하는 값을 산출하기 위한 계산 방법이다.

SAS에서 사용하는 연산자에는 우리가 익히 알고있는 +, −, * 따위의 특수문자 연산자, SAS 시스템 고유의 **SAS 함수**(function), 연산을 그룹화하는 괄호 등이 있다. SAS 시스템에서 특수문자 연산자는 **SAS 연산자**(operator)라 한다. 피연산자로는 **상수**(constant)와 **변수 이름**(variable name)의 두 가지 밖에 없다.

SAS에서 수식은 DATA 단계에서만 쓰인다. 수식에는 단순 수식과 복합 수식의 두 가지가 있는데 단순 수식(simple expression)은 연산자가 단 하나 사용된 수식이며 복합 수식(compound expression)은 둘 이상의 연산자가 사용된 수식이다. 다음과 같은 것들이 수식의 예다.

```
1
score+10
total/n
SIN(3.1415926)
age<3 OR age>80
1/EXP(a*b)
```

여기서 처음 넷은 단순 수식이고 나중 둘은 복합 수식이다. 가장 위의 상수 1에는 아무 연산자도 사용되지 않은 듯하나 사실은 +1에서 + 연산자가 생략된 형태다.

복합 연산시 연산자 유형에 따라 연산 우선 순위가 결정된다. 연산 우선 순위란 예를 들어 괄호 속의 수식을 먼저 계산하고 지수 연산을 곱하기 연산보다 먼저 계산하는 등의 연산 순서를 뜻한다. 연산자의 우선 순위는 일반 컴퓨터 언어나 SAS 시스템이나 별다른 것은 없고 우리가 중고등학교에서 수학을 배우면서 체득한 연산 원리에 하등 배치되지 않으므로 여기서 부연하지 않는다.

피연산자인 상수에는 **숫자상수**(numeric constant)와 **문자상수**(character constant)가 있다. 다음은 숫자상수의 몇 가지 예다.

```
1
+1
-1
1.234
1.234E5
1.234E-5
```

E는 10의 지수(exponent)를 나타낸다. 따라서 1.234E5는 1.234×10^5, 1.234E−5

는 1.234×10^{-5}과 동일하다.

문자 상수로는 최대 32,767 자까지 문자열을 사용할 수 있으니 거의 무제한이라 하겠다. 문자 상수 좌우에는 반드시 따옴표를 붙인다. 홑따옴표와 겹따옴표 중 어느 것을 사용해도 무방하지만 만일 문자 상수에 이미 홑따옴표가 포함되어 있으면 반드시 겹따옴표를 사용해야한다. 따라서 항상 **겹따옴표를 사용하는 편이 더 효율적**이다.

다음은 변수 이름 name에 문자 상수를 할당한 예다.

```
name='N. K. Sung';
name="Sung's";
```

4.2 SAS 연산자

SAS 연산자는 산술연산자, 비교연산자, 논리연산자의 세 종류로 대별된다.

4.2.1 산술연산자

산술연산자(arithmetic operator)에는 다음 다섯 가지가 있다.

산술연산자	기능
+	더하기
−	빼기
*	곱하기
/	나누기
**	지수

다음은 지수의 사용례다. 왼쪽은 SAS 수식, 오른쪽은 대응되는 수학적 형태다.

a**2 ⇔ a^2
2**a ⇔ 2^a

그리고 b2와 b*2는 같지 않으니 사용시 주의해야 한다. 즉 b2는 변수 이름이고 b*2는 수식이다. 위의 연산자 중 +와 −는 숫자 왼쪽에 붙여 부호 연산자로 사용할 수 있다. 즉, −1 또는 +5와 같이 쓸 수 있다.

4.2.2 비교연산자

비교연산자(comparison operator)에는 다음 일곱 가지가 있다.

비교연산자		비교 기능
기호	단축문자	
=	EQ	같다(EQual to)
^=	NE	같지 않다(Not Equal to)
>	GT	크다(Greater Than)
<	LT	작다(Less Than)
>=	GE	크거나 같다(Greater than or Equal to)
<=	LE	작거나 같다(Less than or Equal to)
	IN	어느 하나와 같다

IN 연산자를 제외한 나머지 비교연산자들은 기호와 단축 영문자의 두 종류 연산 부호를 혼용할 수 있다. 단축 영문자를 쓸 경우에는 좌우에 빈 칸 하나씩을 반드시 삽입해야 한다. 가급적 ‘=’, ‘>’과 같은 익숙한 수학 기호의 사용을 권한다. 비교 기능 항목에서 괄호 속의 영어 설명은 단축 영문자 이름이 어떻게 결정되었는지 보여준다. 표에서 논리연산자 NOT을 의미하는 부호로 고깔모자 ‘^’와 물결 ‘~’을 혼용할 수 있다.

비교연산자와 연관된 개념에 **진리값**(truth value)이 있다. 진리값에는 두 종류가 있는데 하나는 참(true), 다른 하나는 거짓(false)이다. SAS에서는 비교연산자로 이루어진 수식을 계산하여 그것이 참이면 진리값에 1을 할당하고, 거짓이면 0을 할당한다.

예를 들어 x=3, y=7이라 하자. 이때 비교 연산 x<y의 결과는 1이다. 왜냐하면 x가 y보다 작은 것이 참이기 때문이다. 반대로 x=y와 같은 비교 연산은 참이 아니므로 연산 결과는 0이 된다.

다음과 같은 SAS 문장들을 보자.

```
a = 7;
b = a = 7;
c = a = 6;
```

여기서 한 가지 주의할 점은 두 번째와 세 번째 문장의 뒤에 나타나는 a=7, a=6과 같은 것은 수식이지 a에 6이나 7을 할당하라는 것이 아니다. 컴퓨터 언어 중에 a=b=c=d=1과 같이 다중 할당 문장을 허용하는 것이 있지만 SAS 시스템에서는 그와 같이 쓸 수 없다. 부연하면 위 세 문장에서 가장 왼쪽의 = 부호는 등호 오른쪽의 연산 결과를 등호 왼쪽의 변수에 넣음을 의미하고, 두 번째와 세 번째 문장에서 오른쪽의 = 부호는 비교연산자다.

위의 예에서는 먼저 a에 상수 7을 할당한다. 그 다음 두 번째 문장의 a=7은 비교연산자 =을 사용한 수식으로서 a의 값이 7이므로 (a=7)의 진리값은 1이 되고 따라서 b에는 1이 할당된다. 비슷하게 c에는 0이 할당된다.

다른 예를 들어보자.

```
IF x < y THEN z = 5;
         ELSE z = 9;
```

이것은 IF 문장에서 사용된 비교 연산의 예로써 위 문장의 의미는 만일 x가 y 보다 작으면 혹은 'x<y'의 진리값이 1이면 z에 5를 넣고, 그렇지 않으면 z에 9를 넣으라는 것이다. x가 2였고 y가 4였다면 z에는 5가 들어갈 것이다.

한 가지 예를 더 들어보자.

```
z = 5*(x<y) + 9*(x>=y);
```

여기서 'x<y'가 참이면 z에는 5가, 거짓이면 9가 할당된다. 이것은 직전의 예를 달리 표현한 것이다.

등호나 부등호를 이용한 비교 연산은 수학에서 흔히 나타나는 것이므로 더 이상의 해설은 불필요할 것이다. 마지막으로 비교연산자 IN에 대하여 살펴보자.

IN 연산자는 제 4.2.3 절에서 소개하는 논리연산자 OR의 기능과 연계되어 있다. 예를 들어 데이터에서 성(lastname)이 'Kim', 'Lee', 'Park'인 사람들만 골라 어떤 연산을 하고 싶다면 다음과 같은 식으로 문장을 작성해야 한다.

```
IF lastname='Kim' OR lastname='Lee' OR lastname='Park' THEN …;
```

이런 경우에 IN을 사용하면 수식 표현이 아주 단순화된다. 다음 문장은 위와 동일하다.

```
IF lastname IN ('Kim','Lee','Park') THEN …;
```

이와 같이 비교연산자 IN은 괄호 속에 주어진 여러 개의 값들 중에서 어느 하나와 일치하는 경우에 진리값이 1이 된다.

IN의 사용 형식은 다음과 같이 쓸 수 있다.

expression IN (*value1,value2,…*)

IN 왼쪽은 적당한 수식이면 되고 오른쪽의 괄호 속에는 수식과 같은지 비교할 상수값들을 나열한다. 상수값이 문자라면 따옴표로 둘러친다. 상수값 사이에는 쉼표를 사용한다.

한 가지 예를 더 들어보겠다. 세 번 시험 성적이 exam1, exam2, exam3에 들어있고 이 세 성적의 합이 0 점, 또는 100 점인 사람들만 고르려면 다음과 같은 비교 연산을 삽입한다.

```
exam1 + exam2 + exam3 IN (0, 100)
```

다음 형식의 비교연산도 가능하다.

```
IF 1 < x < 5 THEN x = 3;
```

만일 나이(age)가 20 이하면 그룹 1에, 21−30은 그룹 2에, 31−40은 그룹 3에, 그 이후는 그룹 4에 배정하고 싶다면 다음과 같이 프로그램할 수 있다.

```
age_group=1;
IF 20 < age <= 30 THEN age_group=2;
IF 30 < age <= 40 THEN age_group=3;
IF 40 < age       THEN age_group=4;
```

그런데 이보다는 다음 형식의 프로그램이 훨씬 더 효율적이다.

```
age_group = 1 + (age>20) + (age>30) + (age>40);
```

콜론(:)을 비교연산자 뒤에 사용하면 비교값을 초과하는 인수(argument) 부분은 비교 목적상 절단된다.

다음 프로그램에서 비교 연산 (x=:"R")의 의미는 문자변수 x의 첫 글자가 R과 동일한지 여부를 확인하라는 것이다.

```
DATA;
  INPUT x $;
  IF x =: "R" THEN PUT _ALL_;
DATALINES;
R1
X2
R3
RUN;
```

이 프로그램을 실행하면 R1과 R3만 Log 윈도우로 출력된다.

4.2.3 논리연산자

논리연산자(logical operator)를 **부울연산자**(Boolean operator)라고도 한다. 이들은 비교연산자를 연결한 수식을 만들어 진리값을 계산할 때 쓰인다. 논리연산자로 기호나 영문자 어느 것을 사용해도 상관없다. 그러나 가능하면 기호를 사용하는 편이 프로그램을 작성하는데 더 효율적이다. 논리연산자 NOT을 의미하는 부호로 물결 '~'을 사용해도 무방하다. NOT 다음에 따르는 수식에는 괄호를 사용해야 한다.

논리연산자		기능과 진리값
기호	단축문자	
&	AND	좌우 수식이 둘 다 참이면 1, 아니면 0
|	OR	좌우 수식이 둘 다 거짓이면 0, 아니면 1
^	NOT	우측 수식이 참이면 0, 거짓이면 1

다음과 같은 예를 통해 논리 연산의 결과를 스스로 유추해보라.

```
a = 1; b = 2; c = 3;
d = a<b & b<c;
e = a<b & b>c;
f = a<b ¦ b>c;
g = a>b ¦ b>c;
h = ^(a<b);
```

이 문장들을 실행 결과는 d=1, e=0, f=1, g=0, h=0이다.

4.2.4 기타 연산자

이상의 연산자 외에 두 수식 간 최소값과 최대값을 계산하는 최소연산자 '><'와 최대연산자 '<>', 또 문자상수들을 결합하는데 사용하는 결합연산자 '||'가 가용하다.

기타 연산자	기능
><	최소(minimum)
<>	최대(maximum)
||	문자결합(concatenation)

예를 들어 2와 3 중 최소와 최대를 구하여 부호를 바꾸는 연산은 다음과 같이 작성한다.

```
a=-2<>3; b=-2><3;
```

연산 결과는 a=－3, b=－2다.

만일 －2와 3을 비교하고 싶다면 다음 형식으로 작성한다.

```
a=(-2)<>3; b=(-2)><3;
```

다음은 세 문자상수들을 결합하는 경우다.

```
d="(02)"||" 420"||"-5304";
```

d에는 '(02) 420－5304'가 들어간다. 문자상수 대신 문자변수를 사용할 수도 있다.

4.3 SAS 함수

일반적으로 컴퓨터 언어에서 **함수**(function)는 자주 필요한 값들을 간편히 구할 수 있도록 만든 일종의 독립된 프로그램으로 사용자는 단순히 **함수 이름**(function name)과 **인수**(argument)를 입력함으로써 원하는 값을 구할 수 있다.

SAS 함수를 호출하는 일반 형식은 다음과 같다.

Funtion(argument,argument,…)

인수의 갯수는 함수에 따라 정해져 있기도 하고 사용자가 필요한대로 나열할 수도 있다.

만일 숫자변수 x의 제곱근을 구해서 그 결과를 y에 넣으려면 다음과 같이 SQRT 함수를 사용한다.

```
y = SQRT(x);
```

여기서 SQRT는 제곱근을 뜻하는 'SQuare RooT'에서 비롯된 함수 이름이고 x는 인수다. SQRT 함수의 인수는 한 개로 고정되어 있다.

MOD는 나머지를 구하는 함수인데 이 경우에는 제수와 피제수에 해당하는 두 개의 인수들을 지정해야 한다. 10을 3으로 나눈 나머지를 구하여 결과를 z에 넣으려면 다음 형식으로 MOD 함수를 호출한다.

```
z = MOD(10,3);
```

이와 같이 인수가 둘 이상이면 인수 사이에 쉼표를 사용한다.

다섯 변수 x1, x2, x3, x4, x5의 평균을 구하려면 MEAN 함수를 사용하여 다음과 같이 작성할 수 있다.

```
average = MEAN(x1, x2, x3, x4, x5);
```

MEAN 함수 등에서 인수의 갯수는 고정되어 있지 않으며 사용자가 지정하기 나름이다. 이와 같이 인수의 갯수가 유동적일 때는 OF를 사용하여 변수 지정의 단축 용법을 활용할 수 있다. 이 경우의 함수 호출 형식은 다음과 같다.

Funtion(OF *argument1 argument2* …)

평균 구하는 예를 OF를 활용하여 다시 쓰면 다음과 같다.

```
average = MEAN(OF x1 x2 x3 x4 x5);
```

단축 용법을 사용하면 더 간단히 작성할 수 있다.

```
average = MEAN(OF x1-x5);
```

OF를 사용할 때는 인수 사이에 쉼표를 사용하지 않는다. 대신 인수 사이에 빈 칸이 있어야 한다.

인수로 변수 이름을 사용할 수 있다. 예를 들어 다음 두 가지 형식의 함수 호출은 동일한 것이다.

```
x = ABS(-3);     ⇔     a = -3;
                       x = ABS(a);
```

어느 경우나 x에는 3이 들어온다.

4.3.1 SAS 함수 일람

SAS 시스템에서 지원하는 함수의 범주에는 다음과 같은 것들이 있다.

- 산술함수(arithmetic function)
- 비트별 논리함수(bitwise logical function)
- 문자함수(character function)
- 문자열 일치함수(character string matching function)
- 데이터세트함수(data set function)
- 날짜 및 시간함수(date and time function)
- DBCS 함수(DBCS Function)
- 외부파일함수(external file function)
- 금융함수(financial function)
- 라이브러리 및 카탈로그함수(library and catalog function)
- 수리함수(mathematical function)
- 비중심함수(noncentrality function)
- 분위수함수(quantile function)
- 확률 및 밀도함수(probability and density function)
- 난수함수(random number function)
- 표본통계량함수(sample statistic function)
- SAS 파일 입출력함수(SAS file I/O function)
- 특수함수(special function)
- 삼각함수(trigonometric function)
- 절단함수(truncation function)
- 변수정보함수(variable information function)

이들 중 통계 처리에 직접적으로 관련된 몇 가지 범주별로 자주 사용하는 함수들의 이름과 기능을 소개한다. 그리고 통계 모의실험(simulation)을 하는데 필요한 난수함수에 대해서는 그 중요성을 감안하여 제 4.4 절에서 따로 소개한다.

(1) 산술함수(arithmetic function)

함수 이름	기 능
ABS	절대값(absolute value)
MAX	최대값(maximum)
MIN	최소값(minimum)
MOD	나머지(remainder 또는 modulus)
SIGN	부호(sign)
SQRT	제곱근(square root)

(2) 절단함수(truncation function)

함수 이름	기 능
CEIL	인수 이상의 최소 정수
FLOOR	인수 이하의 최대 정수
INT	인수에서 소숫점 이하를 절단한 정수
ROUND	지정된 자릿수에서 반올림(rounding)

(3) 수리함수(mathematical function)

함수 이름	기 능
ERF	오차함수(error function)
ERFC	오차함수의 여함수. 즉 1−ERF
EXP	지수함수(exponential function)
GAMMA	감마함수(gamma function)
LOG	자연로그(natural logarithm)
LOG2	밑이 2인 로그
LOG10	상용로그(common logarithm)

(4) 삼각함수(trigonometric function)

함수 이름	기 능
COS	코사인(cosine)
SIN	사인(sine)
TAN	탄젠트(tangent)
ARCOS	역코사인(arc cosine)
ARSIN	역사인(arc sine)
ATAN	역탄젠트(arc tangent)
COSH	쌍곡코사인(hyperbolic cosine)
SINH	쌍곡사인(hyperbolic sine)
TANH	쌍곡탄젠트(hyperbolic tangent)

(5) 특수함수(special function)

함수 이름	기 능
LAG	지체된 값(lagged value)
DIF	현재 값과 지체된 값의 차이(difference)

(6) 확률 및 밀도함수(probability and density function)

함수 이름	기 능
POISSON	포아송(Poisson) 분포함수
PROBBETA	베타(beta) 분포함수
PROBBNML	이항(binomial) 분포함수
PROBCHI	카이제곱(chi-square) 분포함수
PROBF	F 분포함수
PROBGAM	감마(gamma) 분포함수
PROBHYPR	초기하(hypergeometric) 분포함수
PROBNEGB	음이항(negative binomial) 분포함수
PROBNORM	정규(normal) 분포함수
PROBT	t 분포함수

(7) 표본통계량함수(sample statistic function)

함수 이름	기 능
CSS	수정제곱합(corrected sum of squares)
CV	변동계수(coefficient of variation)
KURTOSIS	첨도(kurtosis)
MAX	최대값(maximum)
MIN	최소값(minimum)
MEAN	산술평균(arithmetic mean)
N	비분실값(non-missing values)의 갯수
NMISS	분실값(missing values)의 갯수
RANGE	범위(range)
SKEWNESS	왜도(skewness)
STD	표준편차(standard deviation)
STDERR	표준오차(standard error)
SUM	합(sum)
USS	비수정제곱합(uncorrected sum of squares)
VAR	분산(variance)

(8) 분위수함수(quantile function)

함수 이름	기 능
BETAINV	베타 분포의 분위수
CINV	카이제곱 분포의 분위수
FINV	F 분포의 분위수
GAMINV	감마 분포의 분위수
PROBIT	정규 분포의 분위수
TINV	t 분포의 분위수

(9) 문자함수(character function)

함수 이름	기 능
COMPRESS	빈 칸 삭제
SUBSTR	

4.3.2 산술함수

- ABS(*argument*)

  주어진 인수의 절대값을 계산한다. 다음 연산 결과는 3이다.

```
x = ABS(-3);
```

- MAX(*argument, argument,*…)

  주어진 인수들 중 최대값을 계산한다. 다음 연산 결과는 1이다.

```
x = MAX(-1,0,1);
```

- MIN(*argument, argument,* …)

  주어진 인수들 중 최소값을 계산한다. 다음 연산 결과는 −1이다.

```
x = MIN(-1,0,1);
```

- MOD(*argument1, argument2*)

  *argument1*을 *argument2*로 나누었을 때의 나머지 값을 계산한다. 다음 연산 결과는 x=0, y=1, z=0.4다.

```
x = MOD(10,5);
y = MOD(10,3);
z = MOD(10,1.6);
```

- SIGN(*argument*)

  인수의 부호를 확인하는 함수다. 인수의 값이 0보다 크면 +1, 같으면 0, 작으면 −1이다. 다음 연산 결과는 −1이다.

```
x = SIGN(-2);
```

- SQRT(*argument*)

  제곱근을 계산한다. 인수는 물론 0보다 커야한다. 다음 연산 결과는 2다.

```
x = SQRT(4);
```

4.3.3 절단함수

절단함수는 반올림 및 소숫점 이하 자리수가 있는 숫자의 정수화에 관련된 함수들이다.

• CEIL(*argument*)

인수 이상의 최소 정수를 구한다. 다음 연산 결과는 x=3, y=−2다.

```
x = CEIL(2.2);
y = CEIL(-2.2);
```

• FLOOR(*argument*)

인수 이하의 최대 정수를 구한다. 다음 연산 결과는 x=2, y=−3이다.

```
x = FLOOR(2.2);
y = FLOOR(-2.2);
```

• INT(*argument*)

인수의 값에서 소숫점 이하를 잘라버린다. 따라서 그 결과는 주어진 인수의 정수 부분이다. 다음 연산 결과는 x=1, y=1, z=−1이다.

```
x = INT(1);
y = INT(1.5);
z = INT(-1.5);
```

컴퓨터의 기억 용량과 연산 처리 방식의 제약 때문에 주어진 인수가 임의의 정수 근방 10^{-12} 이내에 있으면 INT 함수를 써도 반올림이 됨을 유의하라. 즉, 다음 연산 결과는 q=1이다.

```
q = INT(0.9999999999999);
```

• ROUND(*argument, roundoffunit*)

주어진 인수를 가장 가까운 반올림 단위(roundoff unit)에서 반올림한다. 다음 연산 결과는 x=123, y=100, z=123.46이다.

```
x = ROUND(123.456,1);
```

```
y = ROUND(123.456,100);
z = ROUND(123.456,.01);
```

4.3.4 수리함수

- ERF(*argument*)

  오차함수를 $-x$부터 x까지 적분한 값이다. 즉,

$$\mathrm{ERF}(x) = 2\int_0^x \frac{e^{-z^2}}{\sqrt{\pi}}\,dz$$

  따라서 다음 연산 결과는 y1=0, y2=0.8427, y3=−0.8427이다.

```
y1 = ERF(0);
y2 = ERF(1);
y3 = ERF(-1);
```

- ERFC(*argument*)

  ERF 함수의 여함수로 ERFC(x)=1−ERF(x).

- EXP(*argument*)

  주어진 인수만큼 e의 거듭 제곱을 계산한다. e는 자연 로그의 밑이며 그 값은 약 2.71828이다. 다음 연산 결과는 x=1과 y=2.71828이다.

```
x = EXP(0);
y = EXP(1);
```

  SAS 시스템에서 인수값의 최대 한계는 약 700이다.

- GAMMA(*argument*)

  감마 함수를 계산한다.

$$\mathrm{GAMMA}(x) = \int_0^\infty t^{x-1} e^{-t}\, dt$$

x는 0보다 커야 하며, x가 정수면 GAMMA(x)=(x−1)!.

- LOG(*argument*)

  자연로그를 계산한다. 자연로그의 밑 e는 약 2.71828이며 인수는 0보다 커야 한다. 다음 연산 결과는 x=1, y=0, z=2.30259다.

```
e = EXP(1);
x = LOG(e);
y = LOG(1);
z = LOG(10);
```

- LOG10(*argument*)

  상용 로그 값을 계산한다. 인수는 0보다 커야 한다. 상용 로그의 밑은 10이다. 다음 연산 결과는 x=0, y=1이다.

```
x = LOG10(1);
y = LOG10(10);
```

- LOG2(*argument*)

  밑이 2인 로그 값을 계산한다. 인수는 0보다 커야 한다. 다음 연산 결과는 −1이다.

```
x = LOG2(0.5);
```

4.3.5 삼각함수

- COS(*argument*)

  코사인 값을 계산한다. 인수의 단위는 라디안(radian)이다. 다음 연산 결과는 x=0.5다.

```
pi = 3.14159265359;
x = COS(pi/3);
```

• SIN(*argument*)
사인 값을 계산한다. 인수의 단위는 라디안이다. 다음 연산 결과는 x=0.7071이다.

```
pi = 3.14159265359;
x = SIN(pi/4);
```

• TAN(*argument*)
탄젠트 값을 계산한다. 인수의 단위는 라디안이다. 다음 연산 결과는 x=0이다.

```
x = TAN(0);
```

• ARCOS(*argument*)
ARSIN(*argument*)
ATAN(*argument*)
역삼각함수값을 계산한다. 역사인이나 역코사인 함수의 인수는 −1에서 1 사이의 값이어야 한다.

• COSH(*argument*)
SINH(*argument*)
TANH(*argument*)
쌍곡삼각함수값을 계산한다.

4.3.6 특수함수

특수함수 중 LAG 함수와 DIF 함수의 두 가지 함수의 용법을 소개한다.

• LAG*n* (*argument*)
*n*은 정수로 1부터 100까지 사용할 수 있다. 즉 LAG1부터 LAG100까지 사용할 수 있다. LAG1은 단순히 LAG로 쓸 수 있다. 영어 단어 'lag'는 지연 또는 지체

된다는 의미를 갖고 있으며 LAG 함수는 DATA 단계에서 과거에 읽은 관측값을 기억하는 기능을 갖는다. 제 5.4.3 절에서 소개하는 RETAIN 문장은 LAG1 함수와 동일한 역할을 수행한다. 다음은 DATA 단계에서 사용된 LAG1과 LAG2 함수의 사용례다.

```
DATA lag_test;
  INPUT x;
  y = LAG1(x);
  z = LAG2(x);
DATALINES;
1
4
3
5
2
RUN;
```

DATA 단계가 실행되면 x, y, z 세 변수에는 각각 다음 값들이 수록된다.

x	y	z
1	.	.
4	1	.
3	4	1
5	3	4
2	5	3

y에는 한 번 지체된 x 값이 들어오므로 x 값들이 하나씩 밀려 수록된다. 비슷하게 z에는 두 번 지체된 x 값이 수록된다. y와 z의 앞 부분에 보이는 마침표 부호는 SAS에서 분실값을 나타낸다. 즉, x에 대한 첫 번째 관측값 이전에는 읽은 관측이 없으므로 y나 z에는 들어갈 값이 없다. 따라서 분실값으로 처리되는 것이다.

- DIF*n* (*argument*)

DIF1부터 DIF100까지 사용할 수 있으며 DIF1은 간단히 DIF로 쓴다. DIF는 차이(difference)를 뜻하는데 DIF*n*은 현재 읽은 관측값에서 LAG*n*의 관측값을 뺀 차이값이다. 즉, 다음 관계가 성립한다.

$$\text{DIF}n(\text{x}) = \text{x} - \text{LAG}n(\text{x})$$

DIF*n*은 숫자변수에만 사용할 수 있다. 다음은 DATA 단계에서 사용된 DIF 함수의 사용례다.

```
DATA dif_test;
  INPUT x;
  v = DIF1(x);
  w = LAG2(x);
DATALINES;
1
4
3
5
2
RUN;
```

DATA 단계가 실행되면 x, v, w의 세 변수에는 각각 다음 값들이 수록된다.

x	v	w
1	.	.
4	3	.
3	−1	2
5	2	1
2	−3	−1

LAG 함수의 예와 연관하여 v=x−y와 w=x−z의 관계가 성립한다.

4.3.7 표본통계량 함수

표본통계량 함수들의 문법은 모두 동일하다. 즉, 다음과 같이 함수 이름 다음에 인수들을 나열한다. 그리고 모든 표본통계량 함수들은 인수들을 지정할 때 OF를 이용한 축약 형식을 사용할 수 있다.

function(argument,argument,…)

그런데 실제 자료분석시 DATA 단계에서 함수를 호출하여 표본통계량의 값들을 계산하는 것보다는 PROC 단계에서 MEANS나 UNIVARIATE 절차로 이들 모두를 한꺼번에 계산하는 편이 더 효율적이다.

여기서는 MEAN과 SUM 함수의 사용법을 예시한다.

- MEAN(*argument, argument,* …)

  주어진 인수들의 산술 평균을 계산한다. 다음 연산을 실행하면 average는 2가 된다.

```
average = MEAN(1,2,3);
```

  다음은 위 문장과 똑같은 역할을 하는 문장이다. 인수로서 번호 붙인 변수를 사용하고 OF를 지정하는 축약 형식을 사용한 예다.

```
x1 = 1;  x2 = 2;  x3 = 3;
average = MEAN(OF x1-x3);
```

- SUM(*argument, argument,* …)

  주어진 인수들의 합을 계산한다. 다음을 실행하면 total=6이 된다.

```
total = SUM(1,2,3);
```

4.3.8 분포함수

확률변수(random variable) X의 분포함수(distribution function) F는 다음과 같이 정의한다. 여기서 확률을 P로 표기한다.

$$F(x) = P[X \le x].$$

분포함수를 누적분포함수(CDF: cumulative distribution function)라 부르기도 한다.

X가 이산(discrete)이면 확률함수(probability function) f는 다음과 같이 정의한다.

$$f(x) = F(x) - F(x-),$$

여기서, $F(x-) = \lim_{0<h\to 0} F(x-h)$.

X가 연속(continuous)이면 밀도함수(density function) f는 다음과 같이 정의한다.

$$f(x) = F'(x) = dF(x)/dx.$$

분포함수의 형태는 모수(parameter)로 결정된다. 각 확률분포마다 고유한 모수의 성격은 기하학적인 의미에서 다음 세 가지로 나눌 수 있다.

① 위치모수(location parameter)
② 척도모수(scale parameter)
③ 형상모수(shape parameter)

간단히 말해서 위치모수는 분포의 중심을 결정하고, 척도모수는 분포의 퍼짐성을 규정하며, 형상모수는 분포의 비대칭성, 첨도 등 분포의 모양을 결정한다. t, χ^2, F 분포 등을 규정하는 자유도(df: degree of freedom)는 형상모수에 해당한다.

이하 SAS 함수들은 전부 주어진 분포를 따르는 확률변수들의 분포함수값을 계산하는 함수들이다.

- POISSON(***lambda, x***)
  모수가 λ인 포아송 확률변수에 대하여 분포함수값 $F(x)$를 계산한다.

$$f(x) = \frac{\lambda^x e^{-\lambda}}{x!}$$

- PROBBETA(***x, a, b***)
  모수가 a, b인 베타 확률변수에 대하여 분포함수값 $F(x)$를 계산한다.

$$f(x) = \frac{x^{a-1}(1-x)^{b-1}}{B(a,b)}$$

- PROBBNML(***p, n, m***)

  모수가 *n*, *p*인 이항 확률변수에 대하여 분포함수값 *F*(*m*)을 계산한다. *m*은 0 이상, *n* 이하다.

$$f(x) = \binom{n}{x} p^{x}(1-p)^{n-x}$$

- PROBCHI(***x, df***)

  자유도 *df*의 카이제곱 확률변수에 대하여 분포함수값 *F*(*x*)를 계산한다. 다음 연산 결과는 p=0.999다.

```
p = PROBCHI(31.264,11);
```

- PROBF(***x, ndf, ddf***)

  분자의 자유도가 *ndf*, 분모의 자유도가 *ddf*인 *F* 확률변수에 대하여 분포함수값 *F*(*x*)를 계산한다. 다음 연산 결과는 p=0.95017046다.

```
p = PROBF(3.32,2,30);
```

- PROBGAM(***x, a***)

  형상모수가 *a*인 감마 확률 변수에 대하여 분포함수값 *F*(*x*)를 계산한다.

$$f(x) = \frac{x^{a-1}e^{-x}}{\Gamma(a)}$$

- PROBNORM(***x***)

  표준정규 확률변수에 대하여 분포함수값 *F*(*x*)를 계산한다. 다음 연산 결과는 p=0.975다.

```
p = PROBNORM(1.96);
```

• PROBT(***x, df***)

자유도 df의 t 확률변수에 대하여 분포함수값 $F(x)$를 계산한다. 다음 연산 결과는 p=0.795다.

```
p = PROBT(.9,5);
```

4.3.9 분위수 함수

역분포함수(inverse distribution function)의 개념인 분위수(quantile)는 다음과 같이 정의한다. 확률변수 X, 또는 분포함수 F의 p 번째 분위수 q는 다음 조건을 만족하는 가장 작은 x 값이다. 여기서 $0 \le p \le 1$.

$$F(x) \ge p$$

결국 p 번째 분위수 q는 분포함수 F의 값이 비로소 p가 되는 최초의 X 축 값이다. 그리고 정의로부터 분위수 q 값은 유일하게 얻어짐을 알 수 있다.

그렇다면 왜 이렇게 복잡하게 분위수를 정의해야할까? 다음과 같은 분위수의 정의에는 무슨 문제점이 있을까? 즉, 0 이상 1 이하의 주어진 상수 p에 대하여 $p=F(q)$를 만족하는 값 q를 분포함수 F의 p 번째 분위수로 정의하면 어떠할까? 이러한 정의는 단순 명쾌하지만 내재된 가장 큰 문제점은 그러한 q 값이 하나 이상 나오게 된다는 것이다. 즉, 정규분포와 같이 실수 전구간 $(-\infty, \infty)$에서 연속인 확률분포를 제외하고는 유일한 q를 구할 수 없다. 이산 확률함수의 경우에 확률이 0보다 큰 인접한 두 점 사이의 구간에서는 그 구간 내 어떤 점에서도 분포함수값이 같으므로 유일한 q를 구할 수 없음이 자명하다. 연속 확률함수의 경우에도 예를 들어 확률변수 X가 다음과 같은 연속 확률함수 f를 갖는다면 x가 0보다 작거나, 2와 4 사이에 있거나, 또는 5보다 큰 경우에 역시 분포함수값에 아무런 변화가 없으므로 유일한 q를 구할 수 없음을 알 수 있다.

$$f(x) = \begin{cases} 1/4, & x \in [0, 2] \\ 1/2, & x \in [4, 5] \\ 0, & \text{기타} \end{cases}$$

결국 애초에 주어진 분위수의 정의는 다름 아닌 분위수의 유일성을 확보하기 위한 것이었음을 이해할 수 있을 것이다. 그런데 분위수의 정의는 교재에 따라 다소 다를 수 있다. 이 분위수의 개념은 다음 절에서 소개할 난수함수와 더불어 광범위하게 응용되는 통계 모의실험을 이해하는데 꼭 필요한 것이니 숙지하기 바란다.

그리고 p의 값이 0.01의 배수로 주어졌을 때의 분위수를 특히 백분위수(percentile)라 하고, p 값이 0.25의 배수면 사분위수(quartile), p 값이 0.5면 중앙값(median)이라 부른다.

이하 해설에서 확률분포의 모양은 제 4.3.8 절을 참조하라.

- BETAINV(***p, a, b***)

  모수가 a, b인 베타 확률분포에서 p 번째 분위수를 계산한다.

- CINV(***p, df***)

  자유도 df의 χ^2 분포에서 p 번째 분위수를 계산한다. 여기서 p는 1보다 작아야 한다. 왜냐하면 카이제곱 분포는 무한대까지 정의가 되므로 주어진 p 값이 1이라면 대응되는 분위수은 이론상 $+\infty$가 되나 컴퓨터에서 $+\infty$는 표시할 방법이 없기 때문이다. 다음 연산 결과는 q=7.8147이다.

```
q = CINV(.95,3);
```

- FINV(***p, ndf, ddf***)

  F 분포의 p 번째 분위수를 계산한다. ndf는 분자(numerator)의 자유도, ddf는 분모(denominator)의 자유도다. p는 1보다 작다. 다음 연산 결과는 q=4.1028.

```
q = FINV(.95,2,10);
```

- GAMINV(***p, a***)

  모수가 a인 감마 분포의 p 번째 분위수를 계산한다. p는 1보다 작다.

- PROBIT(***p***)

  표준정규분포의 p 번째 분위수를 계산한다. 다음 연산 결과는 q=1.96이다.

```
q = PROBIT(.975);
```

- TINV(*p, df*)
  자유도가 *df*인 *t* 분포로부터 *p* 번째 분위수를 계산한다. *p*는 1보다 작다. 다음 연산 결과는 q=2.920이다.

```
q = TINV(.95,2);
```

4.3.10 문자 함수

문자함수의 종류는 몹시 다양하나 그간 담당했던 실무에서 사용 빈도가 높았던 것은 COMPRESS, SUBSTR의 두 가지다.

단 결과를 받을 문자변수의 길이가 길더라도 미리 포맷을 지정하지 않으면 문자변수의 디폴트 길이인 8 바이트가 자동 할당되므로 이를 피하려면 DATA 단계에서 다음과 같은 형식으로 FORMAT을 선언해야 한다.

FORMAT *variable* $*w*.;

예를 들어 문자변수 a의 최대 글자수가 40이라면 다음과 같이 선언한다.

```
FORMAT a $40.;
```

- COMPRESS(*source*)
  COMPRESS는 압축을 뜻하는 바 사용법이 매우 복잡한 함수지만 여기서는 문자열에 존재하는 빈 칸을 없애는 용법만을 소개한다. 다음에서 문자변수 a에는 글자 사이에 빈 칸이 존재하는데 여기에 COMPRESS 함수를 적용하면 빈 칸이 제거된다. 즉 변수 b의 값은 Sung이다.

```
a = "S u n g";
b = COMPRESS(a);
```

- SUBSTR
  등호(=) 좌측에서 사용하느냐 우측에서 사용하느냐에 따라 전혀 다른 두 가지 용법이 있다. 첫 번째는 문자열의 일부를 다른 문자로 대치하는 기능이다.

SUBSTR(*variable,position,length*) = *characters*

예를 들어 다음 연산을 수행하면 문자변수 a에는 MINZI가 들어간다.

```
a = "MINJI";
SUBSTR(a,4,1) = "Z";
```

즉, 문자변수 a의 네 번째 위치부터 한 글자를 Z로 대치한다. 만약 길이를 명시하지 않으면 지정 위치 이후의 모든 문자열이 대치된다. 즉 다음과 같이 하면 문자변수 a에는 MINZ가 들어간다.

```
a = "MINJI";
SUBSTR(a,4)="Z";
```

두 번째 용법은 문자열 중 일부를 추출하는 기능이다.

variable=SUBSTR(*variable,position,length*)

문자변수 name에 "SUNG MINJI"가 할당되었는데 성과 이름을 따로 추출하려면 다음과 같이 프로그램한다.

```
name = "SUNG MINJI";
surname = SUBSTR(name,1,4);
givenname = SUBSTR(name,6,5);
```

결국 문자변수 surname에는 SUNG, 또 문자변수 givename에는 MINJI가 들어간다.

4.4 난수함수

난수(random number)라는 낱말을 들어보지 못한 사람은 없으리라 믿는다. 요사이는 드물지만 육칠십년대만 해도 북에서 온 신사분들이 잡혔을 때 늘상 소지하고 있는 것이 난수표(random number table)였다. 난수표는 0, 1, 2, 3, 4, 5, 6, 7, 8, 9의 열 개 숫자가 제멋대로 배열된 수표다. 기초통계학 수준의 책이면 부록으로 몇 장 정도 분량의 난수표를 예시하고 있다.

난수표는 첩보원들 간 비밀통신처럼 보안을 유지해야 할 필요성이 있을 때 발신자와 수신자 간 송신되는 난수열을 해독하는 규칙을 정해놓고 사용할 수 있다. 물론 이 경우에 제삼자가 해독할 수 있는 난수열이어서는 아니된다. 다시 말해서 난수열에 어떤 규칙이 있다는 것이 발각되면 송신된 암호 전문이 다른 사람에게도 쉽게 해독되어 보안 유지에 실패할 것이다. 그러나 이상적인 난수표를 만드는 것은 결코 쉬운 일이 아니다.

통계학에서 난수의 이용은 매우 광범위한데 특히 **조사설계**(survey design)나 **실험설계**(experimental design) 등 임의자료 수집을 계획하는 단계에서 난수의 이용은 필수적이다. 난수를 이용한 임의표본(random sample)의 선택은 데이터의 대표성과 통계적 결론의 객관성을 유지하는 통계학의 기본 아이디어다.

실험설계의 예를 들어보자. 닭을 사육하는 농장에서 시판되는 세 가지 사료 중 어느 것이 성장 촉진에 가장 도움이 되는가를 판정하고 싶다고 하자. 이 실험에 삼십 마리의 닭을 동원하여 각 사료마다 열 마리씩 배치하려 한다. 어떤 식으로 배치해서 실험해야 가장 객관적인 통계 분석을 할 수 있을까? 삼십 마리 닭을 넓은 장소에 풀어놓고 잡히는대로 아무 데나 배치한다면 그것을 객관적인 배치라 할 수 있을까? 사람이 닭을 붙잡는데 과연 나는 저 닭을 먼저 잡아야겠다고 노리지 않고 우연히 닭을 잡을 수 있을까? 설사 우연히 잡았다손 치더라도 잡은 닭을 어떤 사료에 배치해야할지 개인적 결정이 없이 우연히 배치할 수 있을까? 빨리 잡히는 닭은 분명히 활동이 둔한 닭일 것이다. 이런 닭들을 어떤 사료에 집중 배치한다면 그러한 실험 결과를 신뢰할 수 없을 것이다. 왜냐하면 이미 활동성이 둔한 닭과 그렇지 않은 닭으로 그룹화되었기 때문이다. 이런 경우에 닭의 성장도의 원인이 과연 사료 때문인지 아니면 활동성 때문인지 판정할 수가 없는 것이다. 그렇다면 어떻게 해야 인간의 주관적인 판단을 배제하고 객관적인 실험을 설계할 수 있을까?

가장 간단하고 실용적인 답은 SAS와 같은 컴퓨터 프로그램을 이용하여 난수를 만든 다음 생성된 난수에 의거하여 배치를 하거나 차선책으로 난수표를 읽어 배치를 하면 된다.

난수를 이용한 닭의 배치 규칙은 다음과 같이 정할 수 있다. 먼저 세 가지 사료를 사료 1, 사료 2, 사료 3이라 하자. 삼십 마리의 닭에 1부터 30까지 번호표를 붙인 다음 앞으로 만들 난수열을 두 숫자씩 끊어 처음 두 숫자가 1 이상 30 이하면 사료 1

에, 31 이상 60 이하이면 사료 2에, 61 이상 90 이하이면 사료 3에 배치하고, 기타 경우는 무시하고 그 다음의 두 숫자를 읽는다고 하자.

SAS로부터 균등난수(uniform random number)를 얻은 결과가 다음과 같았다. 참고로 균등난수는 0과 1 사이에서 정의되는 균등분포로부터 얻은 난수로서 우리가 흔히 난수라 하면 곧 균등난수를 의미한다.

1 5 8 7 2 0 9 8 4 3 6 9 4 6 1 2 …

처음 두 숫자는 15이므로 1 번 닭은 사료 1에 배치한다. 다음은 87이니 2 번 닭은 사료 3에, 그 다음은 20이니 3 번 닭은 사료 1에 배치한다. 그 다음 두 숫자는 98이므로 무시하고 다시 다음 43을 읽어 4 번 닭을 배치한다. 그런데 이런 식으로 배치하노라니 사료 1에 이미 열 마리 닭이 전부 배치되었다고 하자. 또 다시 1 이상 30 이하의 숫자가 나오면 어떻게 할까? 배치할 닭이 더 없으므로 그러한 숫자는 다시 나오더라도 무시하고 그 다음을 읽으면 된다.

이같은 간단한 예에서 볼 수 있듯이 실험설계 및 조사설계를 비롯하여 통계학 전분야에서 난수의 활용은 필수적이며 이런 식의 난수 활용을 임의화(randomize)한다고 한다. 임의화한 조사나 실험이라야 임의표본이 추출된 모집단에 대한 객관성있는 추론을 할 수 있다.

참고로 조사설계에서 **임의표집**(random sampling)을 하는 표본추출 방식에는 **복원추출**(sampling with replacement)과 **비복원추출**(sampling without replacement)의 두 가지 방식이 존재한다. 복원추출에서는 동일 개체가 두 번 이상 표본으로 선택될 수 있다. 그런데 표본설계시 고려하는 모집단은 전부 **유한모집단**(finite population)이고 유한모집단에서 똑같은 사람에게 두 번 물어봐야 추가 정보가 나올 턱이 없기 때문에 표집설계에서는 항상 비복원추출만을 고려한다. 이 절의 끝 부분에 유한모집단에서 비복원추출로 임의표집을 하는 프로그램을 첨부하였다.

그밖에 난수의 활용이 특히 필수불가결인 분야가 통계 모의실험(simulation)이다. 실상 모의실험 분야는 난수 없이는 성립될 수조차 없다. 모의실험의 경우에는 흔히 관심있는 확률과정(stochastic process)에 분포 모형을 가정한다. 가정된 분포 모형이 지수분포면 지수분포를 따르는 임의변량(random variate)을 만들어 컴퓨터 내에서 실제 상황을 모방한 모의실험을 수행하고 결과를 분석하여 통계적 결정을 내린다.

예를 들어 광화문 네거리에 공중 전화를 설치하려고 한다. 몇 대를 설치하는 것이 최적일까? 너무 적게 설치하여 전화하려고 기다리는 사람이 많으면 시민의 불편이 크고 너무 많이 설치하면 예산 낭비다. 최소의 비용으로 최대의 효율을 얻으려면 과연 몇 대를 설치해야 할까? 이것을 알기 위하여 한 대 설치해서 며칠 운영한 다음 기다리는 사람이 많아보이니 다섯 대쯤 늘렸다가 두 대는 언제나 노는 것같아 철거하여 종로로 옮긴다면 이처럼 우둔한 일도 없을 것이다.

모의실험을 이용하면 실제 설치 작업없이 이 문제를 해결할 수 있다. 일반적으로 전화하려고 기다리는 시간, 즉 대기시간(waiting time)은 지수분포를 따른다. 지수분포를 결정짓는 모수(parameter)는 평균 대기시간에 의존하며 전화국에는 그러한 평균값을 구할 수 있는 데이터가 있다. 이러한 정보를 이용하여 컴퓨터 내에서 공중 전화가 한 대 있을 경우, 두 대 있을 경우 등 각 상황에 대하여 지수분포를 따르는 모의변량들을 만든 후 모의실험을 하여 현재 우리가 갖고 있는 자료에 의거하면 광화문 네거리에는 네 대 설치하는 것이 최적이라는 식으로 결론을 내릴 수 있다.

이제 통계학에서 어떤 식으로 난수를 이용하는지 다소간 짐작할 수 있을 것이다. 그러나 이상적인 난수, 즉 이상적인 균등난수를 만들기는 정말 어렵다. 이상적인 난수는 어떤 것일까? 우선 0부터 9까지 각 열 개 숫자가 나올 확률이 같아야 한다. 즉, 각 숫자가 나올 확률이 0.1 가량씩 되어야 한다. 또 12라는 숫자열(두 번째 숫자가 첫 번째보다 1만큼 크다)이 나올 확률만큼 23이나 34 등이 나올 확률이 거의 같아야 한다. 비슷하게 124라는 숫자열이 나온만큼 235, 346, 457 등이 나올 확률이 거의 같아야 한다. 몇 백 자리의 숫자열에 대하여도 같은 논의가 성립되어야 한다. 따라서 우리가 끄적이는 숫자열이 난수가 될 수 없음은 자명하다. 컴퓨터가 등장하기 전에는 자세한 로그 함수표에서 소숫점 이하 숫자들을 교묘한 방법으로 모아 난수표를 만들기도 했다.

그런데 컴퓨터로 난수열을 만들더라도 매번 만들어지는 난수열이 항상 같거나 같지는 않더라도 규칙성이 있어 예측 가능하다면 무의미할 것이다. 첩보영화에 등장하는 암호해독기란 바로 이런 난수열을 역추적하는 컴퓨터를 말한다. 여하간 이런 점을 배제하기 위하여 컴퓨터 프로그램을 이용하여 난수열을 만들 때는 언제나 초기값(seed)을 사용자가 입력하여 난수 생성을 시작한다. 또한 초기값를 입력할 때의 규칙성, 즉 어떤 숫자에 대한 선호도나 개인의 습관을 최대한 배제하기 위하여 대부분의 경우 초기값의 선택조차 컴퓨터에 맡기게 되며 컴퓨터는 난수함수의 실행 순간 컴퓨터 내부의 시스템 시각을 초기값으로 사용함이 일반적이다. 그렇다 해도 수천만 개의 숫자열 뒤부터 그 전까지의 난수열이 다시 반복되지 않음을 보장 못하므로 컴퓨터 프로그램으로 만든 난수를 **유사난수**(pseudo-random number)라 부른다.

SAS 시스템에서 난수 함수에 초기값을 주는 방법은 대별하여 세 가지가 있다.

인수	초기화 방법
0	난수함수의 최초 실행시 관측된 컴퓨터 시각이 초기값이다.
양수	사용자가 지정하며 가급적 다섯 자리 이상의 홀수를 고른다.
음수	난수함수를 한 번 호출할 때마다 그때 컴퓨터 시각을 초기값으로 쓰며 따라서 실행할 때마다 초기값이 다르다. 그러나 난수열간 상관 관계가 존재할 수 있다.

이하의 난수함수들 중 NORMAL과 RANNOR는 둘다 표준정규난수를 생성하며, 또 RANUNI와 UNIFORM은 둘다 균등난수를 생성하는 함수들이다. 이들은 서로 다른 난수 생성 앨고리즘(algorithm)으로 프로그램된 것들이다. 일반적으로 표준정규난수의 경우에는 RANNOR, 균등난수의 경우에는 RANUNI가 더 낫다.

함수 이름	기능
NORMAL	정규 변량을 생성
RANBIN	이항 변량을 생성
RANCAU	코쉬 변량을 생성
RANEXP	지수 변량을 생성
RANGAM	감마 변량을 생성
RANNOR	박스-뮬러 정규 변량을 생성
RANPOI	포아송 변량을 생성
RANTBL	표로 주어진 확률함수를 따르는 변량을 생성
RANTRI	삼각 변량을 생성
RANUNI	균등 변량을 생성
UNIFORM	균등 변량을 생성

- NORMAL(*seed*)

  표준정규분포를 따르는 임의변량을 만든다.

```
mean = 3; sd = 5;
x = mean + sd*NORMAL(0);
```

위 프로그램을 1회 실행하면 평균이 3, 표준편차가 5인 정규분포를 따르는 변량이 하나 만들어진다. 이 경우 현재 컴퓨터 시각을 초기값으로 삼았다. 그런데 정규분포를 따르는 변량을 만들 때는 RANNOR 함수를 이용하는 편이 더 낫다.

- RANBIN(***seed, n, p***)

  모수가 n, p인 이항분포를 따르는 임의변량을 만든다.

- RANCAU(***seed***)

  위치모수(location parameter)의 값이 0, 척도모수(scale parameter)의 값이 1인 코쉬(Cauchy) 분포를 따르는 임의변량을 만든다.

$$f(x) = \frac{1}{\pi(1+x)^2}$$

예를 들어, 시스템 시각을 초기값으로 삼아 위치모수의 값이 −1, 척도모수의 값이 3인 코쉬 분포를 갖는 변량을 열 개 만들려면 DATA 단계에서 다음을 실행한다.

```
alpha = -1; beta = 3;
DO i=1 TO 10;
  x = alpha + beta*RANCAU(0);
END;
```

- RANEXP(***seed***)

  모수 λ의 값이 1인 지수분포를 따르는 변량을 생성한다.

$$f(x) = \lambda \exp(-\lambda x), \quad x > 0$$

시스템 시각을 초기값으로 삼아 모수의 값이 10인 지수분포를 갖는 변량을 만들려면 다음을 실행한다.

```
x = RANEXP(0)/10;
```

- RANGAM(***seed, a***)

  형상모수(shape parameter)가 a인 감마분포로부터의 변량을 만든다. 분포의 모양은 분포함수 PROBGAM의 해설을 참조하라.

- RANNOR(*seed*)

  박스-뮬러(Box-Muller) 앨고리즘을 따라 표준정규 분포로부터의 변량을 만든다. 평균이 10이고 분산이 9인 정규 분포로부터의 변량을 20개 만들려면 다음과 같이 프로그램을 작성한다.

```
mean = 10; variance = 9;
DO i=1 TO 20;
  x = mean + SQRT(variance)*RANNOR(7976155);
END;
```

  이 경우에 초기값으로 7976155를 주었다.

- RANPOI(*seed*, *lambda*)

  모수가 λ인 포아송 분포를 따르는 변량을 만든다.

- RANTBL(*seed*, $p_1, \cdots, p_n$)

  확률질량함수(probability mass function) 형태로 주어진 이산 확률분포를 따르는 변량을 생성한다. 확률질량 p_1, …, p_n들의 합은 1이며 p_i에 대한 RANTBL의 값은 i다. 주사위를 한번 던지는 상황은 다음과 같이 프로그램할 수 있다.

```
p = 1/6;
die = RANTBL(0,p,p,p,p,p,p);
```

- RANTRI(*seed*, *h*)

  (0,1) 구간에서 삼각분포(triangular distribution)를 따르는 변량을 만든다.

$$f(x) = \begin{cases} 2x/h, & 0 \le x \le h \\ 2(1-x)/(1-h), & h < x \le 1 \end{cases}$$

- RANUNI(*seed*)

  (0,1) 구간에서 균등분포를 따르는 변량을 만든다.

```
DO i=1 TO 50;
  x = RANUNI(0);
END;
```

이 프로그램을 실행하면 균등분포를 따르는 변량이 50 개 만들어 진다. 만일 0보다 큰 초기값를 지정하려면, 그 값은 $(2^{31}-1)$보다 작아야 한다.

- UNIFORM(*seed*)

  (0,1) 구간에서 균등분포를 따르는 변량을 만든다.

```
DO i=1 TO 50;
  x = UNIFORM(4169679);
END;
```

  이 프로그램을 실행하면 균등분포로를 따르는 변량이 50 개 만들어 진다. 초기값으로 0보다 큰 정수 4169679를 사용하였다. 그런데 균등분포를 따르는 변량을 만드는 경우 RANUNI 함수를 이용하는 편이 더 낫다.

통계학에서 나타나는 분포는 무수히 많으나 실제 데이터 분석에 응용되는 분포들은 대체로 이상에서 소개한 주요 분포들의 함수로 주어지며, 난수 생성 역시 이상에서 소개한 난수함수들을 적절히 변형하여 추출할 수 있다. 위에서 언급하지 않은 분포들에 대한 난수 생성법에 대하여는 모의실험 분야의 교재를 참고하기 바란다. 필자가 지은 「통계분포」에도 분포별 난수 생성법이 소개되어 있다.

• SAS로 수행하는 임의표집

관측 수가 몇 만을 넘어서는 대량의 데이터를 분석할 때 데이터의 일부만 임의 선택하여 분석하는 것이 필요한 경우가 왕왕 나타난다. 임의표본을 선택하여 분석하면 전체에 대한 분석 결과와 거의 동일한 결과를 얻는다.

다음은 SAS 자료 population으로부터 대략 10%의 임의표본을 생성하는 루틴이다. 복원추출에 해당한다.

```
DATA sample;
  SET population;
  IF RANUNI(123456) < 0.1;
RUN;
```

비복원추출로 정확히 n 개 관측을 임의표집하려면 다음 프로그램을 활용한다. 여기서는 SAS 자료 population으로부터 50 개 관측으로 구성된 임의표본 sample을 생성하고 있다.

```
DATA sample;
  RETAIN k 50 n;
  DROP k n;
  SET population NOBS=nn;
  IF _N_=1 then n=nn;
  IF RANUNI(0) < k/n THEN
    DO; OUTPUT;
        k=k-1;
    END;
  IF k=0 THEN STOP;
  n=n-1;
RUN;
```

이 프로그램에서는 임의성을 확보하기 위하여 이미 우리가 선택한 관측수를 고려하여 표본 비율을 계속 조절하고 있다.

4.5 다변량 정규난수벡터의 추출

모의실험을 위하여 다변량 정규분포(multivariate normal distribution)를 따르는 난수벡터를 생성해야할 경우가 있다. 그러나 다변량 정규난수를 추출하는 SAS 함수는 아쉽게도 존재하지 않는다. 그러나 다음 프로그램을 이용하면 다변량 정규난수를 추출할 수 있다. 이 프로그램은 SAS/IML을 이용하는 마크로 프로그램으로 다음 FTP 사이트에 등록된 것이다.

http://ftp.sas.com/techsup/download/stat/mvn.sas

```
%macro mvn(varcov=, means=, n=, seed=0, sample=);

data _null_;
   if &seed le 0 then do;
      seed = int(time());
      put seed=;
      call symput('seed',seed);
   end;
run;

proc iml worksize=100;
   use &varcov; read all into cov;
   use &means; read all into mu;
   v=nrow(cov); n=&n; seed = &seed;
   l=t(root(cov));
   z=normal(j(v,&n,&seed));
   x=l*z;
   x=repeat(mu,1,&n)+x;
   tx=t(x);
   create sample from tx; append from tx;
quit;

%mend mvn;
```

위 마크로(macro)를 사용하여 m−변량 정규난수벡터를 추출하는 방법을 정리한다. 마크로 입출력 인수들은 다음과 같다.

◦ VARCOV = *SASdataset*

$m \times m$ 분산공분산행렬이 저장된 SAS 자료의 이름이다.

◦ MEANS = *SASdataset*

$m \times 1$ 평균벡터가 저장된 SAS 자료의 이름이다.

◦ N = n

생성할 관측수다.

◦ SEED = *integer*

난수 생성을 위한 초기값으로 디폴트는 0이다.

◦ SAMPLE = *SASdataset*

생성된 다변량 정규난수 벡터가 수록될 SAS 자료의 이름이다. 변수 이름은 자동적으로 COL1－COLm으로 잡힌다.

(활용례) 다음과 같은 삼변량 정규분포에서 난수벡터 20,000 개를 생성하는 프로그램을 작성하는 예를 든다.

$$N_3\left(\begin{bmatrix}10\\20\\30\end{bmatrix},\ \begin{bmatrix}4.0 & 1.8 & 4.0\\1.8 & 9.0 & 3.6\\4.0 & 3.6 & 16.0\end{bmatrix}\right)$$

```
DATA means;
  INPUT m1;
DATALINES;
10
20
30
RUN;

DATA varcov;
  INPUT vc1-vc3;
DATALINES;
4.0 1.8  4.0
1.8 9.0  3.6
4.0 3.6 16.0
RUN;

%mvn(VARCOV=varcov, MEANS=means, N=20000, SAMPLE=sample)
```

이 프로그램 마지막의 **마크로 호출문에는 세미콜론을 붙이지 않음**을 유의하라. 이상의 프로그램을 실행하면 SAS 자료 sample에 20,000 개의 삼변량 정규난수 벡터가 저장된다.

※ 이변량 정규분포(bivariate normal distribution)를 따르는 난수 추출

이변량 정규분포의 경우에도 위에 주어진 마크로를 사용할 수 있으나, 다음과 같이 프로그램하는 편이 더 효율적이다. 여기서 가정하고 있는 상황은 다음과 같다.

$$\begin{pmatrix} x \\ y \end{pmatrix} \sim N_2\left(\begin{bmatrix} \mu_1 \\ \mu_2 \end{bmatrix}, \begin{bmatrix} \sigma_1^2 & \rho\,\sigma_1\sigma_2 \\ \rho\,\sigma_1\sigma_2 & \sigma_2^2 \end{bmatrix} \right)$$

프로그램에서는 $\mu_1 = 10$, $\mu_2 = 20$, $\sigma_1^2 = 4$, $\sigma_2^2 = 9$, $\rho = 0.9$ 로 놓고 있다.
또한 난수 생성 초기값으로 123을 사용하였다. 모두 10,000 개의 이변량 정규난수 벡터들을 생성한다.

```
DATA bvn;
  KEEP x y;
  mu1=10; mu2=20; var1=4; var2=9; rho=0.9;
  std1=SQRT(var1); std2=SQRT(var2);
  c=SQRT(1-rho**2);
    DO i = 1 to 10000;
       x = RANNOR(123);
       y = rho*x + c*RANNOR(123);
       x = mu1 + SQRT(var1)*x;
       y = mu2 + SQRT(var2)*y;
       OUTPUT;
    END;
RUN;
```

이렇게 추출된 10,000 개의 이변량 정규난수벡터들을 기초로 일종의 이차원 히스토그램을 제작하는 **핵밀도추정**(KDE: kernel density estimation) 기법을 써서 **등고선도**(contour plot)을 그리려면 다음 루틴을 추가한다.

```
ODS GRAPHICS ON;

PROC KDE DATA=bvn;
  BIVAR x y / PLOTS=CONTOUR SURFACE;
RUN;
```

```
ODS GRAPHICS OFF;
```

출력된 등고선도는 아래와 같다. 상관도를 0.9로 놓았었기 때문에 길쭉한 럭비공같은 모양이 나오고 있다.

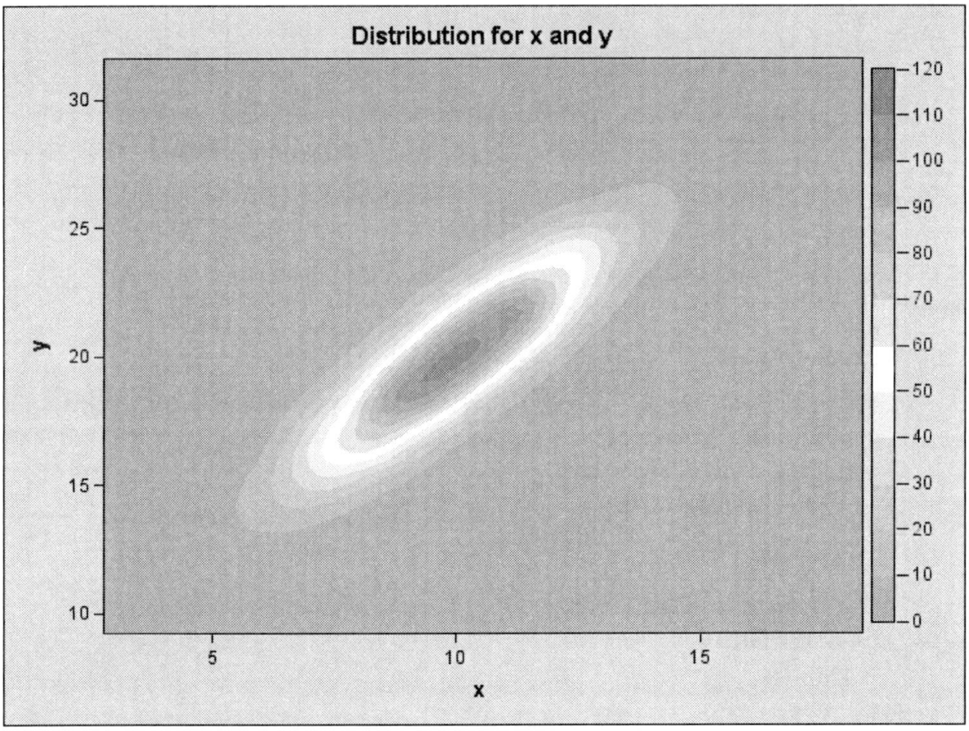

5

DATA 단계의 SAS 문장들

이 장에서는 DATA 단계에서 자주 사용하는 SAS 문장들을 실례와 병행하여 해설하고 있다. 필자의 경험상 그리 자주 쓰이지 않는다고 생각되는 문장들과 선택사항 몇 가지는 해설하지 않았으니 관심있는 독자들은 'SAS Language Guide' 등을 참고하기 바란다.

DATA 단계는 DATA 문장으로 시작하여 RUN 문장으로 마감하는 일련의 SAS 문장들로 구성된다. DATA 단계에서는 원시 자료(raw data)의 입력, 자료 구조의 변환 등을 수행할 수 있으며 DATA 단계의 결과로 생성된 SAS 자료를 토대로 PROC 단계에서 본격적인 자료 해석을 하게 된다. 다른 통계 패키지들에 비하여 SAS의 강점 중 하나가 바로 자유롭고 융통성있는 데이터 구조 변환에 대한 지원이다.

5.1 자료 입력

DATA 단계에서 자료 입력하는 방법을 크게 나누자면 다음과 같은 세 가지 경우가 존재한다.

① 프로그램 내에 직접 자료를 삽입하여 입력
② 외부 파일에 수록된 자료를 불러들여 입력
③ 이미 만들어진 SAS 자료를 그대로 읽어 입력

그런데 세 번째 방법은 첫 번째와 두 번째 방법으로 입력하여 이미 만든 SAS 자료를 다시 읽는 경우기 때문에 원시 자료의 입력에는 결국 ①과 ②의 두 가지 방법만이 가용하다.

5.1.1 프로그램 내 삽입된 원시 자료의 입력

입력 방법 ①은 프로그램 내에 직접 원시 자료를 삽입하는 경우로서 제 2 장에서 살펴본 예제 프로그램에서 최초로 나오는 다음과 같은 DATA 단계가 그 예다.

```
DATA students;
  INPUT name $ 1-20 id_num sex $ dept $ exam1 exam2 exam3;
DATALINES;
Sung Min Young      2005 f stat 30 30 40
Sung Min Ji         2009 f cs   30 30 40
Hong Gil Dong       1750 m math 29 28 27
Kong Jui            1810 f cs   20 20 30
Pat Jui             1808 f stat  5 10 15
```

```
Yun Heung Boo       1670 m math  0 10  5
Yun Nol Boo         1665 m cs   20 30 10
Sun Nyeo            0300 f stat 25 25 35
Shim Chung          1880 f math 29 28 27
RUN;
```

이런 식으로 프로그램 내에 직접 원시 자료를 삽입하는 경우에는 언제나 INPUT 문장과 DATALINES 문장의 사용이 수반된다.

자료가 그다지 크지 않은 경우에는 이런 식으로 입력을 처리해도 무방하지만 SAS 프로그램에 숙달되면 이보다는 외부에 저장된 데이터 파일을 읽어들이는 두 번째 방법이 더 효율적이다.

5.1.2 외부 파일에 수록된 자료의 입력

입력 방법 ②는 따로 저장된 데이터 파일 즉 외부 데이터 파일(external data file)의 내용을 프로그램에서 읽어들이는 경우로서, 이는 SAS에서 데이터를 입력할 때 가장 보편적으로 사용되는 자료 입력 방법이며 특히 원시 자료가 작지 않다면 언제나 이 방법을 사용하는 편이 유리하다.

다음과 같은 DATA 단계가 한 가지 실례다.

```
DATA score;
  INFILE "c:\work\exam.dat";
  INPUT id_num midterm final;
RUN;
```

여기서는 경로 C:\WORK\에 저장된 데이터 exam.dat을 읽어 INPUT 문장에서 지정한대로 입력하고 있다. 이같이 외부 데이터 파일을 읽어들이는 경우에 DATA 단계에서 반드시 사용하는 문장은 INFILE과 INPUT 문장이다.

그런데 여기서 말하는 외부 데이터 파일이란 일반 문서편집기(text editor)로 작성된 텍스트 파일로서 평범한 애스키(ASCII) 파일을 의미한다. 일반인들이 주로 사용하는 흔글이나 Excel 등으로 데이터를 입력하여 저장했더라도 만일 저장한 데이터 파일의 확장자가 .hwp라던가 .xls라면 이러한 데이터 파일은 텍스트 파일이 아니다.

통계 상담을 하노라면 왕왕 의뢰인 스스로 분석하려는 자료를 디스크에 넣어 가져오는데 의뢰인이 제시하는 자료 파일이 텍스트 파일이 아닌 다른 응용 프로그램에서 출력된 파일인 경우가 많다.

이런 데이터 파일을 SAS가 이해하는 형식으로 변환하는데는 몇 가지 방법이 있다. 다소 번거롭기는 하지만 손쉬운 방법은 응용 프로그램에서 데이터를 텍스트 파일로 새로 저장하는 것이다. 예를 들어, 훈글로 편집한 데이터 파일이 data.hwp라면 이 파일을 다시 훈글로 불러들여 파일 형식을 '텍스트 문서'로, 코드 형식은 '한국(KS)'로 지정하여 새 이름으로 저장하기를 수행하면 데이터가 평범한 텍스트 파일로 저장된다. Microsoft Excel이나 Word 프로그램을 사용했더라도 비슷한 방법으로 변환하면 해결된다.

또 다른 방법으로 응용 프로그램마다 죄다 다른 데이터 저장 포맷을 바꿔주는 별도의 전문 프로그램을 사용하면 원래 데이터를 텍스트 파일로 바꿀 수 있을뿐 아니라 아예 SAS 자료로 변환할 수도 있다. DBMS/COPY와 같은 것이 대표적인 데이터 포맷 변환 소프트웨어다.

그런데 이상의 방법들보다 더 나은 것은 SAS 시스템에서 지원하는 Import/Export Wizard 기능을 이용하는 것이다. 물론 SAS 시스템에서 지원하지 않는 색다른 포맷으로 저장된 데이터에는 적용할 수 없다.

- **가져오기/내보내기(Import/Export)**

가져오기(import)는 다른 데이터 포맷으로 저장된 파일을 읽어들여 SAS 자료 포맷으로 저장함을 말하고, **내보내기**(export)란 SAS 자료를 다른 포맷의 데이터 파일로 저장하는 것이다. 예를 들어, 엑셀 파일 data.xls을 읽어들여 SAS 자료 포맷으로 저장하고자 한다면 이런 과정을 가져오기라 부른다. 이와 반대로 만일 SAS 프로그램으로 생성한 SAS 자료 jaryo를 엑셀 포맷으로 저장하고 싶다면 이런 과정을 내보내기라고 한다.

SAS 시스템의 가져오기/내보내기 마법사에서 지원하는 포맷으로는 일반적으로 많이 사용되는 데이터 포맷인 dBase 포맷(＊.dbf), Excel 포맷(＊.xls), 일반 텍스트 포맷(＊.txt) 등이 있으며 또 외부 파일 인터페이스(EFI: external file inteface) 기능을 이용하면 사용자가 정의한 포맷 등도 처리할 수 있다.

외부 파일 포맷으로 저장된 데이터를 SAS 자료로 읽어들이려면 SAS 시스템의 주메뉴판에서 'File → Import Data...'를 선택하여 나타나는 Import Wizard를 통하여 파일을 변환한다.

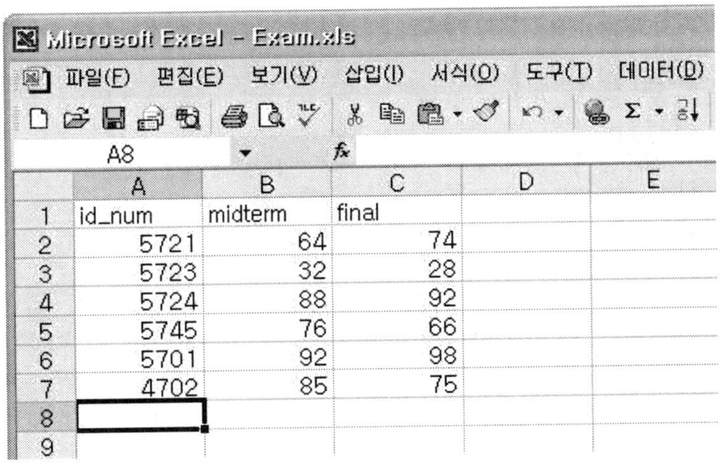

화면 5.1 Excel로 편집한 데이터 파일 exam.xls

화면 5.1은 엑셀로 편집한 파일 Exam.xls의 내용이다. 이 엑셀 데이터를 SAS로 가져오는 과정을 상술한다.

SAS 시스템 메뉴에서 'File → Import Data...'를 선택하면 가져오기 마법사(Import Wizard)가 화면에 나타난다.

- 화면 5.2: 가져올 외부 데이터 파일의 포맷을 지정한다.
- 화면 5.3: 외부 데이터 파일이 저장된 위치와 이름을 지정한다.
- 화면 5.4: 엑셀의 경우 쉬트(sheet) 번호를 지정한다.
- 화면 5.5: 외부 데이터 파일의 내용을 받을 SAS 자료를 저장할 라이브러리와 멤버 이름을 지정한다. 여기서는 WORK 라이브러리에 exam으로 지정하였다.
- 화면 5.6: 가져오기 마법사에는 그 과정을 동등한 SAS 프로그램 코드로 생성하는 기능이 있는 바, 이렇게 생성된 프로그램 코드를 저장할 파일 이름으로 'Import xls.sas'를 지정하고 있다.

저장된 프로그램 'Import xls.sas'의 내용은 다음과 같다.

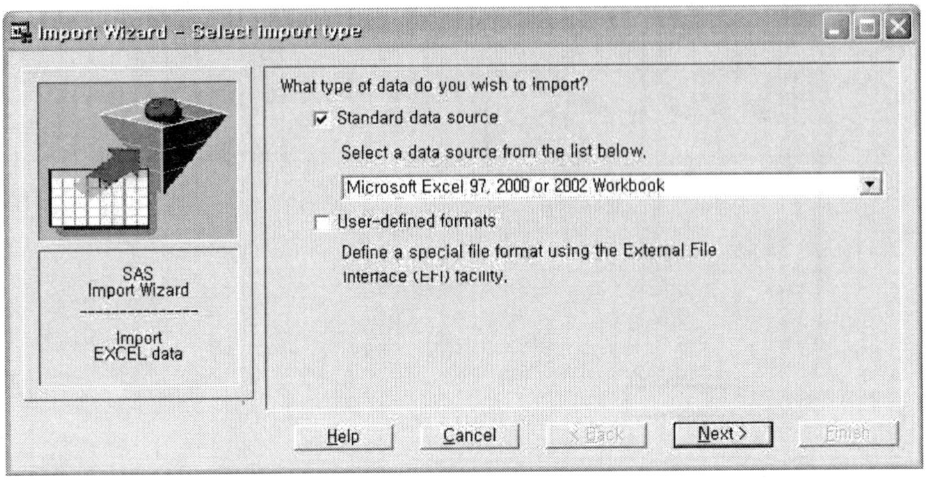

화면 5.2 Import Wizard: 데이터 포맷 선택

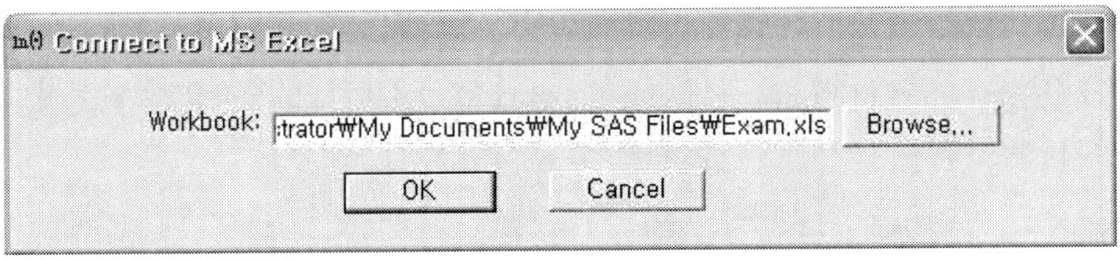

화면 5.3 Import Wizard: 외부 데이터 파일 선택

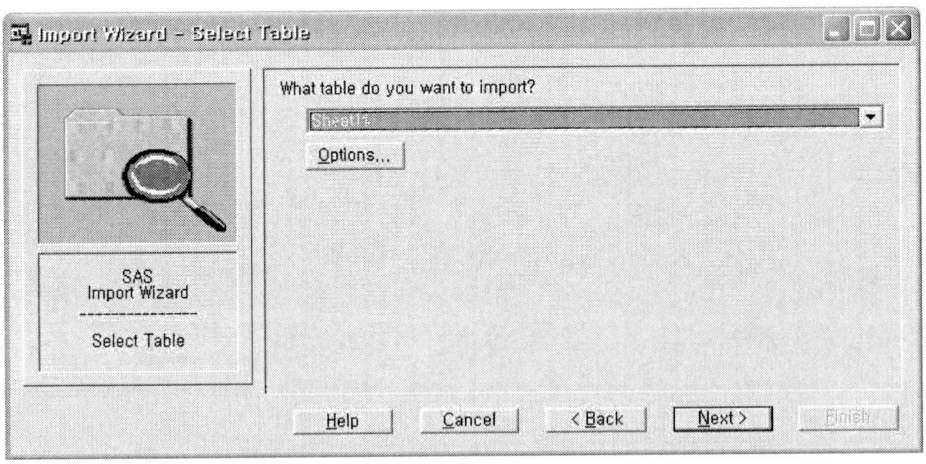

화면 5.4 Import Wizard: Excel 쉬트(sheet) 번호 지정

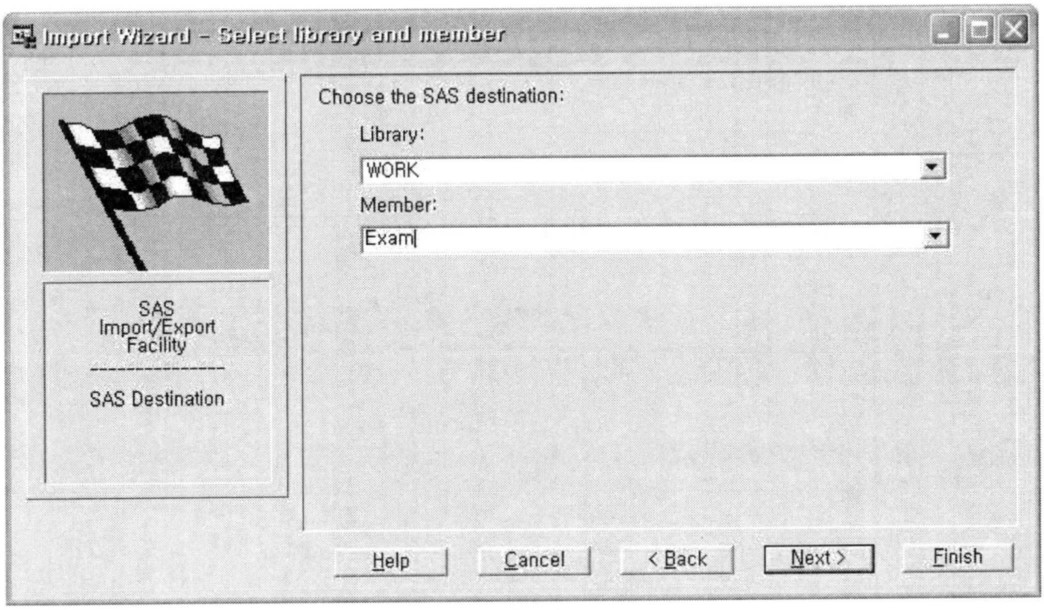

화면 5.5 Import Wizard: SAS 자료를 저장할 라이브러리와 멤버 이름 지정

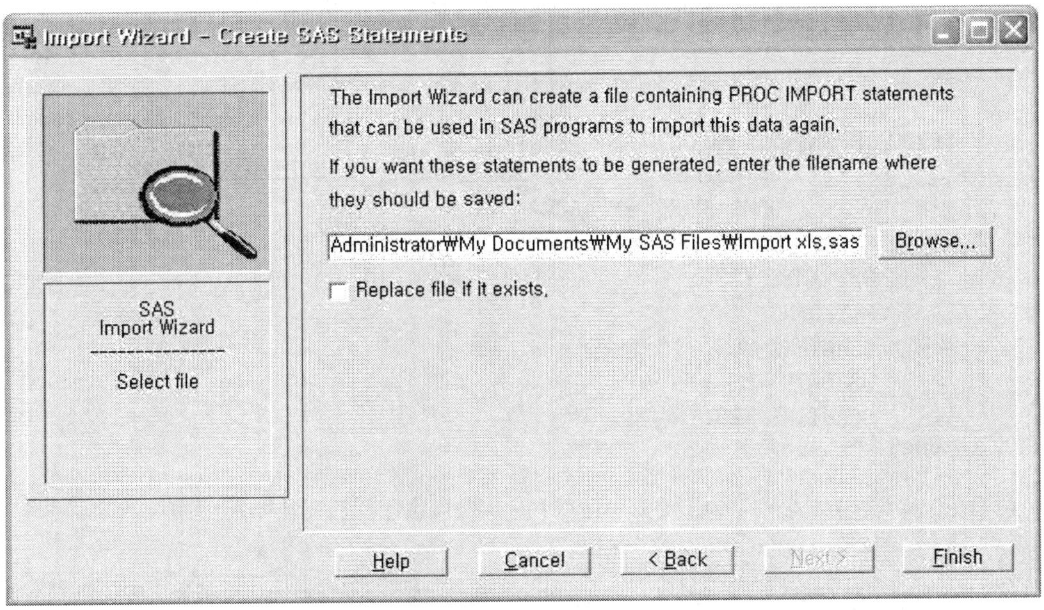

화면 5.6 Import Wizard: 가져오기 프로그램 코드 생성

화면 5.7 가져온 데이터 파일을 인쇄하는 프로그램

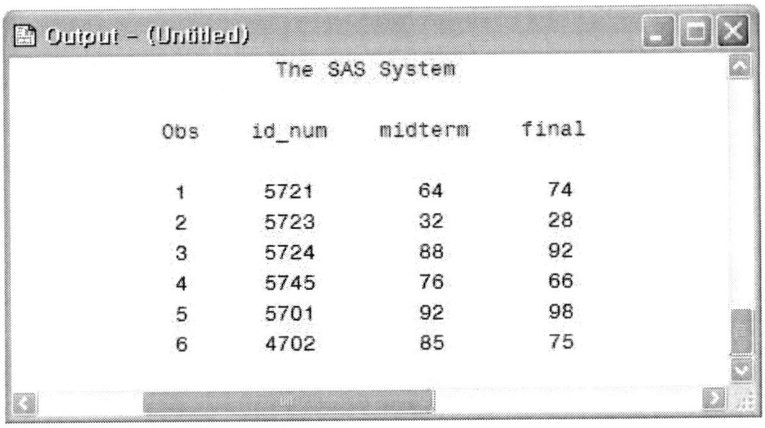

화면 5.8 가져온 데이터 파일의 인쇄 결과

```
PROC IMPORT OUT=WORK.EXAM
            DATAFILE="C:\…\My Documents\My SAS Files\Exam.xls"
            DBMS=EXCEL REPLACE;
     SHEET="Sheet1$";
     GETNAMES=YES;
     MIXED=NO;
     SCANTEXT=YES;
     USEDATE=YES;
     SCANTIME=YES;
RUN;
```

다시 말해서 가져오기 마법사를 사용하는 대신 IMPORT **절차**를 직접 프로그램하여 실행해도 동등한 결과를 얻는 것이다.

화면 5.7은 생성된 SAS 자료 exam의 내용을 확인하고자 인쇄하는 프로그램이다. 화면 5.8에 그 출력이 나와있다. 화면 5.8과 화면 5.1을 비교해보라.

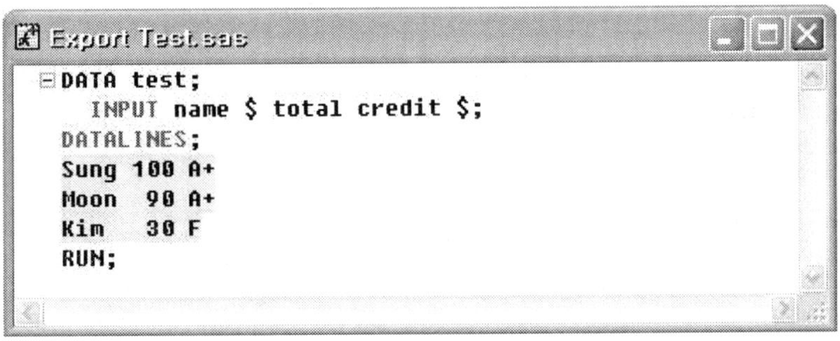

화면 5.9 SAS 자료 test를 생성하는 프로그램

이번에는 SAS 포맷으로 저장된 파일을 외부 데이터 파일 포맷으로 변환하고자 할 때 사용하는 **내보내기 마법사**(Export Wizard)를 활용하는 방법에 대하여 알아보자.

화면 5.9에 주어진 프로그램을 수행하면 SAS 자료 test가 생성된다. 이것을 엑셀 파일로 변환하려 한다.

SAS 시스템 메뉴에서 'File → Export Data...'를 선택하면 내보내기 마법사가 화면에 나타난다.

- 화면 5.10: 내보낼 SAS 자료 test를 선택한다.
- 화면 5.11: 내보낼 SAS 자료의 저장 데이터 포맷을 지정한다.
- 화면 5.12: 저장할 엑셀 파일의 경로와 이름(Test.xls)을 지정한다.
- 화면 5.13: 엑셀 쉬트(sheet)의 이름을 지정한다.
- 화면 5.14: 내보내기 마법사에도 그 과정을 동등한 SAS 프로그램 코드로 생성하는 기능이 있는 바, 이렇게 생성된 프로그램 코드를 적당한 폴더에 저장할 파일 이름으로 'Export to xls.sas'를 지정하고 있다.

SAS 프로그램 파일 'Export to xls.sas'에 저장된 내용은 다음과 같다.

```
PROC EXPORT DATA=WORK.TEST
            OUTFILE="C:\…\My Documents\My SAS Files\Test.xls"
            DBMS=EXCEL REPLACE;
     SHEET="Test";
RUN;
```

화면 5.15는 변환 저장된 파일 test.xls를 엑셀에서 불러온 상황을 보여주고있다.

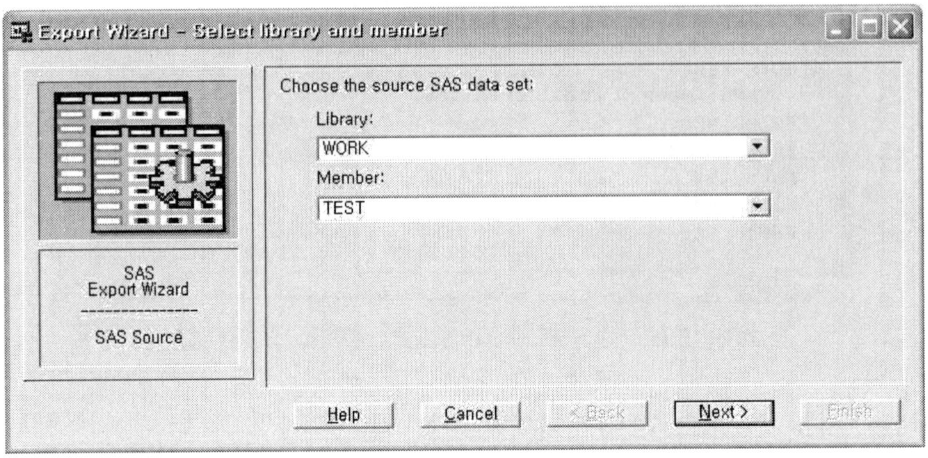

화면 5.10 Export Wizard: 내보낼 SAS 자료를 선택

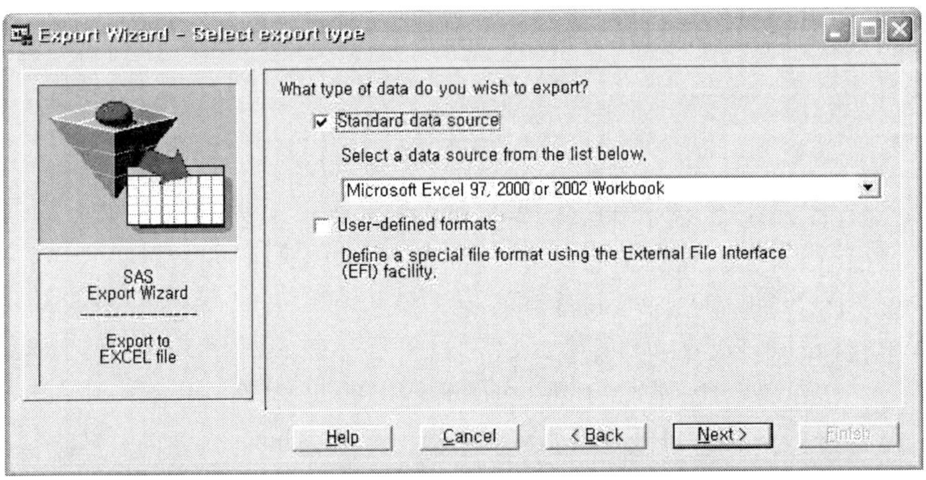

화면 5.11 Export Wizard: 내보낼 SAS 자료의 저장 데이터 포맷을 지정

화면 5.12 Export Wizard: 엑셀 파일의 이름을 Test.xls로 지정

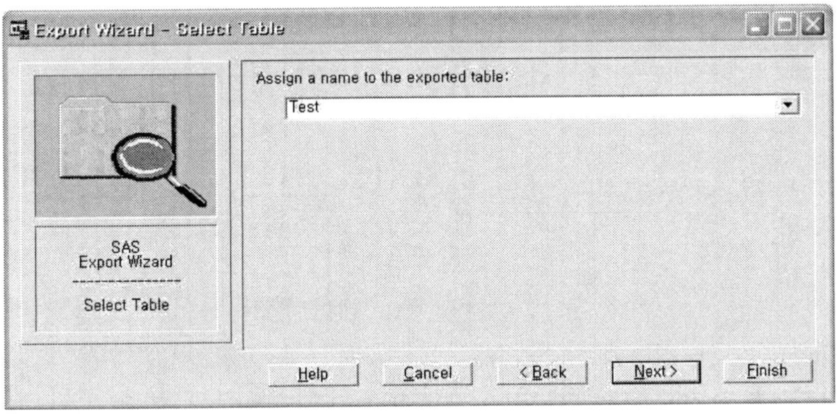

화면 5.13 Export Wizard: 엑셀 쉬트(sheet)의 이름 지정

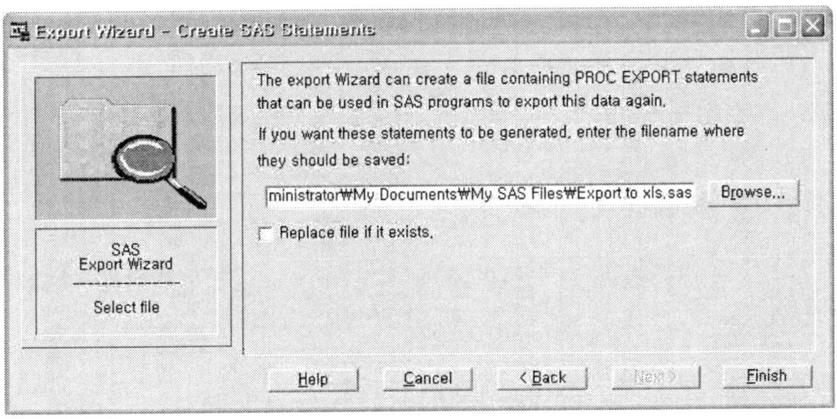

화면 5.14 Export Wizard: 내보내기 프로그램 코드 생성

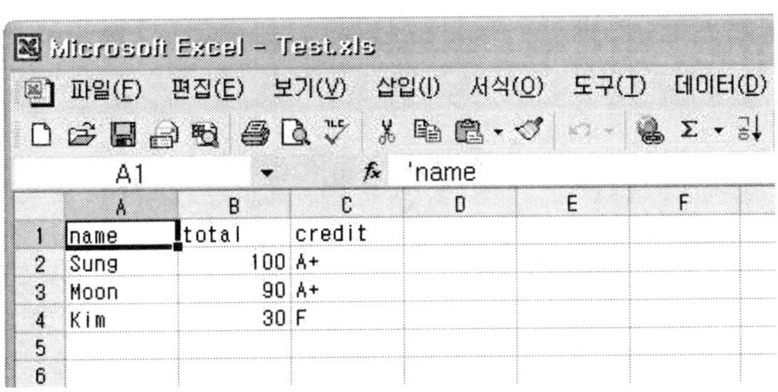

화면 5.15 Excel로 읽은 test.xls 파일

주의 사항: Tab 문자의 처리

SAS에서는 탭(Tab) 문자를 알 수 없는 제어문자로 간주하기 때문에 만약 화면에 보이지 않는 탭 문자가 삽입된 데이터를 그대로 처리하면 전혀 대책없는 오류가 발생한다. 그런데 Excel 같은 계산표로부터 데이터 가져오기를 하면 때로 데이터 열 사이에 탭 문자가 삽입되는 경우가 있다. SAS에서는 탭 문자가 숫자 뒤에 있으면 숫자와 탭 문자를 합쳐서 하나의 문자열로 인식하기 때문에 만일 이 위치에서 숫자변수를 입력하라는 명령이 있으면 그 결과는 분실값으로 입력된다.

이런 현상을 방지하려면 DATA 단계의 첫 문장으로 반드시 다음 문장을 삽입해야 한다.

```
INFILE DATALINES EXPANDTABS;
```

이렇게 하면 탭 문자가 전부 빈 칸으로 바뀐다. 대표적인 사용례는 다음과 같다.

```
DATA;
  INFILE DATALINES EXPANDTABS;
  INPUT …
```

5.1.3 이미 만들어진 SAS 자료를 읽어 입력

입력 방법 ③은 DATA 단계를 이미 거쳐 SAS 자료로 저장한 데이터를 다시 읽어 입력하는 경우다. DATA 단계에서 ①이나 ②의 방식으로 입력된 자료는 내부적으로 SAS 자료화되어 하드디스크 상에 보관된다. SAS 자료(SAS data set)란 SAS만 이해하는 포맷으로 저장된 내부 데이터 파일로서 여기에는 입력된 모든 관측, 변수, 변수의 유형, 레이블 등이 집적되어 있다.

이미 만들어진 SAS 자료를 읽을 때는 SET 문장을 사용한다. 다음과 같은 프로그램에 보이는 DATA 단계가 바로 이 경우에 해당한다.

```
DATA credit;
  SET students;
  score=exam1+exam2+exam3;
  IF score >= 50 THEN credit='Pass';
               ELSE credit='Fail';
RUN;
```

5.1.4 데이터 입력의 수행

데이터 입력이 어떤 방식으로 이루어지든 상관 없이 SAS에서 자료를 읽어들일 때 기본 단위는 **관측**(observation)이다. 즉 DATA 단계는 관측 단위로 수행된다.

DATA 단계가 길든 짧든 하나의 관측에 대하여 DATA 단계 내 모든 프로그램을 전부 실행한 다음 그 다음 관측에 대해서도 마찬가지 작업을 하는 등 더 이상 입력할 관측이 없을 때까지 DATA 단계를 각 관측에 대하여 반복 시행하는 것이다. 더 정확히 말하면 DATA 단계에 나타나는 모든 변수들의 값을 일단 결측으로 놓은 후 입력되거나 프로그램에서 정의된 값으로 해당 결측을 겹쳐쓰는 과정을 반복한다. 모든 데이터 입력이 끝나면 그 결과를 새로 생성되는 데이터세트로 출력한다.

예를 들어, 제 5.1.3 절에 주어진 DATA 단계를 보자. 여기서는 제 5.1.1 절에서 수행한 DATA 단계로부터 생성된 SAS 자료 students를 읽어들여 새로운 SAS 자료 credit을 만드는데, SET 문장을 최초로 실행하면 성민영에 대한 관측이 입력된다. 입력된 성민영에 대한 관측에서 세 번 시험 성적을 합하여 score를 계산하고, 이 값을 기초로 credit이라는 새로운 변수를 계산한다. 더 이상 부속된 프로그램이 없으므로 다시 DATA 단계의 처음으로 돌아가 다시 SET 문장을 만나면 두 번째 관측인 성민지에 대한 관측을 읽게 된다. 이런 식으로 입력이 진행되다가 더 이상 입력할 관측이 없으면 비로소 그 다음의 DATA 단계나 PROC 단계로 넘어간다.

따라서 SAS 자료 credit에는 각 관측마다 SAS 자료 students에서 넘어온 일곱 개의 변수 name, id_num, sex, dept, exam1, exam2, exam3 외에 현재 DATA 단계에서 만들어지는 두 개의 변수 score와 credit이 추가된 모두 아홉 개의 변수가 존재하게 된다.

참고로 SAS 자료에서 변수는 그 자체가 이미 하나의 벡터(vector)임에 유의하라. 일반적으로 범용 컴퓨터 언어에서는 ARRAY 선언을 통하여 벡터 데이터를 정의하고 읽어 들이지만 SAS에서는 그럴 필요가 없다. SAS에도 ARRAY 문장이 있기는 하지만 일반 컴퓨터 언어에서 사용하는 ARRAY 선언문과는 그 기능이 다르니 유의하기 바란다.

이하에서는 DATA 단계에서 사용되는 SAS 문장들을 기능별로 입출력, 제어, 기타의 세 범주로 나누어 해설한다. 여러분들이 잘 알아두어야 할 부분은 자료의 입출력에 관한 문장들이다. 특히 INPUT, INFILE, SET, MERGE, OUTPUT 문장들의 기능과 용법을 숙지하고 있어야 원활한 SAS 이용이 가능하다.

5.2 입출력 및 파일 제어 문장

DATA 단계의 기본 역할은 자료의 입출력에 있다. 파일 제어(file control) 문장은 입출력을 돕는 기능을 수행한다.

5.2.1 DATA 문장

DATA 문장은 SAS 프로그램에서 DATA 단계의 시작을 알리는 문장이다. 따라서 어떤 DATA 단계도 반드시 DATA 문장으로 시작한다.

DATA ***SASdataset*** (***options***);

사용 형식에서 *SASdataset*은 DATA 단계의 결과로 만들어질 SAS 자료의 이름으로 변수 이름을 짓는 규약에 준하여 사용자 마음대로 정하면 된다.

이름을 지정하지 않으면 SAS 시스템 내부에서 DATA*n* 형식으로 디폴트 이름을 짓는다. *n*의 값은 1부터 순차적으로 증가한다. 만일 SAS 자료 이름으로 _NULL_을 지정하면 DATA 단계를 실행한 후 데이터 세트 자체를 제거한다.

그리고, 괄호 속의 *options*는 사용자가 지정 가능한 선택사항을 뜻한다. DATA 문장에서 자주 쓰이는 선택사항은 다음 두 가지다.

- DROP= *variables*
  SAS 자료에서 제거할 변수들을 나열한다.

- KEEP= *variables*
  SAS 자료에 포함할 변수들을 나열한다.

DROP과 KEEP은 서로 상반되는 역할을 하므로 둘 중 하나만 써야지 동시에 둘 다 쓰지는 못한다.

다음 SAS 프로그램의 예를 보자.

```
DATA students;                                        * ① ;
  INPUT name $ 1-20 id_num sex $
        dept $ exam1 exam2 exam3;
DATALINES;
Sung Min Young      2005 f stat 30 30 40
Sung Min Ji         2009 f cs   30 30 40
Hong Gil Dong       1750 m math 29 28 27
RUN;

DATA total (DROP=exam1 exam2 exam3);                  * ② ;
  SET students;
  exam=exam1+exam2+exam3;
RUN;

DATA sum (KEEP=name id_num sex dept exam);            * ③ ;
  SET students;
  exam=exam1+exam2+exam3;
RUN;

DATA students;                                        * ④ ;
  SET students;
  exam=exam1+exam2+exam3;
RUN;
```

DATA 단계 ①을 실행하면 students라는 이름의 SAS 자료가 만들어지며, students에는 name, id_num, sex, dept, exam1, exam2, exam3의 일곱 개 변수가 생성된다.

DATA 단계 ②에서는 DATA 단계 ①의 실행 결과로 생성된 SAS 자료 students를 SET 문장으로 읽어들인다. 동시에 새로운 변수 exam을 계산하는데, DROP 지정의 결과로 exam1, exam2, exam3의 세 변수를 제외한 나머지 변수들만으로 total이란 새로운 SAS 자료를 만든다.

DATA 단계 ③은 본질적으로 DATA 단계 ②와 같다. 즉 DROP대신 KEEP 지정을 사용하여 SAS 자료 sum에 포함될 변수들을 나열한 것이다. 결국 total과 sum은 이름만 다를뿐 완전히 동일한 SAS 자료들이다.

DATA 단계 ④에서는 DROP이나 KEEP을 사용하지 않았다. 이런 경우에는 존재하는 모든 변수들이 SAS 자료로 출력된다. 이 단계에서는 원래의 SAS 자료 students에 exam이란 변수 하나가 더 추가된 새로운 SAS 자료를 만드는데, 이 새로운 SAS 자료의 이름으로 students를 다시 사용하였다. 이렇게 하면 DATA 단계 ①에서 생성된 SAS 자료 students는 파괴되고 DATA 단계 ④에서 생성되는 SAS 자료 students로 대체된다. 따라서 최종 SAS 자료 students에는 name, id_num, sex, dept, exam1, exam2, exam3, exam의 여덟 개 변수가 포함된다.

일단 만들어진 모든 SAS 자료는 SAS 시스템이 종료될 때까지 컴퓨터의 기억 장치에 살아있으며 언제라도 다시 읽어 자료 처리를 할 수 있다. 여러분들이 위에 보이는 프로그램을 입력하고 실행시켰다면 현재 컴퓨터에는 total, sum, students의 세 SAS 자료가 존재하고 있다.

만일 이 SAS 자료들의 내용을 화면에서 보고 싶으면 PRINT 절차를 사용한다. 예를 들어 SAS 자료 total의 내용을 인쇄하려면 다음과 같이 한다.

```
PROC PRINT DATA=total;
RUN;
```

다른 SAS 자료의 내용을 보고 싶으면 SAS 자료의 이름만 바꿔 SAS 시스템에 접수한다.

정리하면 DATA 문장은 자료를 입력하여 SAS 자료를 만들겠다는 선언문이다. 그리고 SAS 자료에 포함시키고 싶지 않은 변수들이 존재하면 DROP이나 KEEP 지정으로 생성하는 SAS 자료에 수록될 변수들을 제한할 수 있다.

DATA 단계를 실행하면 언제나 작업 결과가 DATA 문장에서 사용자가 부여한 이름의 SAS 자료로 출력된다. 이러한 SAS 자료에는 다음과 같은 두 가지 종류가 있다.

① **일시 SAS 자료**(temporary SAS data set)
② **영구 SAS 자료**(permanent SAS data set)

앞의 예에서 만들어진 SAS 자료들은 모두 일시적인 것들로서 하드디스크 상에 잠시 보관되었다가 SAS 시스템의 종료와 함께 전부 지워진다. 자료 자체가 그리 크지 않은 경우에는 매번 원시 자료를 재입력하여 분석에 필요한 SAS 자료를 만들어 사용해도 그리 대단한 시간 낭비야 없겠으나 자료가 상당히 크고 필요한 SAS 자료가 여러 복잡한 DATA 단계를 거쳐 만들어진다면 일단 생성된 SAS 자료를 디스크에 파일로 영구 보관시켜 필요할 때마다 직접 SAS 시스템으로 불러들일 수 있다면 작업 시간도 단축되고 여러 모로 효율적일 것이다.

앞에서 예시한 프로그램의 DATA 단계 ④에서 생성된 SAS 자료 students를 C: 드라이브의 폴더 \MYFILES\DATA에 score란 이름의 파일로 만들어 영구 보관하려 한다면 다음과 같은 형식의 프로그램을 작성한다.

```
LIBNAME mydata 'c:\myfiles\data';

DATA mydata.score;
  SET students;
RUN;
```

LIBNAME 문장은 디스크 상의 경로(path)를 지칭하는 대명사를 정의하는 문장으로 위에서는 폴더 C:\MYFILES\DATA의 대명사로서 mydata를 정의하였다. 여러분이 위 프로그램을 실습할 때는 자신의 디스크 상에 존재하는 적당한 폴더를 LIBNAME 문장에서 (겹)따옴표 사이에 지정하면 된다.

그 다음의 DATA 단계에서는 생성될 SAS 자료의 이름으로 mydata.score라는 두 단어 이름을 사용하고 있다. 이는 SAS 자료 students를 읽어들여 그 결과를 mydata가 대표하는 폴더 내에 score라는 이름의 파일로 영구 저장하라는 의미다. 이 프로그램을 실행하고 탐색기로 C:\MYFILES\DATA 폴더를 검색하면 score라는 파일이 생겼음을 확인할 수 있다. 이때 데이터 파일에 붙는 확장자는 SAS 버전에 따라 다른데, 6판이면 .sd2, 7판 이상이면 .sas7bdat가 된다. 이런 확장자가 붙은 파일은 전부 SAS 자료 파일을 뜻한다.

만일 이렇게 영구 보관된 SAS 자료 SCORE.SD2를 CD에 저장했다고 가정하자. 그리고 이 CD를 다른 컴퓨터로 가져가 SAS 파일의 내용을 인쇄하려면 다음 형식으로 프로그램을 작성한다.

```
LIBNAME yourdata 'e:\';

PROC PRINT DATA=yourdata.score;
RUN;
```

결국 이미 영구 보관된 SAS 자료 파일이 존재한다면 굳이 원시 자료를 다시 입력할 이유가 전혀 없는 것이다.

SAS 자료가 영구 보관될 폴더의 대명사를 지정하는 LIBNAME 문장의 상세한 사용 형식은 제 7 장을 참조하라.

SAS 시스템에서 영구냐 일시냐 하는 SAS 자료의 유형 구분은 SAS 자료의 이름으로 결정된다. 위에서 제시한 DATA 단계의 이름들을 눈여겨보면 일시 SAS 자료는 전부 **한 단어**로 이름지어졌고, 영구 SAS 자료의 이름은 **마침표로 분할된 두 단어**를 사용함을 알 수 있을 것이다. 두 단어 이름에서 마침표 왼쪽의 이름은 LIBNAME 문장에서 정의한 경로를 나타낸다.

부연하면 앞서 제시한 프로그램의 DATA 문장에서 total, sum, students 등은 한 단어 이름에 해당하며, mydata.score 따위는 두 단어 이름이다. 두 단어 이름에서 단어의 구분은 항상 마침표로 이루어진다. 한 단어 이름을 가진 SAS 자료들은 일시적인 것들이며 두 단어 이름은 영구 SAS 자료를 지칭한다. 일시 SAS 자료들은 SAS 시스템의 작업 폴더의 대명사인 WORK에 보관되었다가 SAS 시스템이 종료되면 자동적으로 삭제된다.

참고로 SAS 시스템의 작업 폴더 WORK의 물리적 위치는 SAS 시스템을 설치할 때 이미 지정하였다. 화면 1.8을 보라.

그런데 수십 개의 DATA 단계가 나타나는 큰 프로그램을 작성할 때 만일 각 DATA 단계마다 서로 다른 SAS 자료 이름을 부여하면 각 DATA 단계의 결과가 독립적인 파일로 출력되어 SAS 시스템이 종료될 때까지 작업 폴더 WORK에 일시적으로 보관된다. 이처럼 DATA 단계가 많고 거기에 SAS 자료가 매우 크다면 하드디스크 상의 자유로운 공간이 지속적으로 줄어듦과 동시에 시스템이 열고 있어야 하는 파일 수가 늘어나므로 메모리 관리에 문제가 생길 수 있다. 이런 경우를 미연에 방지하려면 중간 과정의 부산물로 나오는 SAS 자료의 이름을 계속 동일하게 사용하여 일시 보관되는 SAS 자료 파일의 갯수를 줄이는 것이 최선이다. SAS 자료의 이름을 전과 동일하게 설정하면 이전 파일에 겹쳐 쓰기가 수행되므로 파일 수가 늘지 않는 것이다.

그리고 일시적이라도 파일로 보관할 필요가 없는 경우에는 아예 SAS 자료의 이름을 _NULL_로 붙인다. 즉, 다음과 같이 DATA 단계를 시작하면 DATA 단계의 실행 완료와 더불어 생성된 모든 관측과 변수들은 전부 소거된다.

```
DATA _NULL_;
```

_NULL_은 SAS 시스템에서 용도가 지정된 특별한 SAS 자료 이름이다.

5.2.2 INPUT 문장

INPUT 문장은 아마도 DATA 단계에서 DATA 문장과 더불어 가장 많이 사용하는 문장일 것이다. INPUT 문장은 INFILE 문장과 함께 쓰여 외부 데이터 파일을 입력하거나, 혹은 DATALINES 문장과 함께 쓰여 DATALINES 문장 이후에 나열된 원시 자료를 읽어들일 때 사용한다.

원하는 데이터가 이미 SAS 자료화되어 있으면 INPUT 문장을 사용하지 않고 SET 문장이나 MERGE 문장 등을 이용하여 읽어 들인다.

INPUT 문장의 사용 형식은 다음과 같다.

INPUT *specification;*

*specification*은 자료의 입력 형식을 뜻하며 SAS 시스템에서 지원하는 데이터 입력 방식에는 다음과 같은 세 가지가 있다. 이들의 혼합 사용도 가능하다.

① **자유입력**(free input) 또는 **목록입력**(list input)
② **열입력**(column input)
③ **포맷입력**(formatted input)

INPUT 문장에서 문자변수를 입력할 때는 언제나 $ 부호를 변수 이름 뒤에 붙인다. 그런데 $ 부호는 오로지 INPUT 문장에서만 사용된다. 일단 INPUT 문장에서 $ 부호를 붙여 그 변수가 문자 데이터임을 선언했으면 그 이후에는 어디서고 또다시 $ 부호를 쓸 필요가 없다.

간단한 예를 들어보자. 아래에서 처음 두 줄은 열번호지 데이터가 아니다. 이 두 줄은 독자들의 이해를 돕기 위하여 일부러 삽입한 것이다. 현재 세 사람에 대한 자료가 보이는데 최초의 문자 데이터 값은 성(lastname), 그 다음 숫자 데이터 값들은 차례대로 나이(age), 키(height), 몸무게(weight), 자식수(children)다.

```
         1         2         3
1234567890123456789012345678901234
LEE             33  180  80   2
KIM             40  168  65   1
CHOI            25  174  73   0
:
```

(1) 자유입력 또는 목록입력

주어진 자료를 자유입력 방식으로 읽으려면 다음과 같이 변수 이름들만 순서대로 나열한다. 단 문자변수에는 변수 이름 다음에 $ 부호를 붙인다.

```
INPUT lastname $ age height weight children;
```

자유입력 방식은 각 데이터 값 사이에 적어도 하나의 빈 칸이 존재하는 경우에 사용할 수 있다. 이 조건이 만족되는 경우 가장 간편한 입력 방식으로 몇 번째 열부터 원하는 데이터 값이 시작되는지 전혀 상관할 필요가 없다.

자유입력 방식으로 문자 데이터 값을 읽어들일 때는 한 가지 제약 사항이 있다. 즉, 데이터 값의 길이가 여덟 자를 넘으면 가장 앞의 여덟 글자만 입력된다. 이런 경우를 피하려면 열입력이나 포맷입력을 선택해야 한다.

(2) 열입력

열입력 방식은 각 변수가 입력되는 열의 범위를 지정하는 입력 방식이다. 즉, 입력될 변수의 시작열과 끝열의 번호를 명기하고 그 사이에 대시(dash)를 삽입한다. 다음은 주어진 데이터를 열입력하는 예다.

```
INPUT lastname $ 1-15 age 16-17 height 20-22 weight 25-26 children 30;
```

여기서 특기할 사실은 성의 경우 사람마다 그 길이가 같지 아니하므로 넉넉하게 열다섯 칸을 잡은 것이다. 그리고 자식수는 한 칸이면 충분한 데이터 값이며 이러한 한칸 데이터에서는 시작열과 끝열이 동일하므로 30−30과 같이 쓰지 않고 단지 30이라 하면 족하다.

(3) 포맷입력

포맷입력은 일반 컴퓨터 언어처럼 포맷을 지정하여 자료 입력을 하는 방식이다. 다음은 앞서 주어진 자료를 포맷입력하는 예다.

```
INPUT lastname $CHAR15. age 2. height 5. weight 4. children 4.;
```

이렇게 하면 처음 15 칸은 lastname에, 그 다음 두 칸은 age에, 그 다음 다섯 칸은 height에, 그 다음 네 칸은 weight에, 그 다음 네 칸은 children에 배정되며, 포맷 지정에 의하여 lastname은 15 자리의 문자 데이터, age는 두 자리의 소숫점 아래가 없는 숫자 데이터, height 역시 다섯 자리의 소숫점 아래가 없는 숫자 데이터 등으로 간주되어 입력된다.

여기서 '$CHAR15.'이나 '2.' 등은 소위 INFORMAT이라 불리는 것으로 이에 대하여는 제 5.2.8 절의 INFORMAT 해설을 참조하라.

(4) 혼용

이상의 세 가지 입력 방식들의 혼용도 가능하다. 다음은 자유입력, 열입력, 포맷입력의 세 가지가 모두 혼용된 예다. lastname은 자유입력, age와 children은 열입력, height와 weight는 포맷입력된다.

```
INPUT lastname $ age 16-17 height 5. weight 4. children 30;
```

(5) 포인터

앞에서 예로 든 자료는 한 줄에 관측이 하나씩 있는 경우지만 실제로 통계 조사를 통해서 얻어지는 자료를 입력하다보면 관측 하나가 두 줄 이상을 차지하는 경우도 자주 접하게 된다. 게다가 여러 줄에 걸쳐 있는 관측 중 일부의 데이터 값들만 골라서 입력해야 할 경우도 생긴다.

구조가 복잡한 자료를 효율적으로 입력하려면 포인터(pointer)의 개념을 잘 이해해야 한다. 포인터는 읽을 지점 또는 입력이 시작되는 지점이다.

포인터에는 **열 포인터**(column pointer)와 **줄 포인터**(line pointer)의 두 종류가 있다. 사용 형식은 다음과 같다.

열 포인터: **@*n***
줄 포인터: **#*n***

열 포인터 @*n*을 사용하면 입력 지점이 *n* 번째 열(column)로 이동하고, 줄 포인터 #*n*을 사용하면 입력 지점이 *n* 번째 줄(line)의 첫째 칸으로 이동한다. 어느 경우나 *n*은 0보다 큰 정수다. 줄 포인터는 단일 관측이 최소한 두 줄 이상에 걸쳐 있을 때만 사용 가능하다.

다음 자료에서는 단일 관측을 세 줄에 걸쳐 나열하였는데 현재 세 사람에 대한 관측들이 보이고 있다. 각 관측에서 첫 줄의 문자 데이터 값은 이름(name), 둘째 줄의 숫자 데이터 값들은 차례대로 나이(age), 키(height), 몸무게(weight)며 셋째 줄은 자식수(children)다.

```
         1         2         3
1234567890123456789012345678901234
LEE SOON SHIN
33  180  80
2
KIM JUNG HO
40  168  65
1
CHOI CHEE WON
25  174  73
0
:
```

이 자료에서 이름(name), 자식수(children), 몸무게(weight)만 입력하되 반드시 그 순서대로 입력해야 한다고 가정하자. 이렇게 하려면 현재 입력 위치를 바꿀 수 있는 포인터를 사용해야 하는데 다음은 포인터를 활용한 INPUT 문장의 한 가지 예다.

```
INPUT #1 name $ 1-15 #3 children #2 @10 weight 2. #3;
```

줄 포인터 #1이 실행되면 첫째 줄의 첫째 칸으로 포인터가 이동한다. 이 지점에서 문자변수 name을 열입력한다. name이 입력되고 나면 포인터는 첫째 줄의 열여섯 번째 칸에 위치한다. 다시 줄 포인터 #3이 수행되면 포인터는 세째 줄의 첫째 칸으로 이동한다. 여기서 children을 자유입력한 다음 #2가 있으므로 포인터는 둘째 줄의 첫째 칸으로 이동한다. 열 포인터 @10이 실행되면 현재 첫째 칸에 위치한 포인터가 열째 칸으로 이동한다. 이 지점에서 weight를 포맷입력한다. 그리고 마지막의 #3 때문에 포인터는 세째 줄의 첫째 칸으로 이동한다.

새로운 INPUT 문장을 만나면, 즉 다음 관측을 처리할 때 포인터는 언제나 현재 위치한 줄의 바로 다음 줄 첫째 칸으로 이동한다. 위의 예에서 가장 끝에 언뜻 불필요해 보이는 #3를 덧붙인 이유는 포인터를 단일 관측이 차지하는 가장 마지막 줄로 보내기 위함이다. 이와 같이 하지 않으면 포인터가 두 번째 줄에 머물게되므로 그 다음 관측을 읽을 때 포인터의 위치가 자동적으로 세 번째 줄로 가게 되어 자료 입력이 바라는대로 제대로 되지 않는다. 즉 SAS 시스템으로서는 단일 관측이 몇 줄에 걸쳐 입력되는지 알지 못하므로 다음 관측을 읽을 때 무조건 포인터의 위치를 현재 포인터가 위치한 바로 다음 줄의 첫째 칸으로 옮기는 것이다.

따라서 여러 줄에 걸친 관측을 읽을 때는 가장 마지막 줄에서 전혀 입력할 데이터가 없다 하더라도 입력 포인터의 위치를 마지막 줄로 바꾸어 놓아야 자료 입력에 문제가 발생하지 않는다.

(6) 줄 포인터의 이동 정지

한 줄에 둘 이상의 관측이 존재한다면 하나의 관측을 읽은 뒤에 줄 포인터를 그 다음 줄로 보내면 아니 된다. 이 경우에는 줄 포인터를 현재 위치에서 움직이지 못하도록 지시해야 한다. 줄 포인터의 위치를 정지하는 또는 이동을 보류하는 역할을 하는 지정자에는 @와 @@의 두 가지가 있다.

> @ – 다른 INPUT 문장이 나올 때까지 기다린다.
> @@ – 한 줄에 존재하는 모든 관측을 다 읽을 때까지 기다린다.

다음과 같이 타자된 자료는 어떻게 입력할 수 있을까?

```
         1         2         3         4         5
12345678901234567890123456789012345678901234567890
LEE 33 180 80 2 KIM 40 168 65 1 PARK 25 174 73 0
:
```

이 자료는 한 줄에 여러 개 관측이 있는 경우다. 따라서 다음과 같이 @@를 사용해서 INPUT 문장을 작성한다.

```
INPUT lastname $ age height weight children @@;
```

지금과 같이 한 줄에 둘 이상의 관측이 포함된 경우에는 언제나 INPUT 문장에 읽으려는 모든 변수들을 나열한 다음 가장 마지막에 @@를 덧붙인다. 그러면 하나의 관측을 다 읽은 후에도 줄 포인터가 그 다음 줄로 이동하지 않아 계속 다음 관측을 입력할 수 있다. 일반적으로 @보다는 @@가 많이 쓰인다.

그렇다면 @는 어떤 경우에 쓸 수 있을까? @는 두 종류 이상의 서로 다른 관측을 읽을 때 사용한다. 간단한 예를 들어보자.

```
         1         2         3
1234567890123456789012345678901234
P STAT-101 SUNG NAE KYUNG
S STAT-101 051123 KIM AH MOO GAE
S MATH-205 051242 HONG NOO GOO
:
```

자료에서 P는 교수, S는 학생을 나타내며, STAT-101, MATH-205 등은 교수 입장에서는 강의 과목, 학생 입장에서는 수강 과목이고, 051123 같은 것은 학생의 학번, 마지막 문자열은 이름이다. 이런 자료를 읽어들여 학사관리를 하려 한다면 다음과 같이 INPUT 문장을 작성할 수 있겠다.

```
INPUT status $ 1 @;
IF status='P' THEN INPUT course $ profname $ 12-32; ELSE
IF status='S' THEN INPUT course $ id_num name $ 19-39;
```

즉 각 줄의 첫 칸을 읽어 그것이 P면 과목과 교수 이름을 입력하고 만일 S라면 과목과 학번과 학생 이름을 입력한다. 이와 같이 @는 한 줄을 읽을 때 상황에 따라 입력 형식이 바뀔 경우에 자주 사용된다.

(7) 그룹포맷입력

통계 조사 등의 자료를 입력할 때 동일 포맷을 공유하는 변수들이 연이어 나타나는 경우가 많다. 이때 각 변수마다 개별적으로 포맷을 지정하는 것은 비효율적이다.

예를 들어 x1, x2, x3, x4, x5들이 각각 네 자리의 정수를 받는 숫자변수라 하자. 그리고 이들 다섯 개 변수들이 1 열부터 20 열 사이에서 변수 사이에 빈 칸 없이 입력된다고 하자. 즉 다음과 같은 데이터를 생각해보라. 여기서 위의 두 줄은 역시 열번호를 삽입한 것이다.

```
         1         2         3
1234567890123456789012345678901234
23414598385703845126
:
```

데이터 값 사이에 빈 칸이 없으므로 천상 포맷입력하는 쪽이 수월하다. 다음은 가장 원시적인 포맷입력의 예에 해당한다.

```
INPUT x1 4. x2 4. x3 4. x4 4. x5 4.;          (*)
```

여기에 **그룹포맷**(grouped format)을 사용하여 입력한다면 다음과 같이 INPUT 문장을 작성할 수 있다.

```
INPUT (x1 x2 x3 x4 x5) (4. 4. 4. 4. 4.);
```

번호 붙은 변수는 단축 표현이 가능하고 포맷이 4.으로 모두 동일하므로 이 INPUT 문장은 다음과 같이 더 간단히 쓸 수 있다.

```
INPUT (x1-x5) (5*4.);
```

변수들의 갯수가 포맷 수보다 더 많으면 주어진 포맷이 처음부터 다시 재사용된다. 이를 이용하면 위의 INPUT 문장은 아래와 같이 더 간단히 쓸 수 있다.

```
INPUT (x1-x5) (4.);                          (**)
```

여러분이 (*)와 (**)의 두 INPUT 문장을 비교해보면 (**)의 장점을 곧바로 알 수 있을 것이다.

그런데 그룹 포맷을 사용할 때 한 가지 유의할 점은 변수 목록과 포맷 목록에 **항상 괄호를 사용해야 한다**는 사실이다. 예를 들어 (**)에서 변수 목록 x1−x5의 좌우에도 괄호가 있고 포맷 목록 4.의 좌우에도 괄호가 있는데 이 두 괄호는 절대 생략하지 못한다.

따라서 다음과 같은 그룹 포맷 지정은 전부 잘못된 것들이다.

```
INPUT (x1-x5) 4.;
INPUT x1-x5 (4.);
INPUT x1-x5 4.;
```

그룹 포맷의 활용례를 더 들어보자.

```
INPUT (x1-x9) (2. 3.);
```

이는 변수 목록이 포맷 목록보다 더 많은 경우다. 이런 경우에는 포맷이 재사용되므로 이 경우는 다음 INPUT 문장과 마찬가지다.

```
INPUT (x1-x9) (2. 3. 2. 3. 2. 3. 2. 3. 2.);
```

또 다른 경우를 보자.

```
INPUT (name x1-x5) ($20. 5*4.);
```

여기서는 name을 처음 20 칸에서 읽고 그 다음 20 칸에서 x1부터 x5까지 읽어들인다.

(8) 기타

이상에서 언급한 입력 형식 외에도 SAS 시스템에서 지원하는 입력 형식은 무척 많으나 여기서 설명한 몇 가지 방식만 잘 활용해도 대부분의 자료 입력에 부족함이 없을 것이다.

마지막으로 **& 수정자**를 소개한다.

& 수정자는 문자변수 입력시 빈 칸 두 개가 연이어 나와야 문자의 끝임을 알리는 역할을 한다.

다음은 영화 제목과 개봉연도 데이터다. 제목과 연도 사이에 적어도 두 개의 빈 칸이 존재한다. 제목은 하나의 빈 칸을 여럿 가질 수 있으며 제목이 최대 몇 글자가 될지는 알 수 없다.

```
         1         2         3
1234567890123456789012345678901234
Alien vs Predator   2004
Terminator I     1984
Mission Impossible  2002
:
```

이런 유형의 데이터를 입력하려면 다음 형식으로 DATA 단계를 작성한다. 여기서 영화 제목(movie)에는 넉넉하게 50 글자를 허용하고 있다.

```
DATA;
  LENGTH movie $ 50;
  INPUT movie & $ year;
DATALINES;
Alien vs Predator  2004
:
```

5.2.3 DATALINES 문장

DATALINES 문장은 SAS 프로그램 내에 직접 원시 자료를 삽입하여 입력할 때 자료가 시작됨을 알리는 목적으로 사용한다. 따라서 DATALINES 문장 바로 다음 줄부터 실제 자료가 뒤따른다.

```
DATALINES;
```

DATALINES 문장 다음부터 입력되는 자료의 끝은 세미콜론(;)으로 표시하거나, 아니면 RUN; 문장으로 마감한다. 다음 두 프로그램은 동일한 효과를 갖는다.

```
DATA a;                    DATA a;
  INPUT x y;                 INPUT x y;
DATALINES;         ⇔      DATALINES;
1 2                        1 2
3 4                        3 4
RUN;                       ;
```

그렇지만 단계의 끝은 항상 RUN; 문장으로 마감하는 편이 더 낫다.

만일 자료에 세미콜론(;) 부호 자체가 데이터로 포함되어있다면 DATALINES 문장은 사용할 수 없다.

이런 경우에는 DATALINES4 문장을 사용해야한다. DATALINES4 문장 다음에 뒤따르는 데이터의 끝은 4 개의 세미콜론(;;;;)으로 표시한다. 다음 예를 보라.

```
DATA a;
  INPUT number citation $50.;
DATALINES4;
1  SMITH, 1982
2  ALLEN ET AL., 1975; BRADY, 1983
3  BROWN, 1990; LEWIS, 1984; WILLIAMS, 1982
;;;;
```

일반적인 경우에 DATALINES 문장은 DATA 단계의 가장 마지막 문장이 된다. 하나의 DATA 단계에 둘 이상의 DATALINES 문장이 나오지 못한다.

다음은 지금까지 공부한 DATA 문장, INPUT 문장, DATALINES 문장을 이용한 간단한 DATA 단계의 한 가지 예다. 이 DATA 단계가 실행되면 모두 다섯 개 관측으로 이루어진 변수 x와 y에 관한 SAS 자료 temp가 만들어진다.

```
DATA temp;
  INPUT x y;
DATALINES;
1  2.2
2  4.0
3  5.7
4  8.4
5  9.9
RUN;
```

누차 언급하였지만 DATA 단계든 PROC 단계든 단계의 끝을 항상 RUN 문장으로 마감함을 잊지 말라.

5.2.4 INFILE 문장

이 문장은 디스크 등에 보관된 외부 데이터 파일을 입력할 때 사용한다. 즉 분석하고 싶은 자료가 SAS 프로그램 내에 포함되어 있지 않고 디스크에 텍스트 파일로 따로 저장되어 있을 때 INFILE 문장을 사용한다. INFILE은 '파일(FILE)이 들어온다(IN)'고 생각하면 이해하기 쉽다.

INFILE 문장 다음에는 항상 INPUT 문장이 나와 외부 파일에 수록된 데이터를 읽는 방식을 지정해야 한다. INFILE 문장이 사용될 경우 DATA 단계는 다음과 같은 문장들로 구성된다.

```
DATA SASdataset;
  INFILE 'filename';
  INPUT … ;
RUN;
```

물론 다소간 변형이 있을 수는 있지만 위와 같은 형태가 INFILE 문장을 이용한 가장 대표적인 DATA 단계다.

외부 파일의 특성이 각양각색이고 또 어떤 식으로 읽어들일지 파일마다 통일된 규칙이 있을 수 없으므로 INFILE 문장에는 부속된 선택사항이 많다.

INFILE *filespec options*;

여기서 *filespec*은 읽고 싶은 데이터 파일의 이름, *options*는 그 파일을 어떻게 읽을지에 관한 사용자 선택사항의 지정이다.

*filespec*을 명시하는 방법에는 두 가지가 있다. 하나는 직접 디스크에 보관된 외부 파일 이름을 따옴표 사이에 써넣는 것이고, 다른 하나는 FILENAME 문장을 이용하는 것이다. FILENAME 문장에 관해서는 제 7.9 절을 보라. 여기서는 전자의 경우만 다루겠다.

예를 들어 C: 드라이브의 \MYDATA\ANOVA 폴더에 존재하는 애스키 데이터 파일 oneway.dat을 입력하려면 다음과 같이 데이터 파일의 경로와 파일 이름을 홑따옴표 사이에 지정한다.

```
INFILE 'c:\mydata\anova\oneway.dat';
```

다음은 사용자 선택사항 중 흔히 쓰이는 것들이다.

- FIRSTOBS=*linenumber*

  *linenumber*는 0보다 큰 정수로서 파일의 몇 번째 줄부터 읽을지 지정한다. 디폴트는 1로서 첫 줄부터 읽는다.

- LINESIZE=*linesize*

  LS=*linesize*

  한 줄에서 몇 째 칸까지 데이터로 간주할지 지정한다. 예를 들어 *linesize*에 72를 할당하면 한 줄이 모두 72 칸으로 이루어짐을 선언하는 것이다. 72 번째 칸 이후의 숫자들은 더 이상 데이터로 취급되지 않는다. INPUT 문장을 적절히 사용해도 같은 효과를 얻을 수 있으나 LINESIZE 선택사항을 이용하는 것이 더 편하다. LS는 LINESIZE의 약어로 어느 것을 쓰나 마찬가지다. *linesize*의 최대값은 32767이다.

- OBS = *linenumber*
  데이터 파일에서 몇 째 줄까지 읽을지 지정한다. 이 선택사항은 상당히 큰 자료를 분석하기 위하여 SAS 프로그램을 작성하였을 때 한 번에 오류없이 실행되기가 그다지 쉽지 않으므로 전체 자료 대신 시험용으로 일부 관측들만 뽑아 실행해볼 때 주로 사용한다.

지금까지 해설한 것을 종합하여 다음과 같은 자료를 어떻게 처리할지 생각해보자. 폴더 D:\SASAREA에 다음과 같은 내용의 파일 ex.dat이 있다고 하자.

```
The following is a data set for Regression Analysis.
Independent = Amount of Fertilizer,    Dependent = Yield
1.23  24.56
1.56  32.55
1.78  33.70
2.22  35.50
Observed at Lab. C
```

처음 두 줄과 마지막 줄은 수집된 데이터에 관련된 설명이다. 이 파일을 손대지 않고 자료만 읽으려면 다음과 같이 한다.

```
DATA regdata;
  INFILE 'd:\work\ex.dat' FIRSTOBS=3 OBS=6;
  INPUT fert yield;
RUN;
```

5.2.5 INFILE DATALINES – INFILE의 특수 처리

INFILE 문장 다음에는 읽어들일 외부 데이터 파일 이름을 지정한다 하였는데 파일 이름 대신 키워드 DATALINES가 삽입되는 경우가 있다. INFILE DATALINES 문장은 프로그램 내에 삽입되는 원시 자료를 외부 파일 자료로 간주하게 한다. 다시 말해서 INFILE DATALINES가 나타나면 반드시 DATALINES 문장이 사용되고 실제 자료가 뒤따른다. 다음은 INFILE DATALINES가 사용되는 DATA 단계의 대표적인 모습이다.

```
DATA SASdataset;
  INFILE DATALINES options;
  INPUT … ;
   ⋮  (SAS 문장들)
DATALINES;
   ⋮  (데이터)
RUN;
```

얼핏 보면 위에서 INFILE 문장 전체를 없애도 자료 입력에는 아무런 문제가 없을 듯하다. 그리고 대부분의 경우 이것은 사실이다. INFILE DATALINES가 하는 역할은 오로지 DATALINES 문장 이후의 데이터를 외부 파일에서 읽는 것처럼 착각하게 하는데 있다. INFILE 문장을 아예 사용하지 않는 것에 비해 이런 지정은 무슨 이점이 있을까? 대부분의 자료 입력에서 INFILE DATALINES 문장은 전혀 불필요하다. 즉 INFILE 문장이 사용되면 DATALINES 문장이 불필요하고, INFILE 문장이 사용되지 않으면 DATALINES 문장이 필요하다.

그러나 위와같이 INFILE 문장과 DATALINES 문장이 함께 나타나면 INPUT 문장에서는 지원하지 않지만 INFILE 문장에서는 지원하는 특수한 지정을 자료 입력에 이용할 수 있어 단순한 INPUT 문장으로는 전혀 처리 불가능한 구조의 자료 입력이 가능해진다.

이하의 두 프로그램을 비교하면 INFILE DATALINES 문장의 기능을 짐작할 수 있을 것이다. 먼저 INFILE DATALINES 문장이 사용되지 않은 경우를 보자.

```
DATA minji1;
  INPUT x1 - x4;
DATALINES;
1 4 7
2 3 8 0
4 7 3 9 1
2 6 6 5
RUN;
```

위 DATA 단계에서는 한 줄에 네 개씩 데이터 값이 입력되어야 한다. 그러나 데이터의 첫 줄을 보면 데이터 값 하나가 모자란다. 즉 x4에 들어갈 데이터 값이 없다. 이런 경우에는 x4의 입력을 완수하기 위하여 포인터가 그 다음 줄로 내려가 둘째 줄의 처음 데이터 값인 2를 읽는다. 그리고 Log 윈도우로는 다음과 같은 메시지가 출력된다.

```
NOTE: SAS went to a new line when INPUT statement reached past
      the end of a line.
NOTE: The data set WORK.MINJI1 has 3 observations and 4 ariables.
```

이 메시지는 한 줄에 입력할 데이터 값들이 다 존재하는 것으로 알고 INPUT 문장을 수행하다보니 입력할 변수가 더 있지만 그 줄에는 더 이상의 데이터 값이 없어 그 다음의 새 줄로 이동하여 입력을 완수하였다는 의미다. 자료 입력시 이런 메시지가 나오면 열이면 아홉 자료 입력에 문제가 있는 것이다.

어쨌든 이렇게 한 번의 INPUT 문장 수행이 끝나면 다시 두 번째 관측을 입력하는데 이 때는 데이터의 세째 줄부터 입력이 진행된다. 왜냐하면 첫 번째 관측을 읽기 위하여 포인터가 둘째 줄로 이동하였고 이 시점에서 INPUT 문장을 만나면 포인터가 세째 줄의 첫째 칸으로 이동하기 때문이다.

세째 줄에는 다섯 개의 데이터 값이 있지만 변수 목록에 비하여 모자랄 때가 항상 문제지 남는 경우에는 무시될 뿐이다.

따라서 위 DATA 단계에서 만들어진 SAS 자료 minji1을 인쇄하면 다음과 같은 결과를 얻는다. 결국 SAS 자료 minji1은 3 개의 관측과 4 개의 변수로 이루어짐을 알 수 있다.

```
Obs    x1    x2    x3    x4

 1      1     4     7     2
 2      4     7     3     9
 3      2     6     6     5
```

< SAS 자료 minji1 >

다음 프로그램에서는 INFILE DATALINES에 선택사항 MISSOVER를 추가하여 한 줄에 포함된 데이터 값들의 갯수가 변수 수보다 적으면 나머지 변수들을 분실값으로 처리하게 한다.

```
DATA minji2;
  INFILE DATALINES MISSOVER;
  INPUT x1 - x4;
DATALINES;
1 4 7
2 3 8 0
4 7 3 9 1
2 6 6 5
RUN;
```

위 프로그램에서 만들어진 SAS 자료 minji2를 인쇄하면 다음과 같은 결과를 얻는다. SAS 자료 minji1의 인쇄 결과와 비교하여 관측수와 첫 번째 관측에서 변수 x4에 대한 데이터 값이 서로 다름을 확인해보라.

Obs	x1	x2	x3	x4
1	1	4	7	.
2	2	3	8	0
3	4	7	3	9
4	2	6	6	5

< SAS 자료 minji2 >

INFILE DATALINES 다음에는 FIRSTOBS, OBS, LINESIZE 등의 선택사항도 지정할 수 있다. 그러나 INFILE DATALINES 문장으로 데이터 입력시 가장 쓸모있는 지정은 STOPOVER와 MISSOVER일 것이다.

- MISSOVER
  INPUT 문장에서 지정한 변수들에 대응하는 데이터 값들을 발견하지 못하는 경우에 입력 포인터가 다음 줄로 내려가는 것을 막는다. 데이터 값이 입력되지 않은 변수들은 분실값으로 처리된다.

- STOPOVER
  INPUT 문장에서 지정된 변수들에 대응하는 데이터 값들을 발견하지 못하면 더 이상의 DATA 단계 수행을 중지하고 문제가 발생한 줄을 Log 윈도우로 출력한다. 자료 입력 단계에서 데이터 코딩(data coding)이 제대로 되었는지 검색할 때 사용한다.

그리고 만일 한 줄의 길이가 256 칸을 초과하는 데이터를 입력하려면 LRECL 지정을 통하여 단일 관측이 차지하는 최대 칸수를 표시해야한다.

- LRECL=***record-length***
  단일 관측 레코드의 길이(단위: 바이트)를 지정한다. 윈도우즈에서는 256이 디폴트다. LRECL로 지정할 수 있는 값의 범위는 1~1,048,576 (1 MB).

5.2.6 FILE 문장

SAS 시스템에서 SAS 프로그램을 실행하면 DATA 단계의 실행 결과는 Log 윈도우로 출력되고, PROC 단계의 결과는 Output 윈도우로 출력되어 우리가 눈으로 훑어볼 수 있다.

이와 같이 PROC 단계의 결과가 Output 윈도우로 또 DATA 단계의 결과가 Log 윈도우로 출력되는 이유는 SAS 시스템이 가동되는 초기에 시스템 스스로 그렇게 되게끔 선택하기 때문이다. 컴퓨터 용어로 이와 같은 초기의 자동 선택을 **디폴트**(default)라고 한다. 일단 디폴트로 잡혀있는 시스템 선택사항들은 추후 사용자 편할 대로 프로그램 내에서 변경할 수 있다.

FILE 문장은 특히 PUT 문장의 실행 결과를 어떤 형태의 출력 파일로 내보낼지 지정한다. 참고로 INPUT 문장에 대응되는 입력 파일을 선택할 때는 INFILE 문장을 사용함을 유념하라. 즉 FILE에는 PUT이, INFILE에는 INPUT이 대응한다.

일반적으로 DATA 단계에서는 SAS 자료가 만들어질뿐 특별히 출력되는 내용이 없으나 만일 PUT 문장을 사용하면 DATA 단계에서도 실행 결과를 Log 윈도우로 출력할 수 있다. 따라서 FILE 문장은 언제나 PUT 문장과 함께 쓰인다.

결국 FILE 문장의 역할은 DATA 단계에서 출력 파일의 지정인데 사용 형식은 다음과 같다.

```
FILE filespec;
```

*filespec*으로는 다음 세 가지를 지정할 수 있다.

PRINT
LOG
'*filename*'

여기서 *filename*에는 적당한 파일 이름을 지정한다. 흔히 쓰이는 FILE 문장의 용법은 다음과 같다.

- FILE PRINT;
  이 문장이 수행되면 PUT 문장의 모든 실행 결과가 Output 윈도우로 출력된다. 이 문장은 DATA 단계의 결과와 PROC 단계의 결과를 하나의 출력 파일로 만들어 종합된 결과를 검색할 때 쓰인다.

- FILE LOG;
  Log 윈도우로 출력이 디폴트므로 이 문장을 따로 지정할 필요는 없다. 이 문장이 쓰이는 유일한 경우는 FILE PRINT; 문장을 이용하여 작업하다가 어느 지점 이후에는 PUT 문장의 결과를 Output 윈도우로 보내지 않고 다시 원래대로 Log 윈도우로 출력할 때 사용한다.

- FILE '***filename***' PRINT;
  이 문장을 사용하면 DATA 단계에서 PUT 문장의 결과가 주어진 이름의 파일로 디스크에 저장되며 SAS 시스템의 Output 윈도우로는 아무 것도 출력되지 않는다. 저장된 파일에는 줄을 띄우거나 페이지를 넘기는 등의 인쇄기 조절 코드가 자동적으로 삽입된다. 이런 파일을 인쇄 파일(print file)이라 부른다.

- FILE '***filename***';
  위 문장과 동일하나 저장되는 파일은 비인쇄 파일(non-print file)이다. 비인쇄 파일은 인쇄기 조절 코드를 포함하지 않는 순수한 애스키 파일이다.

이상에서 소개한 여러 용법 중 가장 많이 쓰이는 것은 다음 문장이다.

```
FILE PRINT;
```

PUT 문장이 존재하는 DATA 단계마다 이 문장을 삽입해 놓으면 PROC 단계의 결과뿐 아니라 PUT 문장의 결과 즉 DATA 단계의 결과도 함께 Output 윈도우로 출력되므로 작업이 끝난 후 Output 윈도우의 내용만 디스크 파일로 저장하는 것이 훨씬 간편하기 때문이다.

한 가지 예를 들어 보자.

```
DATA test;
  FILE 'simple.lst' PRINT;
  DO i=1 TO 10;
     ii=i*i;
     PUT i ii;
  END;
RUN;
```

위 DATA 단계를 실행하면 1부터 10까지 열 개의 숫자와 각 숫자의 제곱들로 이루어진 모두 열 줄의 결과가 simple.lst이란 이름의 인쇄 파일로 저장된다. Output 윈도우로 출력은 없다. Log 윈도우를 보면 저장 경로를 확인할 수 있다.

```
NOTE: The file 'simple.lst' is:
      File Name=C:\Documents and Settings\Administrator\simple.lst,
      RECFM=P,LRECL=99

NOTE: 10 records were written to the file 'simple.lst'.
```

5.2.7 PUT 문장

DATA 단계에서 프로그램의 실행 결과를 출력하는 문장이다. FILE 문장을 이용하여 별도의 출력 경로를 지정하지 않는 한 언제나 Log 윈도우로 출력한다. PUT 문장의 유효 범위는 PUT 문장이 존재하는 DATA 단계로 한정되며 주로 DATA 단계에서 정의한 변수들의 값들을 출력하는데 이용된다.

PUT ***specification***;

*specification*은 사용자가 정의하는 선택사항으로 변수, 따옴표로 둘러친 문자열, 출력 방식 등을 지정할 수 있다. 출력 방식에는 INPUT 문장의 경우와 흡사하게 목록출력, 열출력, 포맷출력의 세 가지가 있다. 목록출력 방식은 결과가 그다지 보기 좋게 정렬되지 아니하므로 사용을 피하는 것이 낫다. 물론 세 가지 출력 방식을 혼용할 수도 있다.

다음 예를 보자.

```
DATA class;
  INPUT name $ 1-10 sex $ 12 age 15-16;
  PUT name sex age;
DATALINES;
KIM        M  20
HWANGBO    F  23
PARK       M  19
RUN;
```

이 프로그램을 실행하면 Log 윈도우로 다음과 같은 결과가 출력된다.

```
Kim M 20
Hwangbo F 23
Park M 19
```

이와 같이 목록출력 방식을 사용하면 인접한 두 값 사이의 빈 칸 하나로 각 데이터 값을 구분하게 되므로 한 줄에 출력되는 내용이 많으면 상당히 읽기 힘들다.

목록출력 대신 다음과 같은 열출력을 하면 더 보기 좋은 결과를 얻을 수 있다.

```
PUT name 21-30 sex 32 age 40-41;
```

만일 다음과 같은 문자열을 삽입한 PUT 문장을 사용하면 어떤 결과를 얻을 수 있을까?

```
PUT name 'is ' age ' years old.';
```

이 문장은 매 줄마다 변수 name의 값 다음에 문자열 'is□'를 출력하고, 변수 age 값을 쓴 다음 또다른 문자열 '□years old.'를 인쇄한다. 여기서 □는 빈 칸을 의미한다. 실행 결과를 보라.

```
Kim is 20 years old.
Hwangbo is 23 years old.
Park is 19 years old.
```

이제 PUT 문장에서 따옴표 사이의 문자열이 어떤 식으로 출력되는지 이해할 수 있을 것이다. 포맷출력 방식은 제 5.2.8 절의 INFORMAT과 FORMAT을 참고하여 스스로 생각해보라.

PUT 문장이 쓰임새는 많으나 디폴트 출력 윈도우가 Log 윈도우인 관계로 SAS 프로그램의 실행 상황 등 잡다한 시스템 정보와 섞여 필요한 결과를 빨리 찾아보기 힘들 경우가 많다. 따라서 PUT 문장의 결과를 가급적 Output 윈도우의 독립된 페이지로 출력하고 각 데이터 값이 어떤 변수에 해당되는지 변수 이름을 각 데이터 값들 위에 쓰는 것이 좋을 때가 종종 생긴다. 이런 류의 출력 조절을 위하여 사용되는 선택사항들 중 알아둘만한 것들은 다음과 같다.

PAGE	: 줄 포인터를 다음 페이지 첫째 줄로 이동한다.
#*n*	: 줄 포인터를 *n* 번째 줄로 이동한다.
/	: 줄 포인터를 다음 줄 첫째 칸으로 이동한다.
@*n*	: 열 포인터를 *n* 번째 열로 이동한다.
+*n*	: 열 포인터를 현 위치에서 *n* 칸만큼 오른쪽으로 이동한다.

이상의 포인터 제어 지정자들을 이용하여 Output 윈도우의 새로운 페이지에 다음과 같은 결과를 출력하려면 어떻게 프로그램을 작성하여야 하는지 생각해보자.

```
====================
     Class Data
====================

Name        Sex  Age
----------  ---  ---

Kim          M    23
Hwangbo      F    21
Park         M    19
```

결과가 출력되는 첫 칸이 제 21 열이라 가정하자. DATA 단계는 기본적으로 관측 단위로 반복 수행되지만 위 출력에서 상단의 표제나 변수 이름 등은 최초에 단 한 번만 출력해야 한다. 즉, 매번 관측을 읽을 때마다 표제와 변수 이름이 출력되면 안 된다. 이런 사실을 염두에 두고 다음에 주어진 프로그램을 연구해 보자.

```
DATA _NULL_;
  FILE PRINT;
  IF _N_=1 THEN
     PUT _PAGE_
             // @21 20*'='
              / @26 'Class Data'
              / @21 20*'='
            /// @21 'Name        Sex  Age'
              / @21 '----------  ---  ---' //;
  INPUT name $ 1-10 sex $ 12 age 15-16;
  PUT @21 name @32 sex @39 age;
DATALINES;
KIM        M  20
HWANGBO    F  23
PARK       M  19
RUN;
```

SAS 자료 이름으로 사용된 _NULL_은 SAS 시스템에서 용도가 이미 지정된 특별한 이름으로 이 지정은 DATA 단계를 실행한 후 생성되는 SAS 자료를 보관할 필요가 없음을 선언할 때 쓰인다. PUT 문장의 실행 결과를 Output 윈도우로 보내기 위하여 FILE 문장에 PRINT를 지정하였다.

셋째 줄을 보면 **_N_**이란 변수 이름을 사용하였는데 _N_ 역시 특별한 변수 이름으로서 입력 관측마다 고유한 **관측번호**(observation number)를 나타내는 변수다. 따라서 첫 번째 관측을 읽을 때는 자동적으로 _N_에 1이 할당되고, 두 번째 관측을 처리할 때는 _N_에 2가 할당된다. 변수 이름 _N_이 각 관측에 부여된 관측 번호임을 잊지 말기 바란다.

위 프로그램에서 IF 문장부터의 실행 순서는 다음과 같다.

첫 번째 관측을 읽는 경우에는 페이지를 넘기고 두 줄을 띄운 다음 왼쪽에서 21 번째 칸부터 문자 '='을 20 개 출력하고, 그 다음 줄의 제 26 열부터 'Class Data'를 쓰는 등 표제와 변수 이름을 출력한다. 그 다음 INPUT 문장으로 첫 번째 관측을 입력하고 다시 PUT 문장에 지정한대로 출력한다.

두 번째 관측부터는 자료가 다할 때까지 _N_=1이란 조건을 만족시키지 못하므로 곧바로 INPUT 문장으로 넘어가 새로운 관측을 입력한 다음 읽은 결과를 PUT 문장으로 출력한다. 프로그램과 출력 화면을 비교해보라.

위 프로그램에서 사용된

```
PUT 20*'=';
```

은

```
PUT '====================';
```

과 동일하다. 비슷하게,

```
PUT 70*'*'
```

를 실행하면 70 개의 별로 이루어진 문자열이 출력될 것이다.

5.2.8 INFORMAT과 FORMAT

일반 컴퓨터 언어에서는 자료의 입출력 방식을 통틀어 포맷(format)이라 하나 SAS

시스템에서는 입력 방식과 출력 방식을 구분하며 특히 자료를 읽어들이는 입력 방식을 INFORMAT, 처리된 결과를 내보내는 출력 방식을 FORMAT이라 부른다.

앞에서 언급하였지만 DATA 단계에서 자료를 입력할 때에는 INPUT 문장을, 또 결과를 출력할 때는 PUT 문장을 사용한다.

INPUT 문장을 적용할 입력 자료의 위치는 INFILE 문장으로 지정한다. 입력 자료가 외부 파일에 저장되어있다면 외부 파일의 이름을 지정하고, 만일 프로그램 내에서 직접 데이터를 입력하려면 INFILE DATALINES를 지정하거나, 아니면 아예 INFILE 문장을 생략하고 DATALINES 문장 직후부터 원시 데이터가 들어와야 한다.

마찬가지로 PUT 문장으로 DATA 단계의 실행 결과를 출력하려면 FILE 문장을 사용하여 어떤 식으로 출력을 내보낼지 결정한다.

따라서 INFORMAT은 자료 입력을 관장하는 INPUT 문장에서만 유효하고, 흡사하게 FORMAT은 결과 출력을 관장하는 PUT 문장에서만 유효하다.

요컨대 SAS 시스템에서 입력에 관한 용어에는 전부 접두사 IN이 덧붙는다. 입력에 관련된 용어에서 IN을 떼면 전부 출력에 관련된 용어다.

거듭 말하거니와 자료의 입력은 INPUT 문장으로 이루어지며 INPUT 문장에는 입력방식, 즉 INFORMAT을 지정한다. 그리고 입력 파일을 지정하고 싶으면 INFILE 문장을 사용한다.

반대로 DATA 단계에서 결과 출력은 PUT 문장으로 이루어지며 PUT 문장에는 출력방식, 즉 FORMAT을 지정한다. 그리고 출력 파일을 지정하고 싶으면 FILE 문장을 사용한다.

다음은 이러한 사실들을 요약한 것이다.

목 적	문 장	기 능
자료 입력	INPUT	입력 방식(INFORMAT)을 지정
	INFILE	입력 파일을 지정
결과 출력	PUT	출력 방식(FORMAT)을 지정
	FILE	출력 파일을 지정

만일 INPUT이나 PUT 문장에 입출력 방식, 즉 INFORMAT이나 FORMAT을 지정하지 않으면 SAS 시스템의 디폴트 입출력 방식에 의거하여 자료 처리가 된다.

입출력 방식에는 숫자와 문자의 두 가지 경우가 있다.

숫자를 입출력할 때 우리가 지정해야하는 기본적인 사항은 숫자의 전체 자리수와 소수점 이하의 자리수다. 예를 들어 −123.456의 입출력을 생각해보자. 이 숫자를 제대로 표현하려면 모두 8 칸의 공간이 필요한데 그 중 소수점 이하 자리수는 셋이다. 숫자를 나타낼 칸 수를 계산할 때는 항상 숫자의 **부호와 소수점이 차지하는 두 칸**을 염두에 두어야한다. 물론 입출력되는 숫자들이 전부 0보다 큰 것이 확실하면 부호가 차지하는 한 칸은 계산에서 뺄 수 있다.

문자열의 입출력시 고려해야 되는 것은 문자열의 길이 지정 한 가지 뿐이다. 이때 문자열이 빈 칸으로 시작하느냐 아니냐에 따라 입출력 방식이 달라진다.

입력 방식:	informat ***w.d***
출력 방식:	format ***w.d***

여기서 informat과 format은 각각 입력방식과 출력방식의 이름이다. 그리고 *w*는 입출력되는 값이 차지하는 칸 수, *d*는 소수점 이하의 자리수다. 따라서 *d*의 값은 *w*의 값보다 항상 작게 지정해야 한다. 물론 문자열의 입출력에는 *d*를 지정하지 않는다.

SAS 시스템에서 사용 가능한 입출력 방식은 2진수, 16진수, 날짜의 입출력 등을 포함하여 상당히 많지만 이 책에서는 십진 숫자와 문자의 입출력 방식만 소개한다. 문자변수의 입출력 방식에는 언제나 $ 기호가 붙는다.

(1) 입력 방식

- ***w.d* 또는 F*w.d***

  SAS 시스템에서 숫자를 읽는 표준형으로 입력 방식의 이름이 따로없다. *w*.은 소수점 이하 자리수가 없는 정수의 입력에 쓰이며, 부호를 포함하여 최대 32 자리까지의 숫자를 읽을 수 있다. 물론 부호와 숫자 사이에 빈 칸이 있을 수 없다. *w.d* 방식은 상당히 융통성있는 입력 방식인데, *w*로 지정된 칸들 사이에 아무데나 숫자를 쳐넣을 수 있고, 그 숫자에 소수점이 없으면 10^d으로 나눈 값이 입력되고, 소수점이 이미 붙은 숫자나 지수 부호 E를 사용한 숫자의 경우는 보이는 그대로 입력된다. 숫자 좌우의 빈 칸은 있더라도 무시된다. 데이터 값이 분실된 (missing) 경우에는 아무 데나 마침표를 써 넣는다.

예) 다음 INPUT 문장을 실행하면 어떤 관측도 −23으로 입력된다. 편의상 빈 칸은 □로 표시하였다. 사용된 입력 방식은 7.이다.

```
DATA a;
  INPUT @1 x 7.;
DATALINES;
-23□□□□
□□□□-23
□□-23□□
□-23.0□
-2.3E01
RUN;
```

예) 다음의 INPUT 문장을 실행하면 어떤 관측도 12.34로 입력된다. 사용된 입력 방식은 6.2다.

```
DATA b;
  INPUT y 1-6 6.2;
DATALINES;
1234□□
□□1234
□12.34
RUN;
```

- **$*w*. 또는 $F*w*.**

  문자열을 읽어들이는 SAS 표준 입력 방식이다. 최대 32767 자까지 문자열 입력이 가능하다. 문자열 왼쪽의 빈 칸들은 무시되고 입력된 문자열은 왼쪽 기준으로 정렬된다. 데이터 값이 분실된 경우에는 숫자 때와 마찬가지로 마침표를 사용하여 데이터 값이 없음을 표시한다.

예) 다음 INPUT 문장을 실행하면, 어떤 관측도 'KOREA□□'로 입력된다. 여기서 홑따옴표는 KOREA 뒤에 빈 칸이 두 개 있다는 사실을 강조하기 위하여 사용하였다.

```
DATA c;
  INPUT @1 country $7.;
```

```
DATALINES;
KOREA□□
□KOREA□
□□KOREA
RUN;
```

위 INPUT 문장을 다음으로 대치해도 같은 결과를 얻는다.

```
INPUT country $ 1-7;
```

- **$CHAR*w*.**

  이 방식은 $*w*. 방식과 동일하나 빈 칸이 무시되지 않는다. 따라서 직전 예에서 이 포맷을 사용하면 'KOREA□□', '□KOREA□', '□□KOREA'가 입력된다.

```
DATA c;
  INPUT @1 country $CHAR7.;
DATALINES;
KOREA□□
□KOREA□
□□KOREA
RUN;
```

(2) 출력 방식

- ***w.d* 또는 F*w.d***

  SAS 시스템 표준의 숫자 출력 방식이다. 출력될 숫자의 소수점 이하 자리수가 *d* 미만이면 나머지 자리수는 0으로 채워진다. 출력될 숫자의 길이가 *w*보다 크면 반올림된 결과가 출력된다. 숫자가 너무 커서 지정 방식으로 출력될 수 없으면 BEST*w*. 출력 방식으로 자동 전환되며, BEST*w*. 방식으로도 처리 불가능이면 * 표시가 찍힌다. 가급적 큰 값의 *w*를 지정하는 것이 유리하다.

예) 다음 PUT 문장이 실행되면 123.4500이 출력된다.

```
DATA d;
  x=123.45;
```

```
    PUT x 8.4;
  RUN;
```

• BEST*w*.

숫자 출력시 SAS 시스템의 디폴트 포맷이다. 오직 출력 자리수 *w*만 지정한다. 나머지는 SAS가 알아서 표현한다. 출력 방식을 전혀 지정하지 않으면 자동적으로 이 출력 방식이 사용된다.

예) 변수 x의 값이 1234567이라 하자. 이때 다음 문장의 실행 결과는 1.23E7이다.

```
PUT x BEST6.;
```

제대로 x 값을 출력하려면 7 칸이 요구되나 지정된 출력 방식 BEST6.은 숫자 표시에 모두 6 칸만 사용하라는 것이기 때문에 자동적으로 지수 부호 E를 사용한 것이다. 만일 다음과 같은 지정을 하면 어떻게 출력될까?

```
PUT x BEST3.;
```

이 경우에는 이용 가능한 칸수가 3이므로 그 결과는 1E6이다. 또, 만일 다음과 같이 오직 2 칸만 할당하면 어떻게 출력될까?

```
PUT x BEST2.;
```

단지 두 칸만으로는 1234567을 출력시킬 방법이 없으므로 다음과 같이 출력 포기 선언을 하게 된다.

```
**
```

출력 결과에 별표가 나오면 칸수가 모자란 것이므로 *w* 값을 더 크게 잡으면 해결된다.

• $*w*. 또는 $F*w*.

문자열을 출력하는 표준 방식이다. 왼쪽으로 정렬된다.

예) 다음 PUT 문장을 실행하면 '□KORE'가 출력된다.

```
DATA e;
  c='□KOREA';
  PUT c $5.;
RUN;
```

5.2.9 SET 문장

SET 문장은 이전 DATA 단계에서 만들어진 SAS 자료를 읽어들일 때 사용한다. 읽고 다시 새로운 SAS 자료를 출력하는 과정에서 자료 구조의 변형, 분석에 필요한 자료의 선별적 처리 등이 가능하다. 이 SET 문장의 용도는 광범위하며 필자의 견해로는 SET 문장, MERGE 문장, 그리고 OUTPUT 문장을 얼마나 잘 사용할 수 있는지 여부가 SAS 프로그램 작성의 숙련도를 결정한다고 할 수 있다.

SET ***SASdatasets*** (***options***);

*SASdatasets*는 SET 문장을 이용하여 읽어들일 SAS 자료의 이름이다. 경우에 따라 둘 이상의 SAS 자료를 동시에 지정할 수 있다. SET 문장에서 선택사항으로 흔히 쓰이는 것은 DROP과 KEEP인데 DATA 문장에서 용법과 동일하므로 설명은 생략한다.

(1) SAS 자료의 복사

SAS 자료 CLASS에 name, id_num, sex, exam1, exam2, exam3, score의 일곱 개 변수에 관한 자료가 수록되어 있다고 가정하자. 여기서 name과 sex는 문자변수, sex의 데이터 값은 남자를 뜻하는 'M'과 여자를 뜻하는 'F'의 두 가지다. 나머지 변수는 전부 숫자변수들이다.

다음은 SAS 자료 CLASS를 복사하여 새로운 SAS 자료 temprary를 만드는 프로그램이다.

```
DATA temprary;
  SET class;
RUN;
```

결과되는 SAS 자료 temprary는 원래 SAS 자료 CLASS와 이름만 다를 뿐 완전히 동일한 SAS 자료다.

(2) 변수 선택

SAS 자료 CLASS로부터 두 개의 새로운 SAS 자료 one과 two를 만드는데, one에는 변수 name, id_num, sex만 포함시키고, two에는 변수 name과 score 만 넣고싶다고 하자. 다음은 이같은 처리를 하는 프로그램이다.

```
DATA one;
  SET class (KEEP=name id_num sex);
RUN;

DATA two;
  SET class (KEEP=name score);
RUN;
```

위에서 SAS 자료를 두 개 만들기 위하여 두 개의 독립적인 DATA 단계를 실행하였는데, 다음과 같이 프로그램하면 이것을 한 단계로 줄일 수 있다.

```
DATA one (KEEP=name id_num sex) two (KEEP=name score);
  SET class;
RUN;
```

제거할 변수 이름을 나열하는 편이 더 나은 경우에는 KEEP 대신 DROP을 사용한다. 예를 들어 다음 프로그램을 실행하면 전과 동일한 SAS 자료 one을 얻는다.

```
DATA one;
  SET class;
  DROP exam1 exam2 exam3 score;
RUN;
```

[주의] DROP과 DELETE를 혼동하지 말라. DROP은 변수를 제거하지만 DELETE는 관측을 제거한다.

(3) 관측 선택

다음은 SAS 자료 CLASS에 소속된 관측들을 성별로 분할하는 프로그램이다. 남자만의 자료는 males, 여자만의 자료는 females라 이름 붙였다.

```
DATA males;
  SET class;
  IF sex='M';
RUN;

DATA females;
  SET class;
  IF sex='F';
RUN;
```

여기서도 두 번의 DATA 단계를 하나로 줄일 수 있다. 다음을 보라.

```
DATA males females;
  SET class;
  IF sex='M' THEN OUTPUT males;
  IF sex='F' ELSE OUTPUT females;
RUN;
```

이 축약된 형태는 제 5.2.12 절의 OUTPUT 문장을 이용한 것이다.

(4) SAS 자료의 결합

둘 이상의 입력원(input source)를 동시에 처리하여 단일 데이터로 만드는 과정을 **결합**(concatenation)이라 부른다. SET 문장을 이용한 데이터 결합 방법에는 다음과 같은 두 가지 형식이 있다. 여기서는 동시에 처리하는 SAS 자료의 갯수를 둘이라고 가정한다.

①
```
DATA concat1;
  SET dataset1;
  SET dataset2;
RUN;
```

②
```
DATA concat2;
  SET dataset1 dataset2;
RUN;
```

dataset1에 수록된 변수들이 v1, v2, 또 dataset2에 수록된 변수들이 v1, w2, w3라 가정하자. 두 SAS 자료 내 관측들의 수는 달라도 상관없다. 편의상 dataset1에는 3 개 관측들이 있고, dataset2에는 4 개 관측들이 있다고 생각하자.

첫 번째 결합 방법은 다음 도식과 같이 진행된다. 결합 결과 데이터로 남는 데이터 값을 검게 나타냈다.

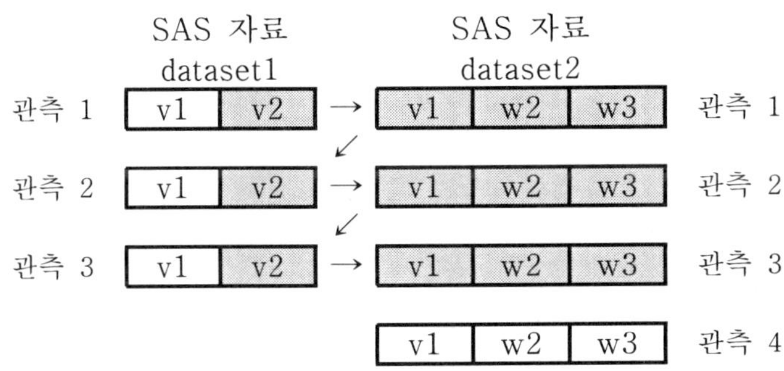

즉 이 경우에 결과되는 SAS 자료 concat1은 v2, v1, w2, w3의 네 개 변수를 갖는 세 개 관측들로 이루어진 데이터가 된다. 이와 같이 둘 이상의 SET 문장들을 이용한 데이터 결합시 다음 두 가지 원칙을 기억해야한다.

- 결합된 최종 SAS 자료에 기억되는 관측수는 가장 관측수가 작은 SAS 자료의 관측수다.
- 동시 입력되는 SAS 자료들 간 겹치는 변수가 존재하는 경우에 먼저 입력된 변수는 지워지고 나중에 입력되는 변수가 기억된다.

이같은 원칙 때문에 SAS 자료 concat1의 관측수는 3이며, 먼저 읽은 dataset1의 변수 v1은 무시되고 대신 dataset2의 v1이 기억되는 것이다.

두 번째 결합 방법, 즉 단일 SET 문장을 이용한 데이터 결합의 원리를 도시하면 다음과 같다.

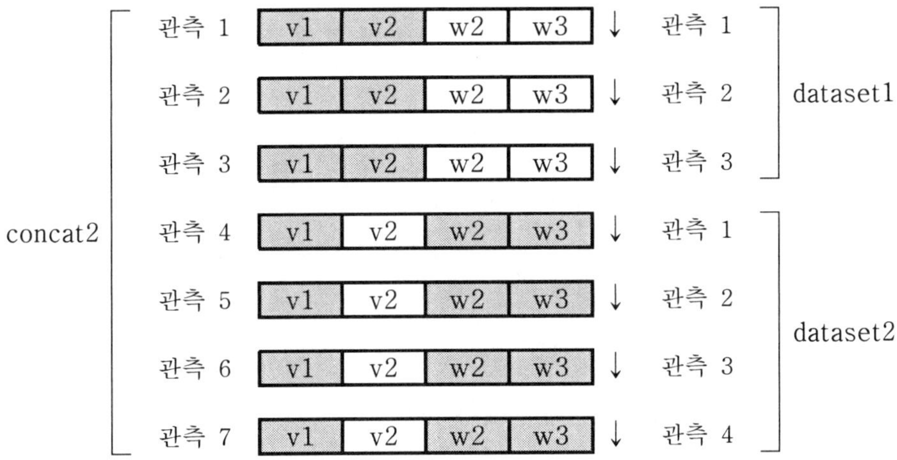

여기서는 첫 번째 SAS 자료를 다 읽은 다음에 두 번째 SAS 자료를 입력한다. 따라서 최종 생성되는 SAS 자료 concat2의 총 관측수는 결합되는 모든 SAS 자료들에 수록된 관측수들의 합이다. 또한 concat2에 수록되는 변수들은 결합될 모든 SAS 자료들에 나타나는 변수들 전부다. 따라서 어떤 자료에는 있지만 다른 자료에는 없는 변수의 경우, 즉 도식에서 음영이 없는 부분의 값들은 분실값으로 처리된다.

이와 같은 단일 SET 문장을 이용한 데이터 결합시 다음 두 가지 원칙을 기억해야 한다.

- 결합된 SAS 자료에 기억되는 관측수는 결합되는 각 SAS 자료마다 관측수들의 합이다.
- 동시에 입력되는 SAS 자료들 간 서로 다른 변수가 존재하는 경우는 분실값으로 처리한다.

그런데 만일 SAS 자료들의 관측수가 다를 뿐 구조가 동일하다면 SET 문장을 사용하여 결합시키는 것보다 PROC APPEND를 사용하는 편이 더 효율적이다.

예를 들어 SAS 자료 master에 SAS 자료 slave를 덧붙이는 경우에는 다음 형식으로 APPEND 절차를 사용한다.

```
PROC APPEND BASE=master NEW=slave;
RUN;
```

물론 이 경우에 master와 slave는 동일 변수들을 갖고 있어야 한다.

(5) 둘 이상의 SET 문장을 사용한 결합

다음과 같은 예를 보자. 먼저 SAS 자료 s1을 생성한다. 그 다음 DATA 단계에서는 INPUT 문장으로 원시 자료 exam1, exam2, exam3를 입력하며 동시에 이미 생성된 SAS 자료 s1에서 또 데이터를 입력한다. 뒤따르는 출력을 확인해보라.

```
DATA s1;
  INPUT name $ 1-20 id_num sex $ dept $;
DATALINES;
Sung Min Young      2005 f stat
Sung Min Ji         2009 f cs
Hong Gil Dong       1750 m math
RUN;

DATA credit;
  INPUT exam1 exam2 exam3;
  SET s1;
  score=exam1+exam2+exam3;
  IF score >= 50 THEN credit='Pass';
               ELSE credit='Fail';
  DROP id_num score;
DATALINES;
30 30 40
30 30 40
29 28 27
RUN;

PROC PRINT;
RUN;
```

Obs	exam1	exam2	exam3	name	sex	dept	credit
1	30	30	40	Sung Min Young	f	stat	Pass
2	30	30	40	Sung Min Ji	f	cs	Pass
3	29	28	27	Hong Gil Dong	m	math	Pass

< SAS 자료 credit >

이 프로그램에서 수행되는 결합 과정을 도시하면 다음과 같다.

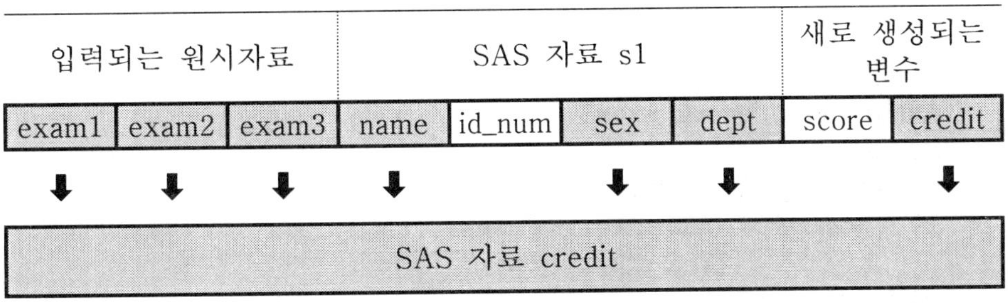

위 프로그램은 다음과 같이 작성해도 마찬가지 결과를 얻는다. 여기서는 미리 SAS 자료 s1과 s2를 생성한 다음 SET 문장으로 결합하고있다.

```
DATA s1;
  INPUT name $ 1-20 id_num sex $ dept $;
DATALINES;
Sung Min Young      2005 f stat
Sung Min Ji         2009 f cs
Hong Gil Dong       1750 m math
RUN;

DATA s2;
  INPUT exam1 exam2 exam3;
DATALINES;
30 30 40
30 30 40
29 28 27
RUN;

DATA credit;
  SET s1;
  SET s2;
  score=exam1+exam2+exam3;
  IF score >= 50 THEN credit='Pass';
               ELSE credit='Fail';
  DROP id_num score;
RUN;
```

다음 프로그램은 입력되는 원시 자료의 관측수가 둘인 경우의 결합 결과를 보여준다. 앞서 언급한 원칙대로 최종 데이터에는 관측들이 단 2 개밖에 없다.

```
DATA credit1;
  INPUT exam1 exam2 exam3;
  SET s1;
  score=exam1+exam2+exam3;
  IF score >= 50 THEN credit='Pass';
               ELSE credit='Fail';
  DROP id_num score;
DATALINES;
30 30 40
30 30 40
RUN;

PROC PRINT;
RUN;
```

Obs	exam1	exam2	exam3	name	sex	dept	credit
1	30	30	40	Sung Min Young	f	stat	Pass
2	30	30	40	Sung Min Ji	f	cs	Pass

< SAS 자료 credit1 >

(6) 단일 SET 문장을 사용한 결합

먼저 동일한 변수들을 갖는 둘 이상의 SAS 자료들을 결합하는 용법에 대하여 알아보자.

다음 프로그램에서 두 SAS 자료 class1과 class2는 각기 수록된 관측수는 달라도 포함하고 있는 변수들은 동일하다. 이와 같은 경우 이 두 SAS 자료들을 이어 붙여 새로운 SAS 자료 new를 만든다.

```
DATA class1;
  INPUT name $ 1-20 id_num sex $ dept $ exam1 exam2 exam3;
```

```
DATALINES;
Sung Min Young      2005 f stat 30 30 40
Sung Min Ji         2009 f cs   30 30 40
Hong Gil Dong       1750 m math 29 28 27
RUN;

DATA class2;
  INPUT name $ 1-20 id_num sex $ dept $ exam1 exam2 exam3;
DATALINES;
Kong Jui            1810 f cs   20 20 30
Pat Jui             1808 f stat  5 10 15
Yun Heung Boo       1670 m math  0 10  5
Yun Nol Boo         1665 m cs   20 30 10
Sun Nyeo            0300 f stat 25 25 35
Shim Chung          1880 f math 29 28 27
RUN;

DATA new;
  SET class1 class2;
RUN;
```

그러나 만일 이를 잘못하여 다음과 같이 SET 문장을 두 번 사용하여 결합하면 뒤따르는 SAS 자료 new1에 대한 출력과 같이 엉뚱한 결과를 초래한다.

Obs	name	id_num	sex	dept	exam1	exam2	exam3
1	Sung Min Young	2005	f	stat	30	30	40
2	Sung Min Ji	2009	f	cs	30	30	40
3	Hong Gil Dong	1750	m	math	29	28	27
4	Kong Jui	1810	f	cs	20	20	30
5	Pat Jui	1808	f	stat	5	10	15
6	Yun Heung Boo	1670	m	math	0	10	5
7	Yun Nol Boo	1665	m	cs	20	30	10
8	Sun Nyeo	300	f	stat	25	25	35
9	Shim Chung	1880	f	math	29	28	27

< SAS 자료 new >

Obs	name	id_num	sex	dept	exam1	exam2	exam3
1	Kong Jui	1810	f	cs	20	20	30
2	Pat Jui	1808	f	stat	5	10	15
3	Yun Heung Boo	1670	m	math	0	10	5

< SAS 자료 new1 >

```
DATA new1;
  SET class1;
  SET class2;
RUN;
```

만일 서로 다른 변수들을 포함한 두 SAS 자료를 단일 SET 문장으로 결합하면 어떻게 될까? 다음에 주어진 프로그램과 출력 결과를 음미해보라. 참고로 SAS에서 숫자변수의 분실값은 마침표(.), 문자변수의 분실값은 빈 칸으로 출력된다.

```
DATA s1;
  INPUT name $ 1-20 id_num sex $ dept $;
DATALINES;
Sung Min Young       2005 f stat
Sung Min Ji          2009 f cs
Hong Gil Dong        1750 m math
RUN;

DATA s2;
  INPUT exam1 exam2 exam3;
DATALINES;
30 30 40
30 30 40
29 28 27
RUN;

DATA credit2;
  SET s1 s2;
  score=exam1+exam2+exam3;
  IF score >= 50 THEN credit='Pass'; ELSE credit='Fail';
  DROP id_num score;
RUN;
```

Obs	name	sex	dept	exam1	exam2	exam3	credit
1	Sung Min Young	f	stat	.	.	.	Fail
2	Sung Min Ji	f	cs	.	.	.	Fail
3	Hong Gil Dong	m	math	.	.	.	Fail
4				30	30	40	Pass
5				30	30	40	Pass
6				29	28	27	Pass

< SAS 자료 credit2 >

(7) 끼워넣기

끼워넣기(interleaving)란 두 SAS 자료에 공통된 변수를 기준으로 순서화하여 합침을 말한다. 이런 작업을 하려면 먼저 결합할 SAS 자료들을 순서화 변수를 기준으로 정렬해야한다. 이러한 순서화 작업은 SORT 절차에서 담당하며 순서화의 기준이 되는 변수 이름은 BY 문장에 지정한다.

다음 예에서는 학번(id_num) 기준으로 두 SAS 자료 class1과 class2를 끼워넣어 새로운 SAS 자료 whole을 만들고 있다. 뒤따르는 출력을 확인해보라.

```
DATA class1;
  INPUT name $ 1-20 id_num sex $ dept $ exam1 exam2 exam3;
DATALINES;
Sung Min Young       2005 f stat 30 30 40
Sung Min Ji          2009 f cs   30 30 40
Hong Gil Dong        1750 m math 29 28 27
RUN;

DATA class2;
  INPUT name $ 1-20 id_num sex $ dept $ exam1 exam2 exam3;
DATALINES;
Kong Jui             1810 f cs   20 20 30
Pat Jui              1808 f stat  5 10 15
Yun Heung Boo        1670 m math  0 10  5
Yun Nol Boo          1665 m cs   20 30 10
Sun Nyeo             0300 f stat 25 25 35
Shim Chung           1880 f math 29 28 27
```

```
RUN;

PROC SORT DATA=class1;
  BY id_num;
RUN;

PROC SORT DATA=class2;
  BY id_num;
RUN;

DATA whole;
  SET class1 class2;
  BY id_num;
RUN;
```

Obs	name	id_num	sex	dept	exam1	exam2	exam3
1	Sun Nyeo	300	f	stat	25	25	35
2	Yun Nol Boo	1665	m	cs	20	30	10
3	Yun Heung Boo	1670	m	math	0	10	5
4	Hong Gil Dong	1750	m	math	29	28	27
5	Pat Jui	1808	f	stat	5	10	15
6	Kong Jui	1810	f	cs	20	20	30
7	Shim Chung	1880	f	math	29	28	27
8	Sung Min Young	2005	f	stat	30	30	40
9	Sung Min Ji	2009	f	cs	30	30	40

< SAS 자료 whole >

(8) 복습

이상에서 공부한 SET 문장의 용법들을 간단한 프로그램을 통하여 종합 예시한다.

```
DATA a1;
  INPUT name $ sex $ @@;
DATALINES;
Sung M   Park F   Kim  M   Lee  F
RUN;
```

```
DATA a2;
  INPUT name $ sex $ @@;
DATALINES;
Moon F   Yoon M   Oh   M   Jang F
RUN;

DATA b;
  INPUT name $ age @@;
DATALINES;
Sung 33  Park 23  Kim  12  Lee 45
RUN;

DATA c;
  INPUT name $ sex $ age @@;
DATALINES;
Sung F 33   Park M 23   Lee F 45
RUN;
```

위의 네 DATA 단계로부터 만들어지는 SAS 자료 a1, a2, b, c의 내용을 살펴보라. 여기서 각 자료는 서로 무관한 별개의 것이라고 생각하라. 즉 변수 name 밑의 데이터 값이 같다는 것이 반드시 동일 개체에 관한 자료임을 뜻하지 않는다.

name	sex
Sung	M
Park	F
Kim	M
Lee	F

< a1 >

name	sex
Moon	F
Yoon	M
Oh	M
Jang	F

< a2 >

name	sex
Sung	33
Park	23
Kim	12
Lee	45

< b >

name	sex	age
Sung	F	33
Park	M	23
Lee	F	45

< c >

다음은 두 개의 SAS 자료를 덧붙이는 SET 문장의 대표적인 사용례다.

```
DATA d;
  SET a1 a2;
RUN;
```

SAS 자료 d는 SAS 자료 a1의 뒤에 SAS 자료 a2를 단순히 덧붙인 것이다. SAS 자료 a1과 a2는 처음부터 동일한 변수 이름 name과 sex를 포함하고 있다.

Obs	name	sex
1	Sung	M
2	Park	F
3	Kim	M
4	Lee	F
5	Moon	F
6	Yoon	M
7	Oh	M
8	Jang	F

< SAS 자료 d >

Obs	name	sex	age
1	Moon	F	.
2	Yoon	M	.
3	Oh	M	.
4	Jang	F	.
5	Sung		33
6	Park		23
7	Kim		12
8	Lee		45

< SAS 자료 e >

다음은 앞의 프로그램과 비슷하게 한 SAS 자료에 다른 SAS 자료를 덧붙이는 예지만 두 SAS 자료에 포함된 변수들이 동일하지 않은 경우다. 즉 SAS 자료 a2와 b에 공통적인 변수는 name이고, a2에는 변수 age가 없으며 b에는 변수 sex가 존재하지 않는다.

```
DATA e;
  SET a2 b;
RUN;
```

이런 경우에 a2에 b를 덧붙여 결과된 SAS 자료 e에는 name, sex, age의 세 변수가 모두 있으나, SAS 자료 a2에서 온 관측에는 age에 대한 데이터 값이 분실값으로 처리되었고, 비슷하게 SAS 자료 b에서 온 관측에는 sex에 대한 데이터 값이 분실값으로 처리되었다. 앞서도 언급했지만 숫자 데이터 값이 분실되면 마침표, 문자 데이터 값이 분실되면 빈 칸으로 출력된다.

다음은 SAS 자료 a1에 c를 덧붙여 SAS 자료 f를 만드는 프로그램이다.

```
DATA f;
  SET a1 c;
RUN;
```

SAS 자료 a1과 c에는 변수 name과 sex가 공통이나, SAS 자료 a1에는 변수 age가 없으므로 age에 대응되는 데이터 값들은 역시 마침표로 출력된다.

Obs	name	sex	age
1	Sung	M	.
2	Park	F	.
3	Kim	M	.
4	Lee	F	.
5	Sung	F	33
6	Park	M	23
7	Lee	F	45

< SAS 자료 f >

지금까지는 단일 SET 문장에 두 개의 SAS 자료를 지정하여, 하나의 SAS 자료 다음에 다른 SAS 자료를 덧붙이는 방법을 예시하였다. 다음은 두 개의 SET 문장이 사용된 경우다.

```
DATA g;
  SET a1;
  SET b;
RUN;
```

이와 같은 프로그램의 결과를 유추하는 것은 간단하다. 무엇보다 DATA 단계는 관측 단위로 이루어지며 SET 문장은 SAS 자료에 수록된 관측을 읽는 기능을 갖고 있음을 상기하라. 첫 번째 SET 문장이 실행되면 SAS 자료 a1으로부터 첫 번째 관측을 읽어 변수 name에는 Sung, sex에는 M이 들어온다. 두 번째 SET 문장이 실행되면 SAS 자료 b의 첫 번째 관측을 읽게되어 변수 name에는 역시 Sung이 들어오고 변수 age에는 33이 들어온다. 이렇게 두 SAS 자료에서 첫 번째 관측의 입력이 끝나면 다시 DATA 단계의 처음으로 되돌아가 각 SAS 자료의 두 번째 관측들을 입력하게 된다. SAS 자료 a1과 b에는 변수 name이 공통인데, 이런 경우에는 나중에 입력되는 name의 데이터 값이 살아있게 된다. 물론 우리의 경우에는 어느 SAS 자료든 변수 name의 값이 같으므로 구별이 되지 않고 있다.

결국 SAS 자료 g는 SAS 자료 a1에 b를 병합한 것이다. 이와 같은 병합의 경우, 동일한 이름의 변수가 있다면 그 변수에 대응되는 데이터 값은 가장 나중에 위치한 SET 문장으로 읽어들이는 변수의 데이터 값이다.

Obs	name	sex	age
1	Sung	M	33
2	Park	F	23
3	Kim	M	12
4	Lee	F	45

< SAS 자료 g >

다음 프로그램도 SET 문장을 이용한 두 SAS 자료의 병합예다.

```
DATA h;
  SET a1;
  SET c;
RUN;
```

앞의 예와 비교하여 한 가지 차이는 두 SAS 자료에 포함된 관측수가 같지 않다는 점이다. 이와 같이 관측수가 서로 다른 두 SAS 자료를 병합하면 관측수가 작은 쪽을 기준으로 새로운 SAS 자료가 만들어진다. 이와 반대로 관측수가 많은 쪽을 기준으로 병합하려면 MERGE 문장을 사용해야한다.

SAS 자료 h는 SAS 자료 a1에 c를 병합한 것이다. a1의 관측수는 네 개, c의 관측수는 세 개이므로 SAS 자료 h의 관측수는 세 개가 된다.

```
Obs    name    sex    age

 1     Sung     F      33
 2     Park     M      23
 3     Lee      F      45
```

< SAS 자료 h >

그리고 SAS 자료 c가 a1보다 나중에 입력되므로 동일한 이름의 변수에 대한 데이터 값은 전부 SAS 자료 c에서 들어온다. SAS 자료 h의 인쇄 결과에서 sex의 데이터 값들과 세 번째 관측의 name에 대한 데이터 값이 SAS 자료 c에 기준하여 수정되었음을 확인하라.

SET 문장을 잘 이용하면 상당히 고차원적인 자료 구조의 변형이 가능하다. 최초에 입력된 자료의 구조가 반드시 통계 분석에 편리한 형태를 갖추고 있기를 기대하기는 어렵다. 목적하는 분석에 가장 편리한 형태로 자료 구조를 변형하려면 필히 SET 문장의 용법에 숙달되어야 한다.

(9) END 변수의 지정

SET 문장의 선택사항으로 지정하는 END 변수는 데이터 입력이 전부 다 끝난 후에 추가로 처리할 루틴이 있는 경우에 사용한다.

> SET *SASdataset* END= *variable*;

- END= *variable*

  현재 입력 관측이 입력 파일의 가장 마지막일 때 그 값을 1로 놓을 변수 이름을 지정한다. 마지막 관측이 아니면 *variable*의 값은 0이다. 이 변수는 SAS 자료로 출력되지 않는다. 이 지정은 마지막 관측의 입력 이후에 다시 다른 형태로 입력 처리할 내용이 있을 때 사용한다.

다음은 END 지정의 사용례다.

```
DATA mask4c;
  SET mask4 END=eof;
  OUTPUT;
  IF eof THEN DO; P_Ioff=.;
                DO WL_Ratio=4.28 TO 7.40 BY 0.01;
                   DO AreaNew=3 TO 5 BY 0.05;
                      OUTPUT;
                   END;
                END;
             END;
RUN;

PROC RSREG DATA=mask4c OUT=mask4c NOPRINT;
  MODEL P_Ioff = WL_Ratio AreaNew / PREDICT;
RUN;
```

프로그램은 다음과 같은 형식으로 수행된다. 우선 SAS 자료 mask4를 전부 읽어들인다. mask4의 마지막 관측을 읽고나면 변수 eof의 값은 1이 된다. eof=1이라 함은 곧 eof의 진리값이 참에 해당한다. 따라서 이 경우에는 THEN 이하의 문장들을 실행한다.

이런 형식의 프로그램은 회귀분석(PROC REG)이나 반응표면분석(PROC RSREG)에서 예측값(predicted value)을 계산케 하여 삼차원표면도 등 적합된 모형의 그래프를 그리는 경우에 자주 활용된다.

5.2.10 SAS 자료의 랜덤 처리

지금까지는 자료의 순차처리(sequential processing)에 관련된 SET 문장의 용법을 해설하였다. 그러나 때로 SAS 자료의 랜덤처리(random processing)가 요구되는 경우가 있다. 랜덤처리는 직접처리(direct processing)라고 부르기도 한다. SET 문장으로 SAS 자료를 랜덤 처리하려면 POINT를 덧붙여 지정한다. 사용 형식은 다음과 같다.

SET *SASdataset* POINT= *variable*;

POINT 다음에는 반드시 처리할 관측 번호를 지정하는 변수 이름을 선언해야 한다.

예를 들어 SAS 자료 a에서 8번, 16번, 2번, 35번 관측들만 따로 떼어 새로운 SAS 자료 b를 만들고 싶으면 다음과 같이 프로그램한다.

```
DATA b;
  DO k=8,16,2,35;
    SET a POINT=k;
    OUTPUT;
  END;
  STOP;
RUN;
```

위 프로그램이 SET 문장으로 자료의 랜덤처리를 하는 전형적인 예다. 먼저 DO 문장을 사용하여 처리할 관측번호를 지표변수 k에 넣고, SAS 자료 a에서 해당 관측번호를 갖는 관측들을 골라 읽은 후 새로운 SAS 자료 b로 출력하였다. 이 경우 STOP 문장은 절대 생략할 수 없다. 만일 STOP 문장이 없으면 위 DATA 단계는 컴퓨터의 모든 메모리가 포화 상태가 되어 정지될 때까지 끝없이 반복 수행된다.

순차처리를 하는 경우에는 자료의 끝에 이르면 자동적으로 읽기를 중단하고 DATA 단계를 끝내지만, 랜덤처리를 할 때는 언제 자료 처리를 중단할지 명확히 선언하지 않으면 DATA 단계를 벗어날 수 없다. 따라서 위 프로그램에서 STOP 문장이 없으면 k=35가 수행된 후 다시 k=8부터 DO 문장이 반복 수행된다.

그리고 이러한 경우 DATA 단계에서 OUTPUT 문장이 수행되어도 POINT 변수는 SAS 자료로 출력되지 않는다.

5.2.11 MERGE 문장

MERGE 문장은 둘 이상의 SAS 자료들을 관측별로 **병합**(merge)하여 새로운 SAS 자료를 만든다. 합쳐지는 SAS 자료들에 공통적인 변수가 있으면 이 공통 변수를 BY 문장에서 지정할 수 있다. BY 문장을 사용하려면 SORT 절차를 먼저 호출하여 데이터를 순서화해야 한다.

MERGE *SASdataset SASdataset* … ;

여기서 *SASdataset*들은 병합할 SAS 자료들의 이름이다.

MERGE 문장의 기능은 다음과 같은 형식의 SET 문장의 기능과 흡사해 보인다.

SET *SASdataset SASdataset* … ; (*)

그러나 이러한 형식의 SET 문장은 둘 이상의 SAS 자료를 결합하되 변수를 기준으로 한다. 반면에 MERGE 문장은 관측을 기준으로 둘 이상의 SAS 자료를 병합할 때 쓰인다.

(*) 형식의 SET 문장은 SAS 자료들을 세로로 합하고, MERGE 문장은 SAS 자료들을 가로로 합한다고 생각하면 된다. 앞으로는 SET 문장처럼 세로로 합하는 경우를 '덧붙인다'로 표현하고, MERGE 문장처럼 가로로 합하는 경우를 '병합한다'라고 표기하겠다.

SET 문장과 MERGE 문장의 용도 차이는 아래 도식을 보면 이해하기 쉬울 것이다. 이 도식에서는 두 개의 SAS 자료 a와 b를 SET 문장과 MERGE 문장을 이용하여 처리한 결과의 기본적인 형식을 보여준다.

SET a b;
(변수 기준의 결합)

MERGE a b;
(관측 기준의 결합)

MERGE 문장을 이용하여 둘 이상의 SAS 자료들을 병합하는데는 두 가지 형태가 존재한다. 하나는 일대일 병합(one-to-one merge), 다른 하나는 짝짓기 병합(match merge)이다.

(1) 일대일 병합

BY 문장이 뒤따르지 않는 MERGE 문장으로 결과되는 병합을 일대일 병합이라한다. MERGE 문장을 사용하여 두 개의 SAS 자료를 병합하면 지정된 첫 번째 SAS 자료의 첫 번째 관측과 두 번째 SAS 자료의 첫 번째 관측이 합쳐져 새로운 SAS 자료의 첫 번째 관측이 되며, 그 다음에는 첫 번째 SAS 자료의 두 번째 관측과 또 두 번째 SAS 자료의 두 번째 관측이 합쳐져 새로운 SAS 자료의 두 번째 관측이 되는 식으로 병합이 이루어진다. 만일 두 SAS 자료의 관측수가 다르면 그 중 관측수가 많은 쪽 기준으로 병합된다. 따라서 이 경우에 관측수가 모자라는 변수들의 데이터 값은 전부 분실값으로 처리된다.

제 5.2.9 절에서 두 가지 실례를 들었지만 둘 이상의 독립적인 SET 문장을 사용하여도 SAS 자료들의 병합이 가능하다. 그러나 SET 문장을 이용한 병합은 관측수가 적은 쪽이 기준이 되며 따라서 관측수가 많은 쪽의 데이터 값들은 무시된다. 반면에 MERGE 문장을 사용하면 자료의 손실은 없다.

다음은 세 개의 SAS 자료를 일대일 병합하는 예다.

```
DATA owner;
  INPUT name $;
DATALINES;
NaeKyung
Minyoung
Aree
RUN;

DATA car;
  INPUT year make $ model $;
DATALINES;
1993 Kia     Sephia
2005 Hyundai Sonata
2001 Kia     Optima
RUN;

DATA color;
  INPUT color $;
DATALINES;
Purple
Silver
Pearl
Red
RUN;

DATA driver;
  MERGE owner car color;
RUN;
```

Obs	name
1	NaeKyung
2	Minyoung
3	Aree

< SAS 자료 owner >

Obs	year	make	model
1	1993	Kia	Sephia
2	2005	Hyundai	Sonata
3	2001	Kia	Optima

< SAS 자료 car >

Obs	color
1	Purple
2	Silver
3	Pearl
4	Red

< SAS 자료 color >

Obs	name	year	make	model	color
1	NaeKyung	1993	Kia	Sephia	Purple
2	Minyoung	2005	Hyundai	Sonata	Silver
3	Aree	2001	Kia	Optima	Pearl
4		.			Red

< SAS 자료 driver >

이 프로그램을 실행하면 세 개의 SAS 자료 owner, car, color들이 만들어진다. 마지막 DATA 단계에서는 생성된 세 개의 SAS 자료를 일대일 병합하여 새로운 SAS 자료 driver를 만든다. 특히 SAS 자료 color는 다른 두 개의 SAS 자료와는 달리 모두 네 개의 관측을 포함하고 있음을 주목하라.

SAS 자료 driver의 출력에서 볼 수 있듯이 네 번째 관측에서 Red에 대응되는 기타 변수들의 데이터 값은 전부 분실값으로 처리되었다.

만일 MERGE 다음에 지정하는 SAS 자료들 간에 겹치는 변수가 존재하면 가장 나중에 지정된 SAS 자료의 데이터 값이 우선이다. 따라서 겹치는 변수에 이미 입력된 데이터 값이 있더라도 전부 새로운 값으로 바뀐다.

이러한 일대일 병합은 각 SAS 자료에 수록된 관측 순서가 정확히 일치할 때만 실용성이 있다. 단일 개체에 대응되는 관측들의 순서가 각 SAS 자료마다 제각각일 때 일대일 병합을 하면 결과되는 SAS 자료가 엉망진창이 됨은 불문가지다. 각 SAS 자료에 수록된 관측 순서가 과연 일치하는지 확신이 없다면 다음에 소개하는 짝짓기 병합을 이용해야 한다.

(2) 짝짓기 병합

민영과 민지가 설문조사를 하였다. 자료를 입력하는데 혼자 하기가 버거워 설문지 문항을 반으로 나누어 한 부분씩 독립적으로 입력하였다. 예를 들어 1 번에서 20 번까지는 민영이가 입력하고 21 번에서 40 번까지는 민지가 입력하였다고 가정하자. 후에 둘이 만든 자료를 합치려 하는데 설문지가 입력된 순서가 서로 달라 그대로 병합이 불가능함을 알았다. 이런 경우에 두 자료를 합치려면 어떻게 해야 할까? 이런 식의 병합을 이루려면 두 자료에 설문지의 신분(identity)을 확인할 수 있는 데이터 값이 적어도 하나 존재해야 한다. 만일 두 자료에 공통적으로 설문지 번호가 입력되었다면 설문지 번호가 서로 일치하는 관측들을 짝지어 합치면 될 것이다. 그런데 설문지 번호가 입력된 순서가 서로 같지 않으면 그대로 짝짓기가 곤란하므로 이런 경우에는 각각의 자료를 일단 설문지 번호를 기준으로 순서화한 다음에 짝짓기를 시도해야 한다.

이와 같이 짝짓기 병합은 한 개체에 관한 자료가 둘 이상의 SAS 자료에 일정한 순서없이 뒤죽박죽 수록되어 있는 경우의 병합에 사용된다. 짝짓기 병합을 하려면 각 SAS 자료에는 필히 짝짓기의 기준이 되는 공통 변수가 하나 이상 있어야 한다.

짝짓기의 기준 변수는 BY 문장에 지정하는데 BY 문장을 사용하기 위해서는 짝짓기

변수를 기준으로 SAS 자료의 순서화가 선행되어야 한다. 그리고 SAS 자료의 순서화는 SORT 절차로 수행할 수 있다.

다음 예를 보자.

```
DATA car;
  INPUT name $ year make $ model $;
DATALINES;
NaeKyung   1993 Kia      Sephia
Minyoung   2005 Hyundai  Sonata
Aree       2001 Kia      Optima
RUN;

DATA color;
  INPUT name $ color $;
DATALINES;
Minyoung   Purple
NaeKyung   Silver
Aree       Pearl
Minji      Red
RUN;

DATA driver;                          ┐
  MERGE car color;                    ├ 잘못된 짝짓기 병합
  BY name;                            │
RUN;                                  ┘

PROC SORT DATA=car;
  BY name;
RUN;

PROC SORT DATA=color;
  BY name;
RUN;

DATA driver;
  MERGE car color;
  BY name;
RUN;
```

Obs	name	year	make	model
1	NaeKyung	1993	Kia	Sephia
2	Minyoung	2005	Hyundai	Sonata
3	Aree	2001	Kia	Optima

< SAS 자료 car >

Obs	name	color
1	Minyoung	Purple
2	NaeKyung	Silver
3	Aree	Pearl
4	Minji	Red

< SAS 자료 color >

이 프로그램은 일대일 병합의 예와 흡사하나 SAS 자료 car와 color에는 공통된 변수 name이 있으며 이 두 SAS 자료에서 name에 대응되는 데이터 값이 일치하지 않음을 주목하라.

MERGE 문장이 사용된 세번째 DATA 단계에는 '잘못된 짝짓기 병합'이라 씌어져 있다. 여기서 잘못된 것은 **SORT 절차없이 BY를 사용**하였기 때문이다. SORT 절차없이 짝짓기 병합을 시도하면 항상 다음과 같은 오류 메시지가 나온다.

```
ERROR: BY variables are not properly sorted on data set WORK.CAR.
```

BY 문장과 연관된 이런 오류는 SAS 프로그램을 작성할 때 초심자가 가장 흔히 범하기 쉬운 것들 중 하나다. MERGE 문장뿐 아니라 어떠한 SAS 문장에서도 BY를 쓰기 전에는 반드시 BY 변수를 기준으로 SAS 자료의 순서화가 선행되어야 함을 잊지 말라. BY 문장에 대해서는 제 5.4.2 절과 제 6.3 절의 해설을 참조하라. 참고로 BY 변수는 반드시 하나일 필요는 없으며 필요하면 둘 이상의 변수를 지정할 수 있다.

다음 출력은 변수 name을 짝짓기의 기준 변수로 삼아 name에 대하여 두 SAS 자료를 먼저 순서화한 후 짝짓기 병합을 한 결과다. 출력에서 관측들의 배열 순서가 이름의 영어 철자 순서임을 주목하라. 이는 이름을 기준으로 두 SAS 자료가 오름차순으로 순서화되었기 때문이다.

```
Obs    name        year    make       model      color

 1     Aree        2001    Kia        Optima     Pearl
 2     Minji          .                          Red
 3     Minyoung    2005    Hyundai    Sonata     Purple
 4     NaeKyung    1993    Kia        Sephia     Silver
```

< SAS 자료 driver >

5.2.12 OUTPUT 문장

OUTPUT 문장은 이 문장이 나오기 직전까지 입력된 데이터 값들을 지정된 SAS 자료의 관측으로 출력시킨다. 필요에 따라 하나의 DATA 단계 내에 몇 번이라도 나타날 수 있다.

```
OUTPUT SASdatasets;
```

여기서 *SASdatasets*는 현재 데이터 값들이 관측으로 출력될 SAS 자료의 이름들이다. 두 개 이상을 지정할 수도 있다.

단순히 DATALINES 문장 다음에 나오는 데이터 값을 입력하여 그 자체를 SAS 자료로 만드는 통상적인 경우에는 OUTPUT 문장을 사용할 필요가 없다. 예를 들어 다음과 같은 DATA 단계를 보자.

```
DATA sample;
  INPUT x y;
  z=x+y;
```

```
DATALINES;
1  23
2  15
3  36
RUN;
```

이 프로그램에서는 세 개 관측을 갖는 SAS 자료 sample을 만드는데 실행 과정은 다음과 같다. 먼저 첫 번째 관측을 읽어 변수 x와 y에 값을 입력하고, 이 두 값을 합해서 새로운 변수 z를 계산한 다음 DATALINES 외에 더 이상의 문장이 존재하지 않으므로 지금까지의 결과를 일단 SAS 자료 sample로 출력한다. 그리고나서 다시 첫 문장 INPUT으로 되돌아가 두 번째 관측을 처리한다.

따라서 위와 같이 단순한 DATA 단계에서는 DATALINES 문장과 만나는 순간 명시하지는 않았어도 자동적으로 OUTPUT 문장이 한 번 실행된다. 즉 위와 같은 프로그램은 OUTPUT 문장이 묵시적으로 사용된 경우다.

OUTPUT 문장의 기본적인 역할은 입력 자료의 구조를 변형하여 분석하기 쉬운 형태로 바꾸는데 있다. 이 문장을 잘 사용하면 하나의 관측을 읽어 둘 이상의 SAS 자료로 출력할 수도 있고, 읽어들인 자료를 분할하여 동시에 둘 이상의 SAS 자료들을 생성할 수도 있다.

DATA 단계에서 OUTPUT 문장이 사용되면 설사 DATALINES 문장이 존재하더라도 SAS 자료로 자동적인 출력이 되지 않는다. OUTPUT 문장이 사용되면 DATA 단계를 한 문장씩 처리해 나가다가 오로지 OUTPUT 문장과 만날 때만 그 동안 입력된 데이터 값들을 하나의 관측으로 만들어 SAS 자료로 출력하는 것이다. 따라서 둘 이상의 OUTPUT 문장이 사용된 DATA 단계에서는 대부분의 경우 최종 OUTPUT 문장이 DATA 단계의 마지막 실행문이 되곤 한다.

하나의 DATA 단계에서 동시에 둘 이상의 SAS 자료를 만드는 경우를 알아보자.

```
DATA stat math;
  INPUT course $ name $ score1 score2 score3;
  DROP course;
  IF course='Stat' THEN OUTPUT stat;
                   ELSE OUTPUT math;
DATALINES;
Stat Sung        30 30 40
Math Kim         20 20 30
Stat Lee         10 10 20
```

```
Math Park          25 25 35
RUN;
```

이 DATA 단계를 실행하면 두 개의 SAS 자료 stat과 math가 만들어지는데 그 과정은 다음과 같다.

INPUT 문장으로 입력되는 변수는 강좌(course), 이름(name), 그리고 세 번의 시험 성적들(score)이다. DROP 문장에 지정하는 변수들은 생성될 SAS 자료에 포함되지 않는다. 이 문장은 실행문이 아니라 선언문이므로 나타나는 위치는 중요하지 않다. DROP 변수가 course이므로 이 변수는 결과되는 SAS 자료들 중 어디에도 포함되지 않는다. IF 문장에서는 만일 과목이 'Stat'이면 읽어들인 관측을 SAS 자료 stat으로, 아니면 math로 출력시킨다. 따라서 SAS 자료 stat에는 첫 번째와 세 번째 관측이 들어가고 나머지 관측들은 SAS 자료 math의 구성원이 된다. 이 예는 지정된 변수의 값에 따라 SAS 자료를 분할할 수 있음을 보여준다.

이때 SAS 자료 stat을 인쇄하려면 반드시 다음과 같은 형식으로 PRINT 절차를 호출해야한다.

```
PROC PRINT DATA=stat;
RUN;
```

이 PRINT 절차에서 인쇄할 SAS 자료의 이름을 stat으로 지정한 점에 유의하라. 이와 같이 인쇄할 SAS 자료를 지정하지 않는다면 SAS 시스템은 자동적으로 가장 최근에 만들어진 SAS 자료를 처리하는데 현재의 경우 그것은 stat이 아니라 math다. 왜냐하면 DATA 문장에서 가장 나중에 지정된 SAS 자료의 이름이 math이기 때문이다. 다음은 SAS 자료 stat을 인쇄한 결과다.

Obs	name	score1	score2	score3
1	Sung	30	30	40
2	Lee	10	10	20

< SAS 자료 stat >

이번에는 생성된 SAS 자료 stat의 구조를 변형하여 아래에 주어진 newstat이 되게끔 해보자.

```
Obs    name    score

 1     Sung     30
 2     Sung     30
 3     Sung     40
 4     Lee      10
 5     Lee      10
 6     Lee      20
```

< SAS 자료 newstat >

즉 SAS 자료 stat의 관측 하나를 세 개의 관측으로 바꾸어 newstat에 저장하려는 것이다. 그리고 newstat에 수록되는 관측은 오로지 이름과 성적을 나타내는 두 개 변수만 가져야 한다. 따라서 SAS 자료 stat에서 성적 변수들 score1, score2, score3는 없애버리고 대신 score를 새로운 성적 변수 이름으로 선택해야한다. 다음 프로그램을 보자.

```
DATA newstat;
  SET stat;
  DROP score1-score3;
  score=score1; OUTPUT;
  score=score2; OUTPUT;
  score=score3; OUTPUT;
RUN;
```

이 프로그램의 실행 과정은 다음과 같다.

SAS 자료 stat은 이미 만들었으므로 INPUT 문장을 다시 쓸 필요없이 SET 문장을 써서 직접 stat의 내용을 읽어들인다. score1부터 score3까지의 성적 변수는 더 이상 필요치 않으므로 DROP 문장을 사용하여 궁극적으로 삭제될 것임을 선언한다.

그 다음에는 새로운 변수 score에 score1의 값을 대입하고 그때까지 입력된 모든 변수들에 대한 데이터 값들을 하나의 관측으로 출력한다. 즉 score1, score2, score3

들은 출력에서 제외되므로 결국 name과 score (=score1)만 newstat의 첫 번째 관측으로 출력된다.

이어서 변수 score에 score2의 값이 치환되므로 score가 갖고 있던 score1의 값은 score2의 값으로 대체된다. 현재 이 시점에서 존재하는 변수들은 여전히 name과 score (=score2)뿐이며 이 둘이 newstat의 두 번째 관측으로 출력된다.

마지막으로 score에 score3의 값이 들어가고 지금까지와 똑같은 과정을 거쳐 name과 score (=score3)가 newstat의 세 번째 관측으로 출력되어 비로소 SAS 자료 stat의 첫 번째 관측에 관한 처리가 모두 끝난다.

SAS 자료 stat의 두번째 관측에 대한 처리는 이상의 과정을 반복한다.

그리고 이 프로그램에서 만드는 SAS 자료는 newstat 하나이므로 만들어질 SAS 자료의 이름을 굳이 OUTPUT 다음에 지정하지 않아도 괜찮다. 즉 다음과 같이 출력될 SAS 자료의 이름을 명확히 지정하지 않아도 무방하다.

```
DATA newstat;
  SET stat;
  DROP score1-score3;
  score=score1; OUTPUT newstat;
  score=score2; OUTPUT newstat;
  score=score3; OUTPUT newstat;
RUN;
```

5.2.13 DROP 문장

DROP 문장에는 SAS 자료에 포함시키고 싶지 않은 변수들을 지정한다. KEEP 문장과 상반된 역할을 수행한다. 이 문장은 실행문이 아니라 선언문이므로 DATA 단계 내 어디에 나타나도 상관없다.

DROP *variables*;

사용 형식에서 *variables*는 빼고 싶은 변수들의 이름이다.

DATA 문장에서도 사용자 선택사항으로 DROP을 사용할 수 있으나 DATA 단계에서 동시에 처리하는 SAS 자료가 둘 이상일 경우 그 용도에 약간의 차이가 있다.

제 5.2.12 절의 OUTPUT 문장 해설에서 주어진 예제 프로그램을 보자.

```
DATA stat math;
  INPUT course $ name $ score1 score2 score3;
  DROP course;
  IF course='Stat' THEN OUTPUT stat;
                   ELSE OUTPUT math;
DATALINES;
Stat Sung       30 30 40
Math Kim        20 20 30
Stat Lee        10 10 20
Math Park       25 25 35
RUN;
```

여기서는 DROP 문장을 사용하여 변수 course를 삭제함을 선언하고 있는데 이 문장은 생성되는 SAS 자료 stat과 math 양쪽에 다 유효하다.

그러나 생성될 SAS 자료마다 삭제할 변수들이 동일하지 않다면 DROP 문장을 사용할 수 없다. 예를 들어 SAS 자료 stat에서는 전처럼 course를 삭제하지만 math에서는 name만을 빼려면 다음과 같이 DATA 문장에서 선택사항으로 DROP을 사용해야 한다. 즉 SAS 자료마다 빠지는 변수가 다를 때는 DROP 문장을 쓸 수 없다.

```
DATA stat(DROP=course) math(DROP=name);
  INPUT course $ name $ score1-score3;
  IF course='Stat' THEN OUTPUT stat;
                   ELSE OUTPUT math;
DATALINES;
Stat Sung       30 30 40
Math Kim        20 20 30
Stat Lee        10 10 20
Math Park       25 25 35
RUN;
```

5.2.14 KEEP 문장

KEEP 문장은 DROP 문장과 정반대 효과를 갖는다. KEEP 문장은 SAS 자료에 포함할 변수들을 지정한다.

```
KEEP variables;
```

DROP 문장의 경우와 마찬가지로 SAS 자료마다 유지하고 싶은 변수들이 서로 다를 때에는 DATA 문장의 KEEP 선택사항을 사용한다.

5.2.15 DELETE 문장

DELETE 문장은 현재 관측(current observation)에 관한 모든 SAS 문장의 실행을 중지시키고 현재 관측을 SAS 자료에 포함시키지 않는다.

```
DELETE;
```

다음 예를 보자.

```
DATA males;
  INPUT name $ sex $ age;
  IF sex='F' THEN DELETE;
  type='Friend';
DATALINES;
Sung M 33
Moon F 29
Go   M 34
RUN;
```

이 DATA 단계를 실행하면 SAS 자료 males에는 Sung과 Go에 대한 관측만 수록된다. 삭제되는 관측에 대하여 type='Friend'; 문장은 실행되지 않는다.

5.2.16 ABORT 문장

ABORT 문장은 현재 DATA 단계의 실행을 중지시키고 그 직전까지 입력된 데이터를 SAS 자료로 출력한 다음 그 다음의 DATA 단계나 PROC 단계로 넘어가게끔 한다. 경우에 따라 SAS 시스템을 종료시킬 수도 있다.

```
ABORT [RETURN];
```

다음 예를 보자.

```
DATA division;
  INPUT x y;
  IF y=0 THEN ABORT;
  z=x/y;
DATALINES;
1 2
2 0
2 1
RUN;
```

두 번째 관측의 y 값이 0이므로 ABORT가 실행된다. 그러나 ABORT가 실행됨과 동시에 DATA 단계가 끝나지는 않고 현재 관측에 대한 DATA 단계의 실행은 오류가 나든 말든 계속된다. 결국

```
z=x/y;
```

도 마저 실행되어 오류 메시지가 나온 후에 비로소 DATA 단계가 끝이 난다. 결과되는 SAS 자료 division에는 첫 번째 관측에 대한 값들만 수록된다.

ABORT 문장은 통계 자료를 수집하여 파일로 만든 후 입력 오류가 있는지 여부를 검색할 때 많이 쓰인다. 즉 숫자 데이터 값에 문자가 잘못 들어가지 않았는지, 일정 범위의 값을 갖는 숫자 데이터 값에서 범위를 벗어나는 값이 입력되지 않았는지 등을 확인할 때 쓰인다.

ABORT RETURN을 사용하면 SAS 시스템이 완전히 종료된다.

5.2.17 STOP 문장

STOP 문장 역시 DATA 단계의 실행을 중지시키나 ABORT와 다른 점은 STOP 이후에 실행문이 있더라도 실행하지 않고 DATA 단계를 끝낸다는 것이다.

```
STOP;
```

제 5.2.16 절의 ABORT 문장 해설에서 예로 든 DATA 단계에서 ABORT를 STOP으로 대체하면 z=x/y가 실행되지 않으므로 아무런 오류 메시지없이 다음 DATA 단계나 PROC 단계로 넘어간다.

5.2.18 PROC TRANSPOSE: 행과 열의 전치

TRANSPOSE 절차는 관측을 변수로, 또 변수를 관측으로 바꾼다. 물론 이 절차는 DATA 단계에 속한 것은 아니나 주어진 데이터의 행/열 전치는 데이터 조작에 매우 필요한 개념이므로 여기서 소개하는 것이다. 다음 프로그램을 보자.

```
DATA Original;
  INPUT x y z;
DATALINES;
12 19 14
21 15 19
33 27 82
14 32 99
RUN;

PROC TRANSPOSE DATA=Original OUT=Transposed;
RUN;

TITLE "Transposed Data";
PROC PRINT DATA=Transposed;
RUN;
```

Obs	x	y	z
1	12	19	14
2	21	15	19
3	33	27	82
4	14	32	99

< SAS 자료 Original >

Transposed Data

Obs	_NAME_	COL1	COL2	COL3	COL4
1	x	12	21	33	14
2	y	19	15	27	32
3	z	14	19	82	99

< SAS 자료 Transposed: **행과 열이 전치됨** >

SAS 자료 Original에는 4 개 관측과 3 개 변수가 존재한다. 이를 전치한 SAS 자료 Transposed에는 3 개 관측과 4 개 변수가 존재한다. 전치된 SAS 자료를 보면 변수 이름으로 COL*n* 형식의 이름이 부여되었다. 여기서 COL은 열(column)을 의미한다.

그런데 TRANSPOSE 절차의 진정한 가치는 BY 문장과 더불어 발휘된다. 다음 프로그램을 보자.

```
DATA Old;
  INPUT subject time x;
DATALINES;
1  2  12
1  4  15
1  7  19
2  2  17
2  7  14
3  2  21
3  4  15
```

```
3  7  18
RUN;

PROC SORT DATA=Old;
  BY subject;
RUN;

PROC TRANSPOSE DATA=Old OUT=New PREFIX=Value;
  BY subject;
  ID time;
RUN;

PROC PRINT DATA=New;
RUN;
```

Obs	subject	time	x
1	1	2	**12**
2	1	4	**15**
3	1	7	**19**
4	2	2	17
5	2	7	14
6	3	2	21
7	3	4	15
8	3	7	18

< SAS 자료 Old >

Obs	subject	_NAME_	Value2	Value4	Value7
1	1	x	12	15	19
2	2	x	17	.	14
3	3	x	21	15	18

< SAS 자료 New >

이 프로그램을 실행하면 BY 변수 subject를 기준으로 행과 열의 전치가 이루어지는데 BY 변수 자체는 전치되지 않는다. 그리고 PREFIX 지정은 새로운 열변수 이름들에 공통적인 접두사를 지정하는 것이다. 그리고 이러한 접두사 Value에 ID 문장에서 지정한 변수의 값들이 덧붙는다. SAS 자료 New에서 밑줄 그은 부분들을 확인해보라. TRANSPOSE 절차는 실험설계 데이터의 구조를 변형하는 과정에서 유용히 사용할 수 있다.

5.3 제어 문장

제어 문장(control statement)은 DATA 단계에 나열된 SAS 문장들의 실행 흐름을 선택적으로 조절하는 목적으로 사용한다. SAS 시스템에서 지원하는 제어 문장에는 IF, SELECT, WHERE 같은 조건 문장, DO와 같은 반복 문장, 그리고 GOTO나 LINK와 같이 실행 흐름을 건너뛰는 문장 등이 있다. GOTO나 LINK는 이해하기 쉽고 간편한 조절 문장이지만, IF, DO, SELECT 문장 등을 잘 사용하면 동일한 효과를 얻을 수 있으며 또 GOTO나 LINK 문장이 많은 프로그램은 실행 효율의 관점에서 좋은 프로그램이라 할 수 없다. 이런 논의는 일반 컴퓨터 언어에도 그대로 적용되며 흔히 구조화된 언어(structured language)라 불리는 컴퓨터 언어들은 GOTO 문장의 남용을 지양하고 있다.

5.3.1 IF-THEN/ELSE 문장

IF 문장은 뒤따르는 조건 수식의 결과에 따라 SAS 문장의 실행 흐름을 선택적으로 제어한다. 사용 형식은 다음 세 가지다.

① IF ***expression***;
② IF ***expression*** THEN ***statement***;
③ IF ***expression*** THEN ***statement***; ELSE ***statement***;

여기서 *expression*은 적법한 SAS 수식, *statement*는 SAS 문장을 뜻한다.
사용형식 ①은 부분집합화 IF (subsetting IF)라 부르며 입력 관측들 중 IF 다음의 조건에 합치되는, 다른 말로 IF 다음의 수식이 참인 관측들만 골라 새로운 SAS 자료를 만들 때 쓰인다. 다음 예를 보자.

```
DATA class;
  INPUT name $ sex $ age @@;
DATALINES;
Sung M 33   Park M 28   Huh  F 19
Moon F 29   Ahn  M 34   Kim  M 42
RUN;

DATA males;
  SET class;
  IF sex='M';
RUN;
```

위 프로그램을 실행하면 SAS 자료 class에서 sex가 'M'인 관측들만 걸러져 새로운 SAS 자료 males가 생성된다. 결국 SAS 자료 males는 SAS 자료 class에서 IF 조건에 합치되는 관측들만으로 이루어지는 SAS 자료 class의 부분 집합이다. 이와같은 연유로 THEN이 따르지 않는 독립적인 IF 문장을 부분집합화 IF라 한다.

그런데 이러한 부분집합 생성시 OUTPUT 문장을 추가해도 같은 효과를 얻을 수 있다. 즉 다음과 같이 IF 문장을 작성해도 똑같은 결과를 얻는다.

```
IF sex='M' THEN OUTPUT;
```

Obs	name	sex	age
1	Sung	M	33
2	Park	M	28
3	Ahn	M	34
4	Kim	M	42

< SAS 자료 males >

사용형식 ②는 IF 다음의 수식이 참일 경우에 한하여 THEN 이후의 문장을 실행하고자 할 때 사용한다. 다음은 앞의 예에서 SAS 자료 class의 변수 sex의 데이터 값이 M이면 M 대신 Male을 넣는 프로그램이다.

```
DATA new;
  SET class;
  IF sex='M' THEN sex='Male';
RUN;
```

Obs	name	sex	age
1	Sung	Male	33
2	Park	Male	28
3	Huh	F	19
4	Moon	F	29
5	Ahn	Male	34
6	Kim	Male	42

< SAS 자료 new >

사용형식 ③은 IF 다음의 수식이 참이면 THEN 이후의 문장을 실행하고, 거짓이면 ELSE 이후의 문장을 실행한다. 예로써 SAS 자료 class에서 만일 변수 sex의 데이터 값이 M이면 Male로, 아니면 Female로 바꾸려면 다음과 같이 프로그램을 작성할 수 있다.

```
DATA class;
  SET class;
  IF sex='M' THEN sex='Male'; ELSE sex='Female';
RUN;
```

Obs	name	sex	age
1	Sung	Male	33
2	Park	Male	28
3	Huh	Female	19
4	Moon	Female	29
5	Ahn	Male	34
6	Kim	Male	42

< SAS 자료 class >

IF-THEN/ELSE 문장은 SAS뿐 아니라 일반 컴퓨터 언어에서도 똑같이 사용 가능하지만 부분집합화 IF의 기능은 SAS에만 존재한다.

사용형식 ③에서 ELSE 다음에 다시 새로운 IF-THEN/ELSE 문장이 나올 수 있다. 한 가지 예를 들어보자. 연도를 400으로 나누어 떨어지면 이월이 28일, 400으로 나누어 떨어지지는 않으나 4의 배수인 연도는 윤년으로 이월이 29일, 그 이외는 28일이다. 다음은 이것을 IF-THEN/ELSE로 프로그램한 것이다.

```
IF MOD(year,400)=0 THEN February=28;
                        ELSE IF MOD(year,4)=0 THEN February=29;
                                                   ELSE February=28;
```

여기서 MOD는 SAS 함수의 하나로서 나머지 값을 계산한다. 그리고 ELSE 다음에 새로운 IF-THEN/ELSE 문장이 반복되는 것을 포개어진(nested) IF-THEN/ELSE 문장이라 부른다.

5.3.2 DO-WHILE | UNTIL-END 문장

DO 문장은 DO 이하부터 대응되는 END 문장 사이의 모든 SAS 문장들을 하나의 단위 프로그램으로 실행하고자 할 때 사용한다. DO와 END 문장 사이에 포함되는 실행 가능한 SAS 문장들을 **DO 그룹**(DO group)이라 한다. DO 그룹은 또 다른 DO 그룹을 포함할 수 있으며 이와 같이 포개어진 DO 그룹의 갯수는 제한이 없다.

DO 문장에는 단순 DO, 반복 DO, DO WHILE, DO UNTIL 문장 등 여러 유형이 있다. 어느 DO 문장을 사용하든 **DO 그룹의 끝은 반드시 END 문장으로 마감**함을 잊지 말라. 특히 포개어진 DO 그룹의 경우, 초심자가 자주 범하는 오류 중의 하나가 대응되는 END 문장이 없는 DO 그룹을 삽입하는 것이다. 언제나 DO의 갯수와 END의 갯수가 일치하는지 확인하는 습관을 들여야 한다.

(1) 단순 DO 문장

단순 DO (simple DO) 문장은 DO 그룹 내 SAS 문장들을 한 단위로 묶어 처리할 때 사용한다. 사용 형식은 다음과 같다.

```
DO;
  SAS statements
END;
```

여기서 SAS *statements*는 실행 가능한 SAS 문장들을 뜻한다.

단순 DO 문장은 흔히 IF-THEN/ELSE 문장과 연계되어 사용된다. 일반적으로 IF 문장에서 THEN이나 ELSE 다음에는 원래 실행문을 단 하나만 지정할 수 있다. 그런데 THEN이나 ELSE 다음에 실행문을 둘 이상 나열할 필요가 있을 때가 있다. 이런 경우에는 단순 DO 문장을 사용하여 둘 이상의 실행문들을 한 단위로 만들어주어야 한다. 다음은 잘못된 프로그램이다.

```
IF k>0 THEN xsquare=x*x;
            PUT @20 x= @40 xsquare=;
       ELSE ysquare=y*y;
            PUT @20 y= @40 ysquare=;
k=k+1;
```

다음은 이 프로그램에 단순 DO 문장을 삽입하여 제대로 고친 것이다.

```
IF k>0 THEN DO;
                xsquare=x*x;
                PUT @20 x= @40 xsquare=;
            END;
       ELSE DO;
                ysquare=y*y;
                PUT @20 y= @40 ysquare=;
            END;
k=k+1;
```

이와 같이 단순 DO 문장은 IF 조건이 참이냐 또는 거짓이냐에 따라 서로 다른 일련의 SAS 문장들을 실행하고자 할 때 주로 사용한다. 위의 예에서 k 값이 0보다 크면 변수 x를 제곱하여 그 결과를 출력하고, 아니면 변수 y 값을 제곱하여 그 결과를 출력한다.

위 프로그램을 DO 문장을 쓰지 않고 IF-THEN/ELSE 문장을 사용하여 다음과 같이 작성할 수도 있다.

```
IF k>0 THEN xsquare=x*x;
       ELSE ysquare=y*y;
IF k>0 THEN PUT @20 x= @40 xsquare=;
       ELSE PUT @20 y= @40 ysquare=;
k=k+1;
```

두 프로그램은 동일한 결과를 출력하나 효율성의 관점에서는 큰 차이가 있다. 간단히 말해서 IF 문장을 많이 쓰는 것은 좋지 않다. IF를 두 번 계산하는 것보다 한 번 계산하는 것이 훨씬 더 효율적이다. 게다가 구조적으로 첫 번째 프로그램이 두 번째 프로그램보다 읽기가 더 쉽다.

어떤 컴퓨터 프로그램이고 이해하기 쉽고 실행 시간이 단축되는 효율적 프로그램을 작성하려면 가급적 IF 문장과 GOTO 문장 류를 덜 써야한다. IF와 GOTO가 많으면 프로그램에 오류가 있더라도 고치기 어렵다.

(2) 반복 DO 문장

반복 DO (iterative DO) 문장은 DO 그룹을 여러 번 반복 실행할 때 사용한다.

> DO *index*=*start* TO *stop* BY *inc* [WHILE | UNTIL(*expression*)];
>   *SAS statements*
> END;

여기서 *SAS statements*는 실행 가능한 SAS 문장, *expression*은 SAS 수식을 의미한다. DO 그룹의 반복 실행 횟수는 **지표변수**(index variable) 값에 의존한다. 사용형식에서 *index*는 지표변수, *start*는 지표변수의 초기값, *stop*은 지표변수의 상한값, *inc*는 지표변수의 증가분(increment)이다. 증가분의 디폴트는 +1이며 음수를 취할 수도 있다.

이와 같은 반복 DO 문장은 지표변수 값이 초기값 이상 상한값 이하에 있을 때에 한하여 DO 그룹을 실행하며, WHILE을 덧붙여 사용할 때는 WHILE 다음에 지정된 수식이 참일 때에 한하여 DO 그룹을 실행하고, UNTIL을 덧붙여 사용하면 UNTIL 다음의 수식이 참이 될 때까지 DO 그룹을 실행한다. TO와 BY 구문은 불필요하면 생략할 수 있다. 그리고 지표변수의 값은 END 문장에 부딪치면 자동적으로 증가분만큼 증감한다.

반복 DO 문장은 DO 문장들 중 가장 널리 사용되므로 많은 실례를 들었다.

[예 1] 다음은 가장 단순한 반복 DO 문장의 예다.

```
DO i=3;
   j=i*i;
   PUT i j;
END;
```

DO 그룹은 i가 3일 때 단 한 번 실행된다. 실행하면 i=3, j=9가 된다. 이 DO 문장은 DO를 사용하지 않은 다음 문장들과 동일한 효과를 갖는다.

```
i=3;  j=i*i;  PUT i j;
```

[예 2] 다음은 TO 구문을 사용하여 지표변수의 상한값을 지정한 경우다. DO 그룹이 열 번 실행된다.

```
DO i=1 TO 10;
 ⋮   (SAS 문장들)
END;
```

[예 3] 다음은 지표변수 값을 일일이 나열한 경우다.

```
DO count=1,3,5,7,9;
   z=count+1;
END;
```

count의 값이 1, 3, 5, 7, 9로 바뀌면서 DO 그룹이 다섯 번 실행된다. 결과되는 z 값은 2, 4, 6, 8, 10이다.

[예 4] 증가분을 지정하는 BY 구문이 사용된 경우다.

```
DO i=1 TO 10 BY 2;
```

```
   PUT i;
END;
```

i가 1부터 10까지 2씩 증가하며 DO 그룹이 실행되므로 i 값의 출력은 1, 3, 5, 7, 9다.

[예 5] 지표변수가 변하는 범위를 동시에 두 가지 지정한 경우다.

```
DO i=1 TO 3, -2 TO -1;
   PUT i;
END;
```

이 DO 그룹은 i 값이 1, 2, 3, 그리고, −2, −1로 바뀌며 실행된다.

[예 6] 지표변수로 문자값이 사용된 경우다.

```
DO count='One', 'Two', 'Three';
   PUT count;
END;
```

지표변수로 문자값을 사용할 때는 문자값을 따옴표로 둘러치고 문자값 사이에 쉼표를 사용한다. count는 One, Two, Three로 값이 바뀌면서 DO 그룹이 실행된다.

[예 7] 초기값, 상한값, 증가분을 변수로 지정하는 예다.

```
k=0; n=5; m=0.5;
DO i=k TO n BY m;
   y=SIN(i);
   PUT i y;
END;
```

i가 0부터 5까지 0.5 단위로 증가하면서 SIN 함수값을 계산한다.

[예 8] 초기값, 상한값, 증가분 모두에 실수 사용이 가능하다.

```
DO i=1.23 TO 2.5 BY 0.023;
   y=LOG(i);
   PUT i y;
END;
```

지표변수 i의 값이 2.5를 넘지 않는 범위에서 LOG 함수 값을 계산한다.

[예 9] WHILE 구문의 사용례다.

```
k=1;
DO i=1 TO 500 WHILE(k<5);
   k=k+1;
   PUT i k;
END;
```

지표변수 값이 500이 넘지 않을 때까지 DO 그룹을 실행하되 동시에 k<5의 조건도 만족해야 한다. i와 k의 출력 결과는 순서대로 다음과 같다.

i	k
1	2
2	3
3	4
4	5

그런데 여기서 네 번째 줄의 출력 결과를 보고 의아해할 독자가 있을지 모르겠다. WHILE 다음의 조건에 k 값이 5보다 작아야 함을 명시했는데도 불구하고 5가 출력되었으니 말이다. 그러나 이것은 잘못이 아니다. 세 번째로 DO 그룹을 실행하면 k 값에 4가 들어가고 END 문장에 부딪쳐 다시 DO 문장으로 돌아가는데 이때의 k 값은 여전히 4이므로 WHILE 조건에 합치된다. 따라서 DO 그룹을 벗어나지 않고 DO 그룹을 계속 실행하므로 위와 같은 결과가 나오게 되는 것이다.

[예 10] UNTIL 구문의 사용례다.

```
k=1;
DO i=1 TO 500 UNTIL(k>=5)
   k=k+1;
   PUT i k;
END;
```

예 9와 똑같은 결과를 얻는다. UNTIL은 WHILE과 보상적인 관계에 있다.

이상의 예에서 지표변수로 주로 i를 사용했지만 이는 편의상 그런 것이고 지표변수의 이름은 사용자가 정의하기 나름이다.

반복 DO 문장의 실행 메카니즘을 좀더 이해하기 위하여 다음을 보자.

```
DO k=1 TO 5;
 :  (SAS 문장들)
END;
PUT k;
```

이 프로그램에서는 k 값이 1부터 5까지 1 단위로 증가하면서 DO 그룹을 실행한다. DO 문장을 벗어난 후에 k 값을 출력하면 그 값이 어떻게 될까?

답은 6이다. 지표변수는 END 문장과 만나면 자동적으로 증가분만큼 지표변수값을 증감한다. 이 경우에는 그 값이 명시되어 있지 않으므로 자동적으로 1이다. 따라서 k가 5일 때 DO 그룹을 실행하고 END에 가서 1이 증가되어 6이 된 다음 다시 처음의 DO로 돌아가보니 실행 조건에 맞지 않으므로 DO를 벗어나게 되므로 이때 k를 출력하면 6이 되는 것이다.

다음 DATA 단계를 보자.

```
DATA random;
  DO n=1 TO 10;
     x=UNIFORM(0);
     PUT n x;
  END;
RUN;
```

이 프로그램을 실행하면 Log 윈도우로 모두 열 개의 균등난수가 출력된다. 그러나 이 DATA 단계에서 만들어지는 SAS 자료 random에도 생성된 열 개의 난수가 열 개의 관측으로서 들어가 있을까? 그렇지 않다. PRINT 절차를 이용하여 결과된 SAS 자료 random을 출력시키면 포함된 변수는 n과 x의 두 개이며 관측 갯수는 단 하나로서 저장된 n 값은 10이며 또 n이 10일 때 생성된 난수 x의 값만 저장되어 있음을 확인할 수 있다. 이는 DO 그룹의 실행을 벗어나면서 비로소 DATA 단계가 단 한 번 실행되는 관계로 DO 그룹을 벗어나면서 마지막으로 할당된 n과 x 값이 random에 수록되기 때문이다.

DATA 단계에서 반복 DO 문장을 사용하면 지표변수도 SAS 자료로 자동 출력됨을 유의하라. 그런데 지표변수 이름을 일부러 SAS 자료의 변수 이름으로 사용하지 않는 한 데이터에서 지표변수가 필요한 경우는 거의 없다. SAS 자료로 지표변수가 출력되는 것을 억제하려면 DATA 문장에서 DROP을 사용한다.

다음은 앞에서 제시한 프로그램에 OUTPUT 문장을 삽입하여 열 개의 난수 전부를 SAS 자료 random으로 출력시키는 프로그램이다. DATA 문장에서 DROP을 지정하여 지표 변수의 출력을 막았다.

```
DATA random (DROP=n);
  DO n=1 TO 10;
     x=UNIFORM(0); OUTPUT;
  END;
RUN;
```

DO 그룹 내부에서 지표변수의 값을 변경할 수도 있다. 다음을 보자.

```
DATA test;
  DO n=1 TO 10;
     x=UNIFORM(0); OUTPUT;
     IF x>0.9 THEN n=10;
  END;
RUN;
```

생성된 난수의 값이 0.9보다 크면 지표변수 n에 10이 할당된다. 그러고 나서 END 문장을 만나면 1이 증가되어 n의 값이 11이 되므로 DO를 벗어나게 된다. 물론 0.9 이상의 난수가 없었다면 SAS 자료 test에는 모두 열 개의 난수가 출력될 것이다.

DO 그룹은 그 자체 내에 또 다른 DO 그룹을 가질 수 있다.

```
DO i=1 TO 10;
   DO j=1 TO 10;
      DO k=1 to 5;
         test=i*j*k; PUT i j k test;
      END;
   END;
END;
```

(3) DO WHILE과 DO UNTIL 문장

DO WHILE 문장, DO UNTIL 문장 등은 반복 DO 문장에서 WHILE, UNTIL 구문과 동일한 기능을 갖는데 차이점은 지표변수가 없는 것이다. 이 두 문장은 서로 보상적 관계로서 DO WHILE 문장은 그 다음의 수식 조건이 참인 경우에 한하여 DO 그룹이 실행되지만 DO UNTIL은 그 다음의 수식 조건이 참이 될 때까지 DO 그룹이 실행된다.

```
① DO WHILE(expression);
      SAS statements
   END;

② DO UNTIL(expression);
      SAS statements
   END;
```

다음의 두 예는 동일한 효과를 갖는다.

```
n=0;                          n=0;
DO WHILE(n<3);                DO UNTIL(n>=3);
   nn=n*n; PUT n nn;             nn=n*n; PUT n nn;
   n+1;                          n+1;
END;                          END;
```

이 프로그램에서

```
n+1;
```

은

```
n=n+1;
```

과 동일한 기능을 갖는 간편한 축약형 합산문장이다. 합산문장에 대해서는 제 5.4.4 절을 보라.

5.3.3 SELECT-WHEN/OTHERWISE-END 문장

SELECT 문장은 지정된 변수 또는 수식의 값에 따라 여러 개의 SAS 문장 그룹들 중 어느 하나를 골라서 실행하고자 할 때 사용한다. 사용 형식은 다음과 같다.

```
SELECT (expression);
  WHEN (expression) statement;
  WHEN (expression) statement;
   .
   .
   .
  OTHERWISE statement;
END;
```

여기서 OTHERWISE는 생략할 수 있다. 다음 예를 보자.

```
DATA test;
  INPUT a x y;
  SELECT (a);
    WHEN (1) z=x+y;
    WHEN (2) z=x-y;
    WHEN (3) z=x*y;
    WHEN (4) z=x/y;
```

```
    OTHERWISE z=y/x;
  END;
DATALINES;
1  2  3
2  3  4
3  4  5
4  5 10
5 10  5
6  3  9
2 10  5
RUN;
```

첫 번째 관측에서 a의 값은 1이므로 z=x+y를 실행하여 z는 5가 된다. 두 번째 관측에서는 a의 값이 2이므로 z=x−y를 실행하게 되며 z는 −1이다. 이런 식으로 진행되다가 다섯 번째 관측에서는 a의 값으로 5가 입력되므로 WHEN 조건에 부합되는 것이 없으므로 OTHERWISE 다음의 실행문이 처리되며 이 경우 z는 0.5다.

이와 같이 SELECT 문장에서는 SELECT 다음의 괄호 속 수식을 계산하여 그 값과 일치하는 WHEN 다음의 수식을 찾아 뒤따르는 SAS 문장을 실행하되 합치되는 수식이 없으면 OTHERWISE 다음의 SAS 문장을 실행하는 것이다.

또 다른 예를 보자.

```
DATA test2;
  INPUT a x y;
  SELECT (a+1);
    WHEN (1) DO; z=x+y; zz=z*z; END;
    WHEN (3) z=x*y;
    OTHERWISE;
  END;
DATALINES;
0 1 2
1 2 3
2 3 4
5 4 3
RUN;
```

이 프로그램을 보면 OTHERWISE 다음에는 아무런 실행문이 없이 세미콜론으로 그냥 끝났는데 이것은 (a+1)이 1이나 3이 아닌 경우에는 아무 것도 실행할 필요가 없음을 나타낸다.

OTHERWISE 문장은 있어도 좋고 없어도 좋으나 없을 경우에 SELECT 수식의 계산값이 WHEN 조건 어디에도 부합되지 않으면 오류가 발생한다. 자신의 자료 구조에 확신이 없는 한 가급적 OTHERWISE 문장을 삽입하는 편이 안전하다.

WHEN 다음에 여러 개의 SAS 문장들을 실행하려면 위 DATA 단계의 WHEN (1)에서와 같이 단순 DO 문장을 사용한다.

다음 예는 단순 DO 안에 새로운 SELECT 문장이 포함된 경우다.

```
SELECT (a);
  WHEN (1) DO;
             SELECT (b);
               WHEN (-1) DO;
                           c=x**3;
                           d=y**3;
                         END;
               WHEN (-2) c=x*x;
               WHEN (-3) d=y*y;
               OTHERWISE;
             END;
           END;
  WHEN (2) c=x*y;
  WHEN (3) d=x/y;
  OTHERWISE;
END;
```

5.3.4 WHERE 문장

WHERE 문장은 지정된 특별한 조건에 합치하는 관측들만 선별적으로 읽어들일 때 사용한다.

WHERE ***whereexpression***;

*whereexpression*에는 SAS 수식을 지정하는데, +, −, *, / 와 같은 산술연산자,

=, ^=, <, <=, >, >=과 같은 비교연산자, &, |, ^와 같은 논리연산자를 사용할 수 있다. 그리고 특수한 비교연산자 IN도 사용 가능하다.

다음은 SAS 자료 saram으로부터 변수 sex의 데이터 값이 Male인 관측들만 읽어 새로운 SAS 자료 namja로 출력하는 예다.

```
DATA namja;
  SET saram;
  WHERE sex='Male';
RUN;
```

위 프로그램은 부분집합화 IF를 사용해서 작성할 수도 있지만 WHERE 문장을 사용하면 관측들이 DATA 단계로 들어오기 전에 조건에 맞는 관측들을 미리 고르나, 부분집합화 IF를 사용하면 관측들이 일단 DATA 단계로 들어온 뒤에 조건에 맞는 관측들을 고른다. WHERE 문장이 훨씬 효율적이다.

다음은 SAS 자료 saram으로부터 변수 city의 값이 Seoul이나 Busan인 관측들만 읽는 예다.

```
DATA metro;
  SET saram;
  WHERE city IN ('Seoul', 'Busan');
RUN;
```

5.3.5 GO TO 또는 GOTO 문장

GO TO 문장은 지정된 레이블(label)이 있는 곳으로 SAS 문장의 실행을 건너뛰게 한다. GO와 TO를 붙여 GOTO로 써도 좋다.

GO TO *label*;

GOTO와 더불어 사용되는 문장이 RETURN 문장인데, GOTO 다음에 RETURN 문장이 나타나면 SAS 문장의 실행을 무조건 DATA 단계의 처음으로 보낸다. 제 5.3.6

절의 LINK 문장 역시 GOTO 문장과 비슷한 역할을 하나 차이점은 RETURN 문장을 만나면 SAS 문장의 실행을 LINK 직후로 보내는 것이다.

다음 예를 보자.

```
DATA division;
  INPUT x y;
  IF y=0 THEN GO TO noway;
  z=x/y;
  noway: q=x+y;
DATALINES;
1 2
2 0
2 1
RUN;
```

y 값이 0이라 나눗셈이 불가능할 때 레이블 noway의 위치로 실행을 이동하여 오류를 방지하는 프로그램이다. 이동 위치를 나타내는 레이블에는 콜론(:)을 덧붙여 변수 이름과 구별한다. 그러나 GOTO 문장에 지정하는 레이블에는 콜론을 덧붙이지 않는다. 다음은 SAS 자료 division의 인쇄 결과다.

Obs	x	y	z	q
1	1	2	0.5	3
2	2	0	.	2
3	2	1	2.0	3

< SAS 자료 division >

다음은 RETURN 문장과 더불어 쓰인 예다.

```
DATA division;
  INPUT x y;
  IF y=0 THEN GO TO noway;
  z=x/y;
  RETURN;
  noway: q=x+y;
DATALINES;
```

```
1 2
2 0
2 1
RUN;
```

앞의 프로그램에서는 y가 0이 아닌 경우 DATA 단계의 모든 문장이 실행되었지만, 지금 프로그램에서는 RETURN 문장이 사용되어 y가 0이 아니면 변수 q의 연산이 실행되지 않는다. 다음의 인쇄 결과와 앞서 제시한 인쇄 결과를 비교해보라.

Obs	x	y	z	q
1	1	2	0.5	.
2	2	0	.	2
3	2	1	2.0	.

결국 RETURN 문장이 존재하면 DATA 단계의 실행이 RETURN 이후로는 절대 넘어가지 않음을 알 수 있다.

앞서도 언급하였지만 GOTO 문장의 효과는 IF나 DO 문장으로 대체 가능하다. 그리고 GOTO 문장의 남용은 프로그램의 효율성을 떨어뜨리므로 숙련된 프로그래머라면 가급적 GOTO 문장의 사용을 피하는 것이 좋다.

5.3.6 LINK 문장

LINK 문장은 반드시 하나 이상의 RETURN 문장을 동반한다. LINK 문장을 만나면 지정한 레이블이 있는 위치로 이동하여 일련의 SAS 문장을 실행한 후 RETURN을 만나면 다시 원래 LINK 문장 직후의 SAS 문장을 실행한다.

LINK *label*;

LINK-RETURN 그룹은 내부에 또다른 LINK-RETURN 그룹을 포함할 수 있다.

그러나 이런 식의 사용보다는 DO-END 그룹을 사용하는 것이 더 간단하다.
다음 예를 보자.

```
DATA division;
  INPUT x y;
  IF y=0 THEN LINK modify;
  z=x/y; c='OK';
  RETURN;
  modify: x=x+1; y=y+1;
          RETURN;
DATALINES;
1 2
2 0
RUN;
```

첫 번째 관측에서는 x=1, y=2이므로 z=0.5, c='OK'가 된다. 두 번째 관측에서는 y의 값이 0이므로 실행이 modify로 옮겨져 x=2+1=3, y=0+1=1을 실행한 후 다시 LINK 다음 문장으로 가서 z=3/1=3, c='OK'가 되며 그 다음 RETURN 문장으로 DATA 단계의 처음으로 되돌아간다.

5.3.7 RETURN 문장

RETURN 문장은 SAS 문장들의 계속적인 실행을 중지하고 미리 지정한 위치로 실행 지점을 이동시킨다. LINK 문장과 더불어 사용된 RETURN이라면 LINK 문장 직후의 SAS 문장으로 실행이 이동되며, 기타 경우에는 DATA 단계의 처음으로 이동하여 새로운 DATA 단계의 실행이 시작된다.

RETURN;

다음은 분모의 값이 0일 때 나눗셈을 하지 못하게 하는 프로그램이다.

```
DATA division;
```

```
    INPUT x y;
    IF y=0 THEN RETURN;
    z=x/y;
DATALINES;
1 2
2 0
2 1
RUN;
```

SAS 자료 division의 인쇄 결과를 보라. y 값이 0이면 z=x/y는 실행되지 않는다.

Obs	x	y	z
1	1	2	0.5
2	2	0	.
3	2	1	2.0

5.4 기타 문장들

이 절에서 소개하는 문장들은 DATA 단계의 프로그램 작성에서 가장 기본적인 문장들이지만 편의상 기타 문장으로 분류하였다. 그러나 쓰임새나 사용 빈도면에서 오히려 더 중요하다고 할 수 있다.

5.4.1 할당 문장

할당(assignment) 문장은 등호 오른쪽의 수식을 계산하여 산출된 값을 등호 왼쪽의 변수에 넣는 형태의 문장들을 통칭하는 것이다.

```
variable= expression;
```

지금까지 해설에서 묵시적으로 설명없이 할당 문장을 많이 사용했으므로 새삼 설명은 필요없을 것이다. 다음 문장들을 보자.

```
a=3;
a=a+2;
```

여기서 두 번째 문장에 나타난 좌우의 a 값들은 서로 같지 않다. 이 문장의 뜻은 우변의 a+2를 계산하여 좌변의 a에 넣으라는 것이다. 결국 a에는 5가 들어간다.

5.4.2 BY 문장

DATA 단계에서 BY 문장은 SET 문장 또는 MERGE 문장과 어울려 사용되며 순서화된 변수들 기준으로 작업할 때 사용한다.

BY [DESCENDING] ***variables***;

BY 다음에 나열하는 변수를 **BY 변수**라 하며 BY 변수를 기준으로 오름차순의 정리가 디폴트다. 만일 내림차순으로 순서화된 변수를 처리할 때는 DESCENDING을 명시해야 한다.

DATA 단계에서 BY 문장을 사용하려면 그 이전에 SORT 절차를 이용하여 BY 변수를 기준으로 SAS 자료가 순서화되어 있어야 한다. 다시 말해서 MERGE 문장 등과 더불어 다음과 같은 BY 문장을 사용하려면 SAS 자료 a와 b는 미리 변수 x, y에 대하여 오름차순으로 순서화되어 있어야 한다.

```
DATA test;
  MERGE a b;
  BY x y;
RUN;
```

또 변수 x는 내림차순으로, 변수 y는 오름차순으로 순서화된 SAS 자료를 처리하려면 BY 문장은 다음과 같이 작성한다.

```
BY DESCENDING x y;
```

만일 x, y 둘 다 내림차순으로 처리하려면 BY 문장의 사용 형식은 다음과 같다.

```
BY DESCENDING x DESCENDING y;
```

5.4.3 RETAIN 문장

일반적으로 DATA 단계는 관측 단위로 실행된다. 즉 첫 번째 관측에 대한 실행 결과는 두 번째 관측에 대한 실행에 아무런 영향을 미치지 않는다. 그러나 가끔 선행 관측의 실행 결과에 따라 뒤따르는 관측의 실행 방향을 제어할 필요가 있을 때가 있다. 방금 읽은 데이터 값을 계속 유지하여 다음 DATA 단계에서 이용하고 싶을 때 사용하는 문장이 바로 RETAIN 문장이다.

RETAIN *variables*;

여기서 *variables*는 그 값을 유지하고 싶은 변수 이름들이다. RETAIN 문장은 실행문이 아니라 선언문이므로 DATA 단계 어디에 삽입해도 상관없다. RETAIN 문장은 오로지 바로 직전 DATA 단계에서 입력된 값만 유지한다. 적어도 두 단계 이전의 변수 값을 기억하고 싶으면 LAG 함수를 사용해야 한다.

다음은 동일한 관측이 겹쳐 입력된 SAS 자료에서 겹친 관측을 제거하는 프로그램 예다.

```
DATA phone;
  INPUT name $ area $ number;
DATALINES;
Sung    02 4169679
Moon    02 7976155
Oh    0341  876322
```

```
KETEL   02 3122868
Moon    02 7976155
Sung    02 4169679
RUN;

PROC SORT;
  BY name;
RUN;

DATA phone;
  SET phone;
  IF oldname=name THEN DELETE;
  oldname=name;
  RETAIN oldname;
RUN;
```

첫 번째 DATA 단계를 보면 name이 Sung과 Moon인 관측들이 겹쳐 입력되었다. RETAIN 문장을 사용하여 겹친 관측을 제거하려면 그러한 관측들이 이웃해 있어야 한다. 이를 위하여 가장 손쉬운 방법은 SORT 절차를 사용하는 것이다. 따라서 위 프로그램에서는 먼저 변수 name을 기준으로 데이터를 순서화하였다.

두 번째 DATA 단계를 보자. SAS 자료 phone을 SET 문장으로 읽어들이는데 만일 oldname과 name을 비교하여 이 둘이 일치하면 현재 관측을 제거한다. 그러나 첫 번째 관측에서 oldname은 아직 정의되어 있지 않으므로 oldname의 값으로는 분실 데이터 값을 표시하는 마침표(.)가 들어간다. 따라서 oldname과 name의 값은 서로 다르므로 그 다음 문장으로 가서 oldname에 방금 읽은 name의 값 'KETEL'을 넣게 되고 이 값이 두 번째 관측의 입력 때까지 유지된다. 두 번째 관측을 입력할 때 oldname의 값은 'KETEL', name의 값은 'Moon'이 된다. SAS 자료 phone의 인쇄 결과를 보라.

Obs	name	area	number
1	KETEL	02	3122868
2	Moon	02	7976155
3	Oh	0341	876322
4	Sung	02	4169679

< SAS 자료 phone >

5.4.4 합산 문장

통계 연산 중 가장 보편적인 것이 합산(sum)인데 SAS 시스템에서는 상당히 간편히 합산을 할 수 있다.

***variable* + *expression*;**

여기서 *variable*은 누적된 값이 들어가는 변수 이름, *expression*은 적당한 수식이다. 초기값 없이 사용된 변수에는 최초 실행시 0이 들어간다.

다음 예를 보자. 여기서는 x 값이 0인 관측들의 갯수를 센다.

```
DATA xequals0;
  INPUT x @@;
  IF x=0 THEN count+1;
DATALINES;
0 4 0 9 7 0 5
RUN;
```

이 프로그램에서 'count+1'이 합산 문장이다. 다음은 SAS 자료 xequals0를 인쇄한 결과다.

Obs	x	count
1	0	1
2	4	1
3	0	2
4	9	2
5	7	2
6	0	3
7	5	3

< SAS 자료 xequals0 >

이 출력에서 한 가지 알 수 있는 사실은 0이 아닌 x를 포함하는 관측에서도 count의 값이 유지된다는 점이다. 이는 내부적으로 RETAIN 문장이 실행되었음을 나타낸다.

또 다른 예를 들어보자.

```
a=5;
a+2;
PUT a;
```

여기서 a의 출력 결과는 7이다.

감산 혹은 빼기 연산은 어떻게 할까? 다음과 같은 문장은 언뜻 그럴듯해 보이기는 하나 올바른 SAS 문장이 아니다.

```
interest-debt;
```

감산은 다음과 같이 합산 문장을 이용하여 수행할 수 있다.

```
interest+(-debt);
```

다음과 같은 식의 표현도 가능하다.

```
x+y=0;
```

이 문장은 언뜻 잘못된 것으로 오인할 수 있지만, 실은

```
x+(y=0);
```

의 축약 형태로서 괄호 속의 y=0는 비교연산이다. 즉 (y=0)이 참이면 비교연산의 결과는 1이 되며, 거짓이면 0이 되는 적법한 SAS 문장의 하나다.

또 다음 두 문장은 서로 동일하다.

```
IF age < 50 THEN count+1;     ⇔     count + (age < 50);
```

5.4.5 LABEL 문장

DATA 단계에서 LABEL 문장은 변수에 레이블을 붙이는데 사용한다. 레이블은 변

수 이름에 붙어 다니며 일단 변수에 레이블을 붙여놓으면 각종 PROC 단계에서 변수 이름 대신 레이블이 출력되도록 지정할 수 있다.

LABEL *variable*='*label*' … ;

여기서 *variable*은 레이블을 붙이고 싶은 변수 이름, *label*은 문자열로 빈 칸을 포함하여 최대 256 자까지 사용할 수 있다.

다음 예를 보자.

```
DATA phone;
  INPUT name $ area $ number $;
  LABEL area='Area Code' number='Phone Number';
DATALINES;
Sung   (02) 416-9679
Moon  (032) 797-6155
RUN;

PROC PRINT LABEL;
RUN;
```

변수 area에 'Area Code', 변수 number에는 'Phone Number'라는 레이블을 붙여 놓았다.

PRINT 절차에서 원래 변수 이름 대신 레이블을 출력시키려면 사용자 선택사항인 LABEL을 명시한다. 이 PRINT 절차의 출력 결과를 보라.

```
                Area     Phone
Obs    name     Code     Number

 1     Sung     (02)     416-9679
 2     Moon     (032)    797-6155
```

5.5 자동변수

SAS 시스템에서 그 용도가 이미 지정된 특별한 변수들이 있다. 이러한 변수를 **자동변수**(automatic variable)라 한다. 이 절에서는 많이 쓰이는 자동변수 몇 가지를 소개한다. 자동변수의 이름에는 좌우에 밑줄(_)이 붙어있어 일반 변수이름과 구별된다.

5.5.1 _ERROR_

_ERROR_는 DATA 단계에서 발생되는 오류의 수준을 나타내는 자동변수다. 입력자료에 오류가 있으면 1, 없으면 0의 값을 갖는다. _ERROR_의 값이 1인 오류가 있는 관측은 항상 Log 윈도우로 출력된다.

다음 프로그램을 보자.

```
DATA;
    INPUT number code;
DATALINES;
561105 1024511
270911 2025649
27a888 2307543
456983 1098324
RUN;
```

위 프로그램에서 세 번째 관측의 숫자변수 number의 데이터 값이 잘못되어 있다. 즉, 문자 a가 포함되어 있다. 이 프로그램을 실행하면 Log 윈도우로 다음과 같은 메시지가 나온다.

```
NOTE: Invalid data for NUMBER in line 6 1-6.
RULE:      ----+----1----+----2----+----3----+----4----+----5----+----6--
   6       27a888 2307543
number=. code=2307543 _ERROR_=1 _N_=3
```

첫 줄의 메시지가 뜻하는 바는 입력된 SAS 프로그램의 여섯 번째 줄의 첫 칸부터 여섯 번째 칸 사이의 변수 number에 대한 데이터 값의 입력에 오류가 있다는 것이다. 그 다음 줄에 칸수를 나타내는 줄자(ruler)가 나타나고, 세째 줄의 처음 6은 줄 번호, 그 다음은 그 줄의 내용이다. 가장 밑의 줄은 데이터에 오류가 있었기 때문에 그 결과로 변수 number에는 분실값의 표시인 마침표가 들어가고, code에는 정상적으로 2307543이 들어갔으며, 자동변수 _ERROR_는 1이 되었고 또한 관측 번호를 나타내는 자동변수 _N_은 3이라는 것이다.

DATA에 오류가 있을 경우 실행을 중지하고 싶으면 다음과 같이 할 수 있다.

```
DATA;
  INPUT number code;
  IF _ERROR_ THEN STOP;
DATALINES;
561105 1024511
270911 2025649
27a888 2307543
456983 1098324
RUN;
```

5.5.2 _N_

자동변수 _N_은 DATA 단계의 실행 횟수 곧 관측번호를 나타낸다. 이 자동변수는 프로그램에서 직접 이용 가능하다. SAS를 이용한 자료 처리에 숙련되려면 이 변수의 사용법을 잘 알고 있어야한다.

다음에 예시한 DATA 단계를 보자.

```
DATA list;
  INPUT a b;
  FILE PRINT;
  IF _N_=1 THEN PUT @21 'a' @31 'b' @40 '_N_' / @19 25*'-';
  PUT @20 a @30 b @41 _N_;
DATALINES;
100 200
 23 345
776  15
RUN;
```

이 DATA 단계가 첫 번째 실행되면, 즉 _N_=1이면 표제를 Output 윈도우로 출력하고 또 입력된 변수 a, b와 자동변수 _N_의 값을 출력한다. 두 번째 실행부터는 입력된 변수 출력만 행한다. Output 윈도우로 출력된 결과를 보라.

```
a        b        _N_
-------------------------
100      200      1
23       345      2
776      15       3
```

현재 경우에는 DATA 단계의 실행 횟수와 관측의 입력 횟수가 동일하므로 _N_은 단순히 관측번호라 할 수 있으며 이는 흔히 볼 수 있는 상황이다.

다음 DATA 단계는 전과 동일하나 _N_=2면 현재 관측을 삭제하라는 문장 하나가 더 추가되었다. PUT 문장 다음에 DELETE 문장이 나타남을 주목하라.

```
DATA choose1;
  SET list; FILE PRINT;
  IF _N_=1 THEN PUT @21 'a' @31 'b' @40 '_N_' / @19 25*'-';
  PUT @20 a @30 b @41 _N_;
  IF _N_=2 THEN DELETE;
RUN;

PROC PRINT;
RUN;
```

DATA 단계 choose1에서 PUT 문장의 실행 결과는 DATA 단계 list에서 PUT 문장의 실행 결과와 일치한다. _N_의 값이 2면 그때의 관측을 제거하라는 명령이 있지만 DELETE 문장보다 PUT 문장이 앞서므로 동일한 결과가 출력되는 것이다. 그러나 SAS 자료 choose1을 PRINT 절차를 이용하여 출력한 결과를 보면 두 번째 관측이 삭제되었음을 알 수 있다.

PRINT 절차를 사용하여 출력된 결과에는 _N_ 값이 존재하지 않는다. 이는 자동변수 _N_이 DATA 단계에서만 유효하며 PROC 단계에서는 사용할 수 없기 때문이다.

```
        Obs      a      b

         1      100    200
         2      776     15
```

< SAS 자료 choose1 >

다음 DATA 단계 choose2는 앞에서 제시한 DATA 단계 choose1과 거의 같은데 다만 DELETE 문장과 PUT 문장의 위치가 반전된 것이 차이점이다.

```
DATA choose2;
  SET list; FILE PRINT;
  IF _N_=1 THEN PUT @21 'a' @31 'b' @40 '_N_' / @19 25*'-';
  IF _N_=2 THEN DELETE;
  PUT @20 a @30 b @41 _N_;
RUN;
```

이 DATA 단계에서 Output 윈도우로 출력된 PUT 문장의 실행 결과를 보라.

```
   a         b         _N_
 -------------------------
  100       200         1
  776       15          3
```

이와 같이 _N_에는 입력되는 관측 번호가 부여되어 삭제되는 관측이 있더라도 그 값이 변하지 않는다. 위 출력에서 두 번째로 인쇄된 관측의 _N_ 값이 3인 것은 원래 데이터에서 3 번 관측이었음을 뜻한다.

자동변수 _N_은 각 DATA 단계마다 독립적으로 부여되며 DATA 단계가 끝나더라도 _N_ 값이 SAS 자료로 출력되지는 않는다.

5.5.3 _ALL_

이 자동 변수는 반드시 PUT 문장과 더불어 사용된다. 여러분이 알고있어야 할 사용 형식은 다음 한 가지다.

```
PUT _ALL_;
```

이 문장이 실행되면 자동변수 _ERROR_와 _N_을 포함하여 현재 DATA 단계에서 정의된 모든 변수들의 값을 출력한다.

다음 DATA 단계에는 입력되는 데이터 값에 오류가 있다. 즉 두 번째 관측의 데이터 값이 '12d'로 되어있어, 숫자 데이터에 문자가 끼어든 오류다.

이 DATA 단계에서 _ALL_을 사용한 결과를 보자.

```
DATA;
  INPUT a b;
  FILE PRINT; PUT _ALL_;
DATALINES;
100 200
12d 300
300 234
RUN;
```

```
A=100 B=200 _ERROR_=0 _N_=1
A=. B=300 _ERROR_=1 _N_=2
A=300 B=234 _ERROR_=0 _N_=3
```

출력의 두 번째 줄에서 변수 a는 분실값으로 처리되고 _ERROR_의 값이 1이 되어 입력에 오류가 있었음을 알려준다. 물론 그 오른쪽의 _N_=2는 잘못된 것이 두 번째 입력 관측임을 의미한다.

5.6 분실값의 처리

통계 조사나 실험 등을 하다보면 어쩔 수 없이 분실 데이터 값이 나오게 마련이다. 설문지를 보냈는데 응답하지 않는다든가, 응답하더라도 몇 가지 질문에는 답을 표시하지 않을 수 있다. 또 실험 중에 생쥐가 죽어 그 이후부터는 데이터 값을 얻을 수 없는 경우도 있다. 올바로 수집된 자료라 하더라도 입력 과정에서 실수하여 후에 원래 무슨 값이었는지 확인할 수 없는 이상한 문자가 입력될 수도 있다. 이와 같이 자의든 타의든 빠진 데이터 값을 SAS 시스템에서는 **분실값**(missing value) 또는 **결측값**이라 한다.

그렇다면 분실값을 **비분실**(nonmissing) 데이터 값과 어떻게 구분하여 입력할 수 있을까? 여기에는 입력 방식에 따라 기본적으로 두 가지 방법이 있는데 분실값이 문자값이든 숫자값이든 관계없이 빈 칸이나 마침표를 써서 분실값을 나타낼 수 있다.

선택한 입력 방식이 목록입력이면 분실값으로 마침표(.)를 반드시 사용해야 하며 그 이외의 경우에는 언제나 빈 칸인 채로 남겨놓으면 된다.

다음과 같은 자료가 있다.

이름	성별
놀부	남자
사방지	
	여자

모두 세 사람에 대한 자료인데 사방지 씨가 남자인지 여자인지 알 수 없고, 세 번째 사람은 여자지만 이름을 모른다. 이런 자료를 목록입력 방식으로 읽으려면 반드시 마침표로 분실값을 표시해야 한다.

다음은 위 데이터를 목록입력하는 프로그램이다.

```
DATA;
  INPUT name $ sex      /* sex = 0,  if male
                                1,  if female */;
DATALINES;
Nolboo 0
Sabangee .
```

```
. 1
RUN;
```

성별에 대한 변수 sex는 문자변수로 받을 수도 있지만 일부러 숫자변수로 간주하였다. 이는 변수 name이 이미 문자변수인지라 sex를 숫자변수로 만들어 변수의 유형에 따라 분실값의 처리가 어떻게 달라지는지를 보이기 위함이다. 다음은 생성된 SAS 자료에 대한 인쇄 결과다.

```
Obs     name        sex

 1      Nolboo       0
 2      Sabangee     .
 3                   1
```

출력에서 분실값이 문자일 때는 빈 칸이 출력되고, 숫자일 때는 마침표가 출력됨을 유의하라. 별도의 지정이 없는 한 이와 같은 출력 형태가 SAS 시스템의 디폴트다. 분실 문자값이 마침표가 아니라 빈 칸으로 출력되는 이유는 마침표도 하나의 문자이므로 마침표가 과연 분실값을 표시하려고 쓰인 것인지 또는 사용자가 입력한 정당한 문자값인지 분간이 되지 않기 때문이다.

이런 논의는 열입력으로 자료를 읽을 때도 그대로 해당된다. 다음 프로그램을 보자. 이름이 입력되는 범위를 1 열에서 8 열까지로 잡았다. 이 범위 내의 값은 변수 name에 대한 정당한 데이터 값이 된다. 이와 같은 열입력을 할 때 문자변수의 분실값은 전부 빈 칸으로 입력해야 한다. 다음 프로그램은 잘못된 것으로서 세 번째 관측의 분실값 표시로 마침표를 찍은 것이 오류다.

```
DATA;
  INPUT name $ 1-8 sex 10;
DATALINES;
Nolboo   0
Sabangee .
.        1
RUN;
```

다음은 이렇게 생성된 SAS 자료에 대한 인쇄 결과다.

```
Obs    name        sex

 1     Nolboo       0
 2     Sabangee     .
 3     .            1
```

결과를 보면 세 번째 관측의 이름이 빈 칸이 아닌 마침표(.)로 출력되었다. 이는 DATA 단계에서 입력한 마침표를 정당한 문자변수값으로 처리하였기 때문이다. 이런 문제는 문자변수에서만 발생하며 숫자변수에는 해당되지 않는다. 숫자변수 sex는 어느 경우든 제대로 출력됨을 확인해보라. 즉 숫자변수에 대해서는 입력 방식에 상관없이 마침표로 분실값을 표시할 수 있다.

다음 프로그램은 방금 전의 잘못된 프로그램을 제대로 고친 것이다.

```
DATA;
  INPUT name $ 1-8 sex 10;
DATALINES;
Nolboo   0
Sabangee .
         1
RUN;
```

아래 주어진 생성된 SAS 자료에 대한 인쇄 결과를 보면, 의도하던대로 자료 처리가 되었음을 알 수 있다.

```
Obs    name        sex

 1     Nolboo       0
 2     Sabangee     .
 3                  1
```

DATA 단계에서 분실 관측을 제거하려면 다음 형식으로 프로그램을 작성한다. 여기서 string은 문자변수, num은 숫자변수다.

```
IF string="" THEN DELETE;
IF num=. THEN DELETE;
```

사회과학 분야의 통계조사에서는 무응답으로 처리된 각 문항에 관례적으로 9나 99 등의 특별한 숫자를 부여한다. 이런 자료를 SAS 시스템에서 처리하려면 9나 99 따위가 분실값임을 선언해야 한다. 이런 처리는 다음과 같이 IF 문장을 사용하여 할 수 있다.

```
IF response=9 THEN response=.;
IF response=99 THEN response=.;
```

물론 여기서 숫자변수 response는 사용자가 지정하는 것이다. 그리고 마침표를 따옴표로 둘러치지 않는다.

특정한 문자열 또는 특정 범위를 벗어나는 변수값을 분실값으로 처리하려면 다음 형식으로 프로그램을 작성한다. 여기서 string은 문자변수, num은 숫자변수다.

```
IF string="I am null" THEN string="";
IF num>100 THEN num=.;
```

분실값을 출력하면 문자는 빈 칸으로, 숫자는 마침표로 찍혀나온다고 언급한 바 있다. 숫자변수를 인쇄할 때 이 마침표조차 빼고 문자변수처럼 빈 칸으로 인쇄하려면 어떻게 할까? 이때는 OPTIONS 문장을 사용하여 선택사항 MISSING을 다음과 같이 마침표 대신 빈 칸(□)으로 바꾼다. OPTIONS 문장의 용법에 대해서는 제 7.6 절을 참고하라.

```
OPTIONS MISSING='□';
```

5.7 데이터 입력 응용사례

이 절에서는 지금까지 해설한 DATA 단계의 각종 자료 입력 기법을 기초로 통계분석에서 흔히 접할 수 있는 자료를 어떤 식으로 읽어들이는지 몇 가지 예를 통하여 종합적으로 연구해본다.

[예 1] 일원 분산분석(one-way analysis of variance)

한 과수원에서 다섯 가지 사과 품종을 비교한다. 각 품종별로 일곱 그루의 12년생

사과나무를 임의표집하여 수확량을 산출하였다. 다섯 가지 품종은 A, B, C, D, E로 표시하며 수확량의 단위는 Kg이다. 실험 결과는 다음과 같았다.

A	B	C	D	E
13	27	40	17	36
19	31	44	28	32
39	36	41	41	34
38	29	37	45	29
22	45	36	15	25
25	32	38	13	31
10	44	35	20	30

이 자료를 분석하려면 수확량 및 품종을 입력하여야 한다. 가장 평이한 입력 방법은 다음과 같다.

```
DATA apple;
  INPUT variety $ yield;
DATALINES;
A 13
A 19
A 39
A 38
A 22
A 25
A 10
B 27
:
:
E 25
E 31
E 30
RUN;
```

이상과 같은 입력 방식은 지극히 간단하지만 한 줄에 하나씩 자료를 입력하기도 불편하고 일단 자료를 편집한 후 제대로 입력되었는지 확인하기도 쉽지 않다. 이보다 약간 나은 방법은 될 수 있는대로 많은 데이터 값을 한 줄에 넣는 것이다.

다음 DATA 단계를 보자.

```
DATA apple;
  INPUT variety $ yield @@;
DATALINES;
A  13  B  27  C  40  D  17  E  36
A  19  B  31  C  44  D  28  E  32
A  39  B  36  C  41  D  41  E  34
A  38  B  29  C  37  D  45  E  29
A  22  B  45  C  36  D  15  E  25
A  25  B  32  C  38  D  13  E  31
A  10  B  44  C  35  D  20  E  30
RUN;
```

이 프로그램은 먼저보다 상당히 진보되었다. 그러나 이 두 번째 프로그램에서도 한 가지 단점은 품종 A, B, C, D, E를 매줄마다 반복해서 입력하는 것이다. 품종을 나타내는 문자의 반복적인 입력을 피할 방법은 없을까? 다음 프로그램을 보자.

```
DATA apple;
  DO variety='A','B','C','D','E';
     INPUT yield @@; OUTPUT;
  END;
DATALINES;
13  27  40  17  36
19  31  44  28  32
39  36  41  41  34
38  29  37  45  29
22  45  36  15  25
25  32  38  13  31
10  44  35  20  30
RUN;
```

이 프로그램에서 특기할 점은 DO 문장의 지표변수 이름으로 variety를 사용하였고, DO의 실행 범위를 문자 A, B, C, D, E로 주었으며, OUTPUT 문장을 써서 숫자 하나를 읽을 때마다 하나의 관측으로 출력시킨 것이다. 이와 같은 DATA 단계는 가장 진보된 형태의 프로그램이니 입력 방식을 숙지하기 바란다.

[예 2] 라틴정방설계(Latin square design)

정유 회사에서 네 종류의 휘발유 A, B, C, D에 대한 자동차의 연비, 즉 리터 당 주행 가능 Km 수를 비교하려 한다. 그러나 연비는 실험에 동원된 운전 기사와 자동차 모델에 따라 차이가 날 수 있으므로 이를 배제하기 위하여 운전 기사와 자동차 모델을 블록변수(block variable)로 잡아 라틴정방실험을 설계하였으며 수집된 데이터는 다음과 같다.

연비 데이터		자동차 모델 1	2	3	4
운전기사	1	D 15.5	B 33.9	C 13.2	A 29.1
	2	B 16.3	C 26.6	A 19.4	D 22.8
	3	C 10.8	A 31.1	D 17.1	B 30.3
	4	A 14.7	D 34.0	B 19.7	C 21.6

이 자료에 대한 DATA 단계는 다음과 같이 프로그램하는 것이 좋을 것이다.

```
DATA gasoline;
  DO driver=1 TO 4;
     DO car=1 TO 4;
        INPUT gas $ km @; OUTPUT;
     END;
  END;
DATALINES;
D 15.5     B 33.9     C 13.2     A 29.1
B 16.3     C 26.6     A 19.4     D 22.8
C 10.8     A 31.1     D 17.1     B 30.3
A 14.7     D 34.0     B 19.7     C 21.6
RUN;
```

[예 3] 임의화블록설계(randomized block design)

한 품종의 콩에 대한 세 가지 살충제의 효과를 비교 분석하려 한다. 토질에 따라 차이가 있을 수 있으므로 동일한 크기의 서로 다른 토질의 네 종류의 땅을 선택한 후 각각을 삼등분하여 100 알씩의 콩을 심었고 그 후 살충제를 뿌리고 싹이 나온 콩의 갯수를 세었다. 기타 다른 조건은 모두 같았다. 여기서 토질이 다른 네 종류의 땅이 블록에 해당한다. 실험 데이터는 다음과 같았다.

살충제	블록(토질) 1	2	3	4
1	56	49	65	60
2	84	78	94	93
3	80	72	83	85

이런 데이터를 입력하는 프로그램은 다음과 작성한다.

```
DATA soybean;
  DO insecide=1 TO 3;
     DO block=1 TO 4;
        INPUT seedings @; OUTPUT;
     END;
  END;
DATALINES;
56   49   65   60
84   78   94   93
80   72   83   85
RUN;
```

[예 4] 회귀분석(regression analysis)

광고비가 매출액에 끼치는 경향을 분석하기 위하여 로그를 취한 매출액을 광고비의 함수로 놓고 회귀분석을 하려한다. 모두 열 개 회사에 관한 자료가 가용하다.

회사	매출액	광고비
1	2.5	1.0
2	2.6	1.6
3	2.7	2.5
4	5.0	3.0
5	5.3	4.0
6	9.1	4.6
7	14.8	5.0
8	17.5	5.7
9	23.0	6.0
10	28.0	7.0

이 경우에는 매출액을 읽어들이면서 로그값을 취해야 한다. 이런 류의 프로그램은 다음과 같이 작성할 수 있다.

```
DATA linear;
  INPUT sales ad;
  logsales=LOG(sales);
DATALINES;
 2.5  1.0
 2.6  1.6
 2.7  2.5
 5.0  3.0
 5.3  4.0
 9.1  4.6
14.8  5.0
17.5  5.7
23.0  6.0
28.0  7.0
RUN;
```

[예 5] 회귀분석(regression analysis) – 반복측정

보관 기일에 따라 어떤 제품에 포함된 염소(chlorine)의 잔류량 퍼센티지를 측정한 자료다. 이 자료에 회귀모형을 적합하여 경과 시간에 대한 잔류 염소량의 감소 추세를 설명하려 한다. 자료에서 경과 시간에 대한 잔류 연소량의 측정 횟수가 일정치 않음에 유의하라,

경과시간(단위: 주)	염소 잔류량(단위: %)			
8	0.49	0.49		
12	0.46	0.46	0.45	0.43
16	0.44	0.43	0.43	
20	0.42	0.42	0.43	
24	0.42	0.40	0.40	
28	0.41	0.40		
32	0.41	0.40		
36	0.41	0.38		
40	0.39			

이와 같은 자료의 입력을 위하여 아래에 주어진 DATA 단계에서는 INFILE 문장에 DATALINES를 지정하고 DO UNTIL-END 내에 RETURN을 사용하는 특수 처리를 하였다.

```
DATA chlorine;
   INFILE DATALINES MISSOVER;
   INPUT elapsed chlorpct @; OUTPUT;
   DO UNTIL(chlorpct=.);
      INPUT chlorpct @;
      IF chlorpct=. THEN RETURN;
      OUTPUT;
   END;
DATALINES;
 8   0.49  0.49
12   0.46  0.46  0.45  0.43
16   0.44  0.43  0.43
20   0.42  0.42  0.43
24   0.42  0.40  0.40
28   0.41  0.40
32   0.41  0.40
36   0.41  0.38
40   0.39
RUN;
```

5.8 큰 자료 분석에 대하여

제 5.7 절에서 제시한 여러 경우의 자료 입력법은 비록 간단한 것들이긴 하나 자료 입력시 가장 많이 나타나는 형태들로서 이보다 더 복잡한 구조의 자료도 유사한 형태로 입력 프로그램을 작성할 수 있다.

설문지 조사를 포함하여 여론조사 등에서 얻어지는 자료는 상당히 크다. 에를 들어 임의표집한 1,000 명에 대하여 50 문항을 질문하는 설문서 자료가 있다고 가정해보자. 이같이 상당히 큰 자료를 SAS로 분석할 때 매번 원시자료를 읽고 분석하는 것은 극히 비효율적인 자료처리 방법이다. 이런 경우에는 일단 수집된 자료를 영구 SAS 자료로 만들어놓고 분석 프로그램은 따로 돌려야한다.

큰 자료분석의 처리 단계는 다음과 같이 구분할 수 있다.

① 문서편집기를 사용하여 원시자료를 외부 데이터 파일로 만든다. ② DATA 단계에서 외부 파일을 읽어 영구 SAS 자료로 출력한다. ③ 분석 프로그램을 작성하여 실행한다.

첫째 단계에서 원시자료 전부를 한 사람이 입력할 수 없으면 분담해서 여러 개의 외부 데이터 파일들로 만든 후, 둘째 단계에서 SET이나 MERGE 문장으로 데이터 파일들을 합친다. 그리고 자료 입력시 오타가 발생하는 것은 피할 수 없으므로 일단 만들어진 데이터 파일은 내용을 면밀히 검토하여 잘못된 데이터 값이 없도록 해야한다.

다음은 단계 ①에서 만든 데이터 파일의 예다.

```
101   50141130421110423100000000000333423223 1000000000000000000100333
      7672223122763261122222222132211222222217613222113222511122222
      332111112210460521581100700423.413341501010023434444123
102   71256150221410231100000000000313231113 1000000000000100000755
      7772227622753272422222221577662222222117322222232222522131222
      112211111104104415612007007 21.014441712110032344454155

 :

454   5723714022131032310000000000032253132   00000000001000000100544
      757222542274437142222222255733322222221171222244422245112222
      11321211111055     1451200802326.011121562010021111211122
501   49221340323210032100000000000322133313 0000000000000000000100222
      734222412271113112222222211151222222221132222211322211131222
      1111 11122105106015710006008 23.513331491010033322242222
```

이상의 작업으로 완성된 데이터 파일을 디스크의 현재 폴더에 quest1.dat이란 이름으로 저장하였다고 가정하자.

다음은 단계 ②의 작업 예로써 LIBNAME 문장을 사용하여 현재 폴더를 영구 SAS 자료가 저장되는 라이브러리로 지정하였다. LIBNAME 문장에 대해서는 제 7.8 절의 해설을 참조하라.

```
LIBNAME MyFolder ".";
DATA MyFolder.quest1;
  INFILE "quest1.dat";
  INPUT    id 3.
        @6 age 2. sex 1.
           (a1-a6) (1.) a7 2. (a8-a11) (1.) a12 2.
           (a13-a15) (1.) (aq1-aq3) (3.) (b1-b16) (1.)
           (bq1-bq14) (1.)
     #2 @6 (c1-c30) (1.) (cs1-cs30) (1.)
     #3 @7 (d1-d14) (1.) (ds1-ds7) (1.)
           (e1-e5) (3.) eq1 2. eq2 4.
           (e6-e16) (1.) (f1-f10) (1.);
RUN;
```

일단 이 프로그램을 실행하면 원시자료 전부가 영구 SAS 자료 quest1으로 출력되어 디스크에 저장된다. 데이터 입력에 잘못된 곳이 없다면 원시자료 입력은 이 한번으로 끝나며 이후 통계 분석에서 위와 같이 원시자료를 다시 입력하는 루틴은 전혀 불필요하다. 자료 구조를 변형한다든가 하는 작업에서는 다음과 같이 SET 문장 등으로 생성된 영구 SAS 자료를 그대로 읽어오면 된다.

```
LIBNAME MyFolder ".";
DATA MyFolder.modi1;
  SET quest1;
  :
RUN;
```

DATA 단계에서 생성되는 SAS 자료에는 관측들의 데이터 값뿐 아니라 변수들의 이름, 유형, 레이블 등 최초의 원시 자료를 입력하는 DATA 단계에서 정의한 모든 정보가 담겨있음을 상기하라.

이런 식으로 원시자료 입력이 끝나고 영구 SAS 자료가 만들어지면 이때부터 단계 ③의 분석으로 들어간다. 다음은 분석 프로그램의 한 가지 예다.

```
LIBNAME MyFolder ".";

PROC CORR DATA=MyFolder.quest1 NOSIMPLE;
  VAR a1-a6;
```

```
RUN;

PROC FREQ DATA=MyFolder.quest1;
  TABLES b1*b2;
RUN;

PROC UNIVARIATE DATA=MyFolder.quest1 PLOT;
  VAR c1-c10 eq1 eq2;
RUN;

PROC PLOT DATA=MyFolder.quest1;
  PLOT a7*a12 / BOX;
RUN;
```

어느 경우나 LIBNAME 문장을 가장 먼저 지정해서 영구 SAS 자료가 위치한 폴더를 밝혀야 하며 또 각 절차마다 처리하려는 영구 SAS 자료의 이름을 반드시 명시해야한다.

큰 자료분석을 이상과 같은 3 단계로 구분하여 체계적으로 수행하면 생각보다 수월한 자료 처리를 할 수 있을 것이다.

6

PROC 단계의 SAS 문장들

우리가 SAS를 사용하는 근본 이유는 SAS가 통계적 자료처리 및 분석을 하는 좋은 소프트웨어이기 때문이다. 지금까지 인간이 생각해낸 자료분석법은 헤아릴 수 없이 많으며 상황에 따라 분석 결과의 해석과 진단이 달라진다. 많은 통계 소프트웨어들 중에서 특히 SAS가 선호되는 까닭은 가장 많은 통계 분석법을 체계적으로 취합하였기 때문이다.

제 5 장에서 설명한 DATA 단계에서는 오로지 자료의 입력과 자료 구조의 변형만 가능하다. DATA 단계를 거쳐 SAS 자료를 만드는 목적은 수집된 자료를 잘 분석하기 위한 적절한 자료 구조를 만들기 위함이다. 이렇게 생성된 SAS 자료를 기초로 자료분석 등 각종 통계적 자료 처리는 전부 PROC 단계에서 이루어진다.

SAS 프로그램이 DATA 단계와 PROC 단계의 조합으로 구성됨은 누차 강조하였다. DATA 단계에서는 수집된 자료를 입력하여 SAS 시스템에서 분석 가능한 상태로 정리한다. 반면에 PROC 단계에서는 DATA 단계에서 만들어진 SAS 자료를 분석하거나 처리할 SAS 절차(SAS procedure)를 호출하여 지정된 SAS 자료에 대한 통계 분석을 수행한다. SAS에서 지원하는 각종 절차들의 이름과 용도에 대해서는 부록 2의 SAS 절차 일람을 보기 바란다.

하나의 자료에 적용 가능한 분석 방법에는 여러 가지가 있을 수 있다. 이런 경우에는 필요한대로 몇 개라도 상관없이 독립된 PROC 단계들을 동일한 자료에 적용하면 된다.

PROC 단계는 PROC 문장으로 시작하는 일련의 SAS 문장들의 모임이다. DATA 단계와 마찬가지로 PROC 단계의 끝은 대체로 RUN 문장을 사용하여 마무리짓는다. 그러나 SAS 절차 중에는 대화식(interactive) 절차들이 있어 이런 절차들을 마감할 때는 QUIT 문장을 사용해야할 경우도 있다.

PROC 단계의 문법은 호출하는 SAS 절차에 따라 다르다. 즉 각 SAS 절차마다 고유한 문법 체계가 존재한다. 따라서 SAS로 통계 분석을 할 때는 분석 방법을 미리 결정한 다음 이 분석 방법에 대응하는 SAS 절차를 선택하고 해당 SAS 절차의 문법대로 PROC 단계를 작성하는 것이 순서다.

SAS 절차마다 문법 체계가 상이하더라도 많은 SAS 절차에서 공통적으로 나타나는 문장들이 있으며 이러한 문장들을 제 6 장에서 해설한다. 이 문장들은 대체로 분석과 출력의 제어에 사용되며 어느 SAS 절차에서든 같은 기능을 지닌다.

PROC 단계의 작성은 DATA 단계에 비하면 훨씬 간단하다. 사용할 SAS 절차와 처리할 SAS 자료를 지정하고 어떤 식으로 처리할지 지정하기만 하면 그만이다. 그리고 각 SAS 절차마다 고유한 표준화된 출력이 Output 윈도우로 나타나므로 사용자는 그저 나온 결과만 읽거나 인쇄하면 된다.

이하 해설하는 문장 중에는 DATA 단계에서 사용되는 문장들과 겹치는 것도 몇 가지 있다. 그러한 문장들은 기본적으로 DATA 단계에서와 똑같은 역할을 한다.

6.1 PROC 문장

PROC 단계의 시작은 반드시 PROC 문장으로 시작한다. 약자 PROC 대신 본래 단어 PROCEDURE를 사용해도 상관없다. 사용 형식은 아래와 같다.

> PROC ***program*** DATA = ***SASdataset*** [***options***];

사용 형식에서 *program*은 호출하려는 SAS 절차의 이름, *SASdataset*은 처리하려는 SAS 자료의 이름, *options*는 사용자 선택사항이다. *options* 좌우의 대괄호 표시는 필요하면 지정한다는 의미다. DATA=*SASdataset*을 사용하지 않으면 자동적으로 가장 최근에 만들어진 SAS 자료를 처리한다. 가급적 DATA=*SASdataset* 구문을 사용하는 버릇을 들이는 편이 낫다.

다음 예를 보자.

```
PROC PRINT DATA=class2;
RUN;

PROC MEANS DATA=class1 N MEAN STD;
RUN;
```

이는 두 개의 PROC 단계인데, 첫 번째 PROC 단계에서는 PRINT 절차를 호출하여 SAS 자료 class2를 인쇄한다. 그리고 두 번째 PROC 단계에서는 SAS 자료 class1에 MEANS 절차를 적용하여 자료에 포함된 관측의 갯수(N), 자료에 포함된 모든 숫자 변수들의 산술평균(MEAN)과 표준편차(STD)를 계산한다.

물론 여기서 지정한 SAS 자료 class1과 class2는 위의 PROC 단계가 나오기 이전에 이미 만들어져 있어야 한다.

앞에서 제시한 사용 형식과 비교하여보면, PROC 다음에 사용된 PRINT와 MEANS가 SAS 절차의 이름으로 *program*에 해당하며, DATA=class1과 DATA=class2는 처리할 SAS 자료의 이름들로 DATA=*SASdataset*에 대응된다. 또, MEANS 절차에서 지정한 N MEAN STD는 사용자 선택사항으로 *options*에 해당한다. 사용자 선택사항은 SAS 절차마다 고유하다.

6.2 VAR 문장

이 문장은 SAS 절차로 분석하거나 처리할 변수 이름들을 지정할 때 사용한다. 대부분의 SAS 절차에서 이 문장이 생략되면 지정된 SAS 자료에 포함된 모든 숫자변수들을 분석 처리한다. VAR 대신 VARIABLES를 사용해도 좋다.

VAR ***variables***;

여기서 *variables*는 분석 변수 이름들이다.

예컨대 SAS 자료 class에 name, sex, id_num, credit의 네 변수가 순서대로 수록되어 있다고 가정하자. 이때 VAR 문장을 사용하지 않은 다음 프로그램을 실행하면 모든 변수들이 인쇄된다.

```
PROC PRINT DATA=class;
RUN;
```

그러나 다음과 같이 VAR 문장을 사용하면 변수 sex는 인쇄되지 않고 VAR 문장에 지정한 나머지 세 변수에 관한 관측들만 인쇄된다.

```
PROC PRINT DATA=class;
  VAR id_num name credit;
RUN;
```

그리고 SAS 자료 class에 수록된 변수들의 순서는 차례대로 name, id_num, credit 이지만, VAR 문장을 사용하면 VAR 이후에 지정된 순서대로 출력된다.

6.3 BY 문장

자료분석을 할 때 변수의 값에 따라 독립적인 분석이 필요한 경우가 있다. 예를 들어 전국에서 임의표집된 2,000 명에게 통일에 대한 찬반 견해를 물었다고 하자. 남자와 여자의 성별 차이에 따라 반응이 어느 정도 다른지 확인하려면 우선 수집된 자료를 남자와 여자들의 두 그룹으로 분류한 다음 각 자료에 대하여 독립적으로 찬반 성향을 조사하면 된다.

SAS에서 이같은 작업은 SORT 절차와 BY 문장의 조합으로 이루어진다. SORT 절차는 자료를 지정된 변수의 값에 따라 순서화(sorting)하는 절차로서 순서화의 기준이 되는 변수(들)을 BY 문장 다음에 나열한다. 이렇게 BY 문장 다음에 나열되는 변수들을 **BY 변수**라 부른다. 그리고 SORT 절차 이외의 모든 SAS 절차에서 BY 문장이 나타나면 BY 변수의 값에 따라 그룹별로 독립적으로 분석된다. 물론 이런 경우에는 SORT 절차가 반드시 선행되어야 한다.

따라서 분석 절차에서 BY 문장을 사용하는 경우 프로그램 작성은 반드시 다음과 같은 2 단계 형식으로 진행되어야한다.

```
① PROC SORT;
     BY variables;  ─┐
   RUN;              │
                     ├─ 일반적으로 동일
② PROC program;      │
     BY variables;  ─┘
   RUN;
```

다시 말해서, 우리가 분석시 관심있는 것은 ②의 SAS 절차다. 이 SAS 절차를 주어진 SAS 자료 전체에 적용하는 것이 아니라 지정된 변수의 값에 따라 분할된 그룹별로 적용하고 싶다. 이런 경우에 BY 문장을 쓰고 BY 변수를 나열한다. 그러나 BY 문장을 쓰기 위해서는 언제나 ①의 SORT 절차가 선행되어야 하며, SORT 절차에서는 순서화의 기준 변수를 BY 문장 다음에 나열한다. 대부분의 경우에 SORT 절차에서 사용된 BY 문장이나 그 직후에 나오는 일반 SAS 절차에서 사용되는 BY 문장은 서로 동일하다.

그런데 이 사실을 이해 못하는 이들이 상당히 많다. 그러나 데이터를 성별에 따라 분류하였으면 성별로만 분석이 가능하지 엉뚱하게 직업별로 분석할 수 없다는 간단한 사실을 이해할 수 있다면 혼동의 여지가 없을 것이다.

BY 문장의 사용 형식은 다음과 같다.

```
BY [DESCENDING] variable … ;
```

BY 문장은 통계 처리에서 자주 사용되는 중요한 문장이다. 거듭 설명하지만 BY 문장은 SAS 자료를 BY 변수에 따라 그룹별로 처리하고자 할 때 사용한다. BY 문장을 사용하려면 반드시 동일한 BY 문장을 수반하는 SORT 절차가 먼저 호출되어 SAS 자료를 순서화해야 한다.

위의 사용 형식에서 *variable*은 순서화의 기준이 되는 변수의 이름이고 오름차순의 정리가 디폴트다. 내림차순으로 순서화하려면 DESCENDING을 지정한다.

SORT 절차에서 순서화의 위계(hierarchy)는 BY 변수가 숫자변수인지 문자변수인지에 따라 다르다. 숫자변수의 위계는 크기 순서며 오름차순의 위계는 다음과 같다.

. → 음수 → 0 → 양수

여기서 최저 위계인 마침표는 분실값을 나타낸다. 따라서 숫자변수에 대하여 오름차순으로 순서화를 하면 분실 관측이 가장 앞에 분류되고 나머지 관측들은 변수값이 작은 것부터 큰 순서로 정리된다.

문자변수들에 대한 오름차순의 위계는 다음과 같다.

```
□ ! " # $ % & ' ( ) * + , - . / 0 1 2 3 4 5 6 7 8 9 : ; < = > ? @
A B C D E F G H I J K L M N O P Q R S T U V W X Y Z [ \ ] ^ _ `
a b c d e f g h i j k l m n o p q r s t u v w x y z { ¦ } ~
```

문자값에 대한 최저 위계인 □는 빈칸을 의미한다.

BY 문장에 대한 기타 사항은 DATA 단계의 BY 문장 해설을 참고하라.

다음은 BY 문장의 용법을 예시한 프로그램이다. DATA 단계에서는 각 나라의 도시별로 매달 교통사고 횟수를 입력하였다. 그 이하는 전부 PROC 단계들로서, SORT 절차로 관측들을 순서화한 후 입력된 관측들을 나라별 또 도시별로 구분하여 인쇄하는 프로그램이다. 각 인쇄 절차들의 출력을 프로그램과 비교해보라. 특히 인쇄시 BY 문장의 효과를 확인해보라.

```
DATA accident;
  INPUT country $ city $ month number;
DATALINES;
Korea     Seoul    1    5024
France    Paris    2    1200
Korea     Seoul    2    4214
France    Paris    3    2354
Korea     Busan    3    1347
Korea     Seoul    4    6635
Korea     Busan    4     987
France    Paris    4    3308
Korea     Seoul    5    3375
Korea     Busan    5     334
France    Paris    5     893
RUN;

PROC PRINT DATA=accident; RUN;     * 인쇄 절차 <1> ;

PROC SORT DATA=accident;
  BY country city;
RUN;

PROC PRINT DATA=accident;          * 인쇄 절차 <2> ;
  BY country;
RUN;

PROC PRINT DATA=accident;          * 인쇄 절차 <3> ;
  BY country city;
RUN;
```

인쇄 절차 <1>에서는 입력된 관측들을 그대로 인쇄한다.

그 다음 SORT 절차에는 BY 변수가 두 개로서 country가 city에 우선한다. 이 절차가 수행되면 SAS 자료 accident는 일단 나라별로 순서화된 다음 각 나라에 속한 관측들은 다시 도시별로 순서화된다. 물론 순서화는 어느 변수나 오름차순으로 진행된다. 결국 순서화된 SAS 자료에는 France에 대한 관측들이 먼저 나오고 Korea에 대한 관측들이 그 뒤를 잇는다. France에는 도시가 Paris 밖에 없으므로 France 내에서 더 이상의 순서화는 없다. 그러나 Korea에 대한 관측들은 다시 도시별로 순서화가 진행되어 Busan 관측들이 Seoul 관측들에 우선한다.

```
      Obs    country    city     month    number

        1    Korea      Seoul      1       5024
        2    France     Paris      2       1200
        3    Korea      Seoul      2       4214
        4    France     Paris      3       2354
        5    Korea      Busan      3       1347
        6    Korea      Seoul      4       6635
        7    Korea      Busan      4        987
        8    France     Paris      4       3308
        9    Korea      Seoul      5       3375
       10    Korea      Busan      5        334
       11    France     Paris      5        893
```

인쇄 절차 <1>의 결과

```
---------------------- country=France -----------------------


            Obs    city     month    number

              1    Paris      2       1200
              2    Paris      3       2354
              3    Paris      4       3308
              4    Paris      5        893

---------------------- country=Korea ------------------------

            Obs    city     month    number

              5    Busan      3       1347
              6    Busan      4        987
              7    Busan      5        334
              8    Seoul      1       5024
              9    Seoul      2       4214
             10    Seoul      4       6635
             11    Seoul      5       3375
```

인쇄 절차 <2>의 결과

```
----------------- country=France city=Paris ------------------

                  Obs    month    number

                    1      2       1200
                    2      3       2354
                    3      4       3308
                    4      5        893

------------------ country=Korea city=Busan ------------------

                  Obs    month    number

                    5      3       1347
                    6      4        987
                    7      5        334

------------------ country=Korea city=Seoul ------------------

                  Obs    month    number

                    8      1       5024
                    9      2       4214
                   10      4       6635
                   11      5       3375
```

인쇄 절차 <3>의 결과

인쇄 절차 <2>에서는 BY 변수로 country 하나만을 지정하였다. 물론 이는 SORT 절차에서 모든 관측들이 country에 대하여 순서화되었기 때문에 이렇게 사용할 수 있다. 그렇지만 이 경우에 다음과 같이 BY 변수로 city 하나를 지정하는 것은 오류다.

```
PROC PRINT DATA=accident;
  BY city;
RUN;
```

왜냐하면 city는 순서화의 최우선 기준 변수가 아니었기 때문이다. 즉 SORT 절차로 순서화된 관측들에서 city가 나타나는 순서는 Paris, Busan, Seoul 순이기 때문이다. 다시 말해서 도시 이름들은 영어 자모순으로 순서화가 되어 있지 않기 때문에 위와 같은 BY 문장은 사용하지 못한다.

인쇄 절차 <2>의 출력 결과를 보면 관측들이 나라별로 그룹화되어 처리됨을 알 수 있다. 이런 류의 자료 처리는 인쇄 절차뿐 아니라 기타 BY 문장을 쓸 수 있는 모든 절차에 공통적이다.

인쇄 절차 <3>은 가장 흔히 나타나는 경우로서 SORT 절차에서 지정한 BY 문장과 동일한 BY 문장이 사용된다. 어떤 식으로 관측들이 그룹지어지는지 유의해서 살펴보라.

6.4 CLASS 문장

CLASS 문장은 분류변수(classification variable)를 지정할 때 사용한다. CLASS 대신 CLASSES를 사용해도 무방하다. CLASS 문장은 주로 분산분석 절차들에서 사용되며 MODEL 문장과 함께 사용되는 경우에는 언제나 CLASS 문장이 MODEL 문장보다 앞에 나와야 한다.

CLASS *variables*;

분류변수란 관심있는 데이터 값을 얻을 때 범주(category) 혹은 조건에 해당하는 변수들이다. 제 6.3 절의 BY 문장 해설에서 예로 든 자료의 country, city, month와 같은 변수들이 분류변수에 해당하며 분류변수값들의 조합과 각 조합에 대응되는 사고 횟수가 하나의 관측을 이룬다. SAS 자료 accident를 이용하여 도시에 따라 자동차 사고 횟수에 유의적인 차이가 존재하는지 통계적으로 검증하려면 ANOVA 절차를 호출하면 되는데 이때 PROC 단계는 다음과 같이 프로그램할 수 있다.

```
PROC ANOVA DATA=accident;
  CLASS city;
  MODEL number = city;
RUN;
```

이 경우 country와 month도 분류변수이나 분산분석 모형에 포함이 되지 않았기 때문에 CLASS 문장에 구태여 지정하지 않았다. 물론 지정해도 분석에는 상관이 없다.

6.5 ID 문장

SAS 자료에 수록된 관측에는 내부적으로 관측 번호(_N_)가 자동으로 부여되기 때문에 관측 번호를 이용하여 관측들을 구분할 수 있다. ID 문장은 내부적으로 결정된 관측 번호를 무시하고 사용자가 지정하는 변수의 값으로 관측들을 구분하려는 목적에서 사용된다.

PRINT 절차를 비롯하여 대부분의 SAS 절차에서 수록된 관측 전부 또는 일부가 출력되는 경우에 출력 결과를 보면 Obs (observation)라는 변수 이름 밑에 관측 번호가 자동적으로 붙어 나온다. 변수 Obs의 값은 1부터 순차적으로 SAS 자료에 수록된 순서대로 각 관측에 붙는데 이 Obs 변수의 출력을 원하지 않을 때 ID 문장을 사용한다. 즉 ID (identification)는 각 관측의 신분 확인용 변수 이름을 지정할 때 사용한다.

ID ***variables***;

ID 문장을 사용하면 변수 Obs는 출력되지 않는다. 그리고 ID 문장에서 지정된 변수 이름이 VAR 문장에 또 다시 포함될 수 없다.

제 6.3 절의 BY 문장 해설에서 예로 든 SAS 자료 accident를 인쇄할 때 만일 변수 country를 ID 변수로 지정하려면 다음과 같이 PROC 단계를 작성한다. 출력 결과와 제 6.3 절의 인쇄 절차 <1>의 결과를 상호 비교해보라. 이 출력은 SORT 절차를 사용하여 순서화된 SAS 자료 accident를 처리한 것이다.

```
PROC PRINT DATA=accident;
  ID country;
RUN;
```

country	city	month	number
France	Paris	2	1200
France	Paris	3	2354
France	Paris	4	3308
France	Paris	5	893
Korea	Busan	3	1347
Korea	Busan	4	987
Korea	Busan	5	334
Korea	Seoul	1	5024
Korea	Seoul	2	4214
Korea	Seoul	4	6635
Korea	Seoul	5	3375

6.6 LABEL 문장

PROC 단계에서 지정하는 LABEL 문장은 DATA 단계에서와 마찬가지 기능을 갖는다. 즉 변수가 출력될 때 변수 이름 대신 변수에 대응하는 꼬리표(label)가 출력된다. 어떠한 SAS 절차에서도 사용할 수 있으며 사용 형식도 동일하다.

```
LABEL variable='label' … ;
```

여기서 *label*은 256 자까지의 문자열이며 홑따옴표 또는 겹따옴표로 양끝을 두른다. 전술하였지만 LABEL 문장에 지정한 변수들이 출력될 때는 원래의 변수 이름 대신 대응되는 레이블이 출력된다.

제 6.3 절에서 예로 든 SAS 자료 accident를 이용하여 한 가지 활용례를 들어보자.

```
PROC PRINT DATA=accident LABEL;
  ID country;
  VAR city number;
  LABEL number='# of Car Accidents' country='Country';
  LABEL city='Big City';
RUN;
```

이와 같이 LABEL 문장은 몇 개가 나와도 상관없으며 하나의 LABEL 문장에 변수와 레이블들을 연이어 지정할 수도 있다. 위 프로그램의 실행 결과를 보라.

Country	Big City	# of Car Accidents
France	Paris	1200
France	Paris	2354
France	Paris	3308
France	Paris	893
Korea	Busan	1347
Korea	Busan	987
Korea	Busan	334
Korea	Seoul	5024
Korea	Seoul	4214
Korea	Seoul	6635
Korea	Seoul	3375

6.7 MODEL 문장

이 문장은 모형(model)을 가정하여 자료분석하는 고급 통계 절차에서 설정된 모형을 지정할 때 사용한다. MODEL 문장의 사용 형식은 각 통계 절차마다 다소간 차이가 있으나 일반적으로 다음 형태를 갖는다.

```
MODEL dependents= independents / [options];
```

여기서 *dependents*와 *independents*는 모형의 종속변수(dependent variable)와 독립변수(independent variable)를 뜻한다. 실험설계 용어로는 각각 반응변수(response variable)와 요인(factor)에 해당한다. *options*는 사용자 선택사항으로 각 통계 절차마다 고유한 지정 방법이 있다. 구체적 용법은 각 통계 절차의 사용법을 참고하라.

6.8 OUTPUT 문장

OUTPUT 문장은 여러 SAS 절차에서 사용 가능하다. OUTPUT 문장이 PROC 단계에 포함되면 호출된 SAS 절차에서 산출된 통계량들이 SAS 자료로 출력된다. 이 문장의 사용 형식은 SAS 절차마다 차이가 많으나 일반적으로 다음과 같은 사용 형식이 많이 쓰인다.

```
OUTPUT [OUT=SASdataset] [keyword=name] … ;
```

여기서 *SASdataset*은 SAS 절차에서 산출된 통계량들이 출력될 SAS 자료의 이름, *keyword*는 SAS 절차에서 산출되는 통계량에 대한 SAS 고유의 키워드, *name*은 SAS 고유의 *keyword*를 대신하여 사용자가 새로운 이름을 정의할 때 지정한다. *keyword*를 새로운 이름으로 바꾸지 않고 그대로 쓰려면 *name*을 *keyword*와 동일하게 지정하면 된다.

다음 예를 보자.

```
PROC MEANS DATA=accident;
  VAR number;
  OUTPUT OUT=auto MEAN=average STD=std;
RUN;

PROC PRINT DATA=auto;
RUN;
```

이 예에서는 SAS 자료 accident에 단순 통계량을 계산하는 MEANS 절차를 적용하여 산출된 변수 number의 산술평균과 표준편차를 auto라는 이름의 새로운 SAS 자료로 출력하는데, MEANS 절차의 *keyword*인 MEAN 대신 average를 변수 이름으로 사용하고 STD는 그 이름 그대로 쓰겠다는 것이다. MEANS 절차가 실행되면 디스크 상에 auto라는 SAS 자료가 생성된다. 그리고 PRINT 절차로 SAS 자료 auto의 내용을 출력하면 다음과 같은 결과를 볼 수 있다.

```
                         The MEANS Procedure

                   Analysis Variable : number

 N            Mean         Std Dev         Minimum         Maximum
 -----------------------------------------------------------------
11         2697.36         2000.01     334.0000000         6635.00
 -----------------------------------------------------------------
```

< SAS 자료 accident에 대한 MEANS 절차의 결과 >

```
            Obs    _TYPE_    _FREQ_    average      std

              1       0        11      2697.36    2000.01
```

< SAS 자료 auto에 대한 PRINT 절차의 결과 >

PRINT 절차의 출력에서 볼 수 있듯이 SAS 자료 auto에는 단 하나의 관측 밖에 없다. 출력된 변수 중 _TYPE_과 _FREQ_는 자동변수들로서, _FREQ_는 OUTPUT 문장에 의해 새로운 SAS 자료의 변수로 출력된 *keyword*, 즉 MEAN과 STD의 값을 계산할 때 사용된 관측의 갯수, _TYPE_은 OUTPUT 문장에 의하여 결과되는 SAS 자료의 유형이다.

6.9 QUIT 문장

QUIT 문장은 대화식 절차(interactive procedure)들을 끝낼 때 사용한다.

```
QUIT;
```

SAS 절차 중 PLOT, ANOVA, GLM, REG 등은 대화식 절차에 속한다. 이들 절차들은 일단 호출되면 RUN 문장을 만나도 절차가 끝나지 않는다. 대신 RUN 문장을 만나면 그때까지 입력된 문장들을 실행하고 다시 새로운 지침의 입력을 대기하는 상태로 들어간다. 대화식 절차에서 완전히 벗어나려면 QUIT 문장을 사용한다.

대화식 절차에 대한 일반적인 프로그램 작성 형식은 다음과 같다.

```
PROC procedure;
   :  (SAS 문장들)
  RUN;
   :  (SAS 문장들)
  RUN;
QUIT;
```

대화식 절차들을 잘 이용하면 모형의 변경, 관측의 삭제 등이 즉각 반영되어 출력되므로 상당히 융통성있는 분석이 가능하다.

6.10 WHERE 문장

WHERE 문장은 특별한 조건을 만족하는 관측들만 골라 PROC 단계를 실행하고자 할 때 사용한다.

```
WHERE whereexpression;
```

*whereexpression*은 일반 수식과 마찬가지로 연산자와 피연산자로 이루어진다. 연산자로는 +, −, *, / 의 산술연산자, =, ^=, <, <=, >, >=의 비교연산자, &, |, ^의 논리연산자를 쓸 수 있다. 기타 IN과 같은 특수한 비교연산자의 사용도 가능하다.

제 6.3 절에서 순서화되기 전의 SAS 자료 accident를 이용하여 몇 가지 사용례를 든다. 다음은 도시가 서울인 관측만 골라 인쇄하는 프로그램이다.

```
PROC PRINT DATA=accident;
  WHERE city='Seoul';
RUN;
```

출력은 다음과 같다. 관측 번호의 출력 형태를 눈여겨보라.

Obs	country	city	month	number
1	Korea	Seoul	1	5024
3	Korea	Seoul	2	4214
6	Korea	Seoul	4	6635
9	Korea	Seoul	5	3375

다음은 IN 연산자를 이용하여 홀수 달의 관측만 출력시켰다.

```
PROC PRINT DATA=accident;
  WHERE month IN (1 3 5);
RUN;
```

Obs	country	city	month	number
1	Korea	Seoul	1	5024
4	France	Paris	3	2354
5	Korea	Busan	3	1347
9	Korea	Seoul	5	3375
10	Korea	Busan	5	334
11	France	Paris	5	893

다음 프로그램에서는 사고 횟수가 3,000을 초과하고 동시에 도시가 부산이 아닌 모든 관측들만 골라 인쇄한다.

```
PROC PRINT DATA=accident;
  WHERE number>3000 & city^='Busan';
RUN;
```

Obs	country	city	month	number
1	Korea	Seoul	1	5024
3	Korea	Seoul	2	4214
6	Korea	Seoul	4	6635
8	France	Paris	4	3308
9	Korea	Seoul	5	3375

7

어디서나 사용하는 SAS 문장들

이 장에서 소개하는 문장들은 SAS 프로그램에서 DATA 단계와 PROC 단계에 구애받지 않고 어디서나 사용 가능하다.

7.1 주석 문장

주석(comment) 문장은 SAS 프로그램 내 어디서도 사용할 수 있으며 프로그램의 목적이라든가 각 단계에서 수행하는 작업에 대한 설명 등을 프로그램 사이에 덧붙여 프로그램의 흐름을 쉽게 파악할 수 있도록 한다. 주석 문장은 프로그램의 실행과는 전혀 상관없는 비실행 문장이다.

① ***message*;** ② **/*message*/**

문법에 보이는대로 주석 문장에는 두 가지 사용 형식이 있다. 하나는 ①과 같이 * 로 시작해서 ;으로 끝나는 독립적인 SAS 문장으로서 주석 문장이고, 또 다른 하나는 ②와 같이 SAS 문장들 내에 포함되는 주석 문장이다.

문법에서 *message*는 사용자가 작성하는 설명문이며 어느 경우나 *message*의 길이 제한은 없다. 주석 문장 ②에서는 /* 와 */ 사이에 세미콜론을 포함하여 무슨 문자라도 사용할 수 있으나, ①에서는 *와 세미콜론 사이에 또다른 세미콜론은 사용하지 못한다.

다음과 같은 주석 문장들이 ①의 예다.

```
* This step computes SSE;

*------------------------------*
¦  Programmed by Nae K. Sung   ¦
¦          1/1/2005            ¦
*------------------------------*;
```

어느 경우나 *로 시작하여 ;으로 끝나고있다.

문장 내에 포함되는 주석 문장은 /* 로 시작하여 */로 끝난다. 이 사이에는 세미콜론을 포함한 어떤 종류의 문자열이라도 삽입할 수 있다. 독립된 주석 문장보다 더 강력한 주석 문장이다.

다음 예에서는 사용된 변수 이름을 주석 문장으로 설명하고 있다.

```
PROC PRINT;
  VAR wt ht /* wt=weight, ht=height */;
RUN;
```

이렇게 문장 내에 포함된 주석 문장은 /*에 대응되는 */를 만날 때까지 모든 문자열을 주석으로 간주한다. 따라서 주석 내에 ;이 몇 개 존재하더라도 상관없다. 이 주석 문장은 한 프로그램에서 당장의 분석에는 불필요하나 삭제하고 싶지 않은 부분의 실행을 금지하는 목적에 자주 사용된다. 다음 예를 보자.

```
DATA class;
  SET class1;
RUN;

PROC PRINT; RUN; /*

DATA credit;
  SET class; IF score < 60 THEN credit='F';
RUN;

PROC PRINT; RUN; */
:
```

위와 같은 프로그램을 실행하면 이탤릭체로 표시된 부분을 주석 문장으로 간주하여 실행하지 않고 그 다음 단계로 건너뛴다.

7.2 OPTIONS 문장

이 문장은 프로그램에서 시스템 선택사항을 변경 지정하는 목적으로 사용한다. 구체적인 항목 해설은 제 8.2 절을 참조하라.

OPTIONS *option* …;

OPTIONS 문장은 한 프로그램 내에 몇 번이라도 나타날 수 있다. 다음 예를 보라.

```
OPTIONS NONOTES NONUMBER;
 ⋮  (SAS 문장들)

OPTIONS NOTES;
 ⋮  (SAS 문장들)
```

7.3 RUN 문장

RUN 문장은 DATA 단계나 PROC 단계가 끝이 났음을 SAS 시스템에 알려주는 역할을 한다. 대화식 절차에서는 직전에 입력한 한 단위의 프로그램을 실행시킨다.

RUN;

SAS 시스템은 언제나 단계를 단위로 SAS 프로그램을 실행 및 처리한다. 일괄 처리(batch processing)할 SAS 프로그램이라면 DATA 단계나 PROC 단계 사이에 RUN 문장을 항상 삽입하지 않아도 프로그램 실행에는 상관없다. 그렇기는 하나 다시 한 번 더 강조하거니와,

단계의 끝에는 반드시 RUN 문장을 사용하라!

필자가 RUN 문장의 사용을 강조하는데는 몇 가지 이유가 있다. RUN 문장을 사용하지 않으면 SAS 시스템은 언제나 새로운 DATA 문장이나 PROC 문장을 만난 연후에야 비로소 한 단계가 끝이 났음을 깨닫고 그 때까지 읽어들인 단계를 실행한다.

그렇다면 RUN 문장을 전혀 사용하지 않은 다음의 예에서는 어떤 문제가 있을까?

```
DATA first;
  SET old;

PROC PRINT;
```

이 간단한 프로그램을 SAS 시스템에 접수시키면 처음 DATA 단계는 제대로 수행된다. 그리고나서 더 이상의 출력은 없다. 왜냐하면 생성된 SAS 자료 first를 인쇄하는 그 다음의 PRINT 절차의 끝이 명시되지 않았기 때문에 SAS 시스템은 사용자가 앞으로 PRINT 절차의 부속 문장을 더 입력할 것인지 이것으로 끝인지 판단할 수가 없으므로 실행을 보류하는 것이다. 이런 현상은 SAS 시스템의 잘못이 아니라 소위 대화식 시스템(interactive system)이라 선전하는 모든 소프트웨어들에 공통적인 현상이다.

또 다른 문제점은 비실행문이 SAS 프로그램에 삽입되었을 경우에 일어난다. RUN 문장에 영향을 받는 가장 대표적인 비실행문은 TITLE 문장과 FOOTNOTE 문장이다. 다음 예를 보자.

```
TITLE1 'Regression of Y on X';
PROC REG; MODEL Y = X;

TITLE1 'Regression of X on Y';
PROC REG; MODEL X = Y;

PROC PLOT; PLOT X*Y;
```

이와 같은 프로그램을 실행하면 애초의 의도와 다른 결과가 출력된다. 첫 번째 문장에서 출력 결과의 표제를 설정하고 두 번째 문장에서는 회귀분석 절차를 호출하였다. RUN 문장이 없으므로 SAS 시스템은 계속해서 그 다음 문장, 즉 새로운 TITLE 문장을 읽게 된다. 이렇게 세 번째 문장을 읽게 되면 첫 줄에서 읽은 표제가 바라지 않았던 새로운 표제로 바뀌게 된다. 그렇지만 아직도 단계가 끝이 났다는 표시가 없으므로 계속해서 네 번째 줄을 읽게 되는데, 이 네 번째 줄에 가서야 비로소 새로운 PROC 문장을 만나므로 앞서 읽은 세 줄의 문장을 실행하게 된다. 따라서 첫 번째 REG 절차의 출력 표제로 첫째 줄의 표제가 아닌 셋째 줄의 표제가 나오게 된다. 이런 현상은 각주 문장에도 그대로 적용된다. 이제 RUN 문장을 왜 반드시 사용해야 하는지 이해할 수 있을 것이다.

7.4 TITLE 문장

TITLE 문장은 Output 윈도우로 출력되는 매 페이지마다 표제를 붙일 때 사용한다. 모두 10 줄까지 사용할 수 있다.

```
TITLEn 'text';
```

*n*은 표제가 인쇄될 줄번호를 뜻하며 *n*의 범위는 1에서 10까지다. *text*는 표제로 하고 싶은 문자열이다. 사용 가능한 문자열의 범위는 시스템 선택사항 LINESIZE 지정에 좌우된다. 디폴트는 최대 132 자다.

표제 지정이 전혀 없을 때는 SAS 시스템의 디폴트로 각 출력 페이지마다 가장 상단 중앙에 'The SAS Syatem'이 인쇄된다.

몇 가지 예를 들어보자. 다음은 번호 지정이 없는 TITLE 문장이다.

```
TITLE 'Project - Robust ANOVA';
```

TITLE 다음에 번호가 없으면 자동적으로 1이 부여되며 SAS 시스템의 디폴트 표제 대신 이 표제가 출력된다.

가급적 TITLE 다음에 번호를 붙이는 습관을 들이는 편이 좋다. 다음은 번호 붙은 TITLE 문장의 예다.

```
TITLE1 'Project - Core Institute of Statistics';
TITLE3 'March 1, 2009';
```

여기서는 TITLE2가 없는데 이런 경우에는 출력되는 세 줄의 표제 중 두 번째 줄은 빈 줄이 된다. 즉, 한 줄 띄우는 것이다.

다음은 앞의 예와 비슷하나 더 극단적이다.

```
TITLE1 'Project - Core Institute of Statistics';
TITLE10 'March 1, 2009';
```

이 경우에는 두 표제 사이에 여덟 줄의 빈 줄이 생긴다.

일단 지정된 표제를 해제할 때는 문자열이 없는 TITLE 문장을 사용한다. 예를 들어 다음과 같은 경우에는 TITLE2를 만남과 동시에 TITLE2부터 TITLE10까지 모든 과거 지정은 해제된다.

```
TITLE1 'Project - Core Institute of Statistics';
TITLE3 'March 1, 2009';
⋮ (SAS 문장들)
TITLE2;
```

만일 지금까지의 모든 표제 지정을 해제하려면 다음 문장을 삽입한다.

```
TITLE1;
```

TITLE 문장을 사용함에 실수가 없으려면 RUN 문장으로 표제 지정이 미치는 범위를 제한해야함을 상기하라.

7.5 FOOTNOTE 문장

FOOTNOTE 문장의 용법은 TITLE 문장과 동일하다.

FOOTNOTE***n*** '*text*';

*n*의 범위는 1에서 10까지다. 모든 각주를 해제하려면 다음과 같이 한다.

```
FOOTNOTE;
```

또는,

```
FOOTNOTE1;
```

7.6 ENDSAS 문장

이 문장을 현재 편집 중인 SAS 프로그램의 끝에 삽입하여 접수· 실행시키면 프로그램의 실행이 끝남과 동시에 SAS 시스템이 자동적으로 종료된다.

```
ENDSAS;
```

7.7 LIBNAME 문장

SAS 자료에는 두 종류가 있다. 하나는 **일시 SAS 자료**(temporary SAS data set)로서 SAS 프로그램이 실행되면서 잠시 만들어졌다가 SAS 시스템의 종료와 함께 전부 지워져버린다. 또 다른 유형의 SAS 자료는 **영구 SAS 자료**(permanent SAS data set)로서 지정된 파일 이름으로 디스크 상에 영구 저장되며 나중에 몇 번이고 호출하여 재사용할 수 있다.

좁은 의미에서 영구 SAS 자료가 저장된 디스크 상의 폴더를 **SAS 데이터 라이브러리**(SAS data library) 또는 간략히 **라이브러리**라 부른다. 도서관에 책이 있듯이 SAS 데이터 라이브러리에 SAS 자료가 보관되어 있는 것이다. 또 도서관에서 책을 종류에 따라 구분하여 정리하듯 SAS 데이터 라이브러리도 사용자 편할대로 구분하여 같은 목적 하에 만든 SAS 자료들을 정리하여 모아둘 수 있다. 그러려면 구분된 SAS 데이터 라이브러리별로 독립적인 이름이 있어야 한다. 이러한 특정 폴더를 받는 라이브러리 이름을 ***libref*** (library reference)로 표기한다. 거듭 말하거니와 SAS 데이터 라이브러리는 SAS 자료가 저장되는 디스크 상의 공간으로 이는 곧 폴더다. 그리고 *libref*는 SAS 데이터 라이브러리로 배정된 폴더를 SAS 시스템에서 지칭하는 대명사다.

일시 SAS 자료의 이름은 최대 여덟 글자까지의 한 단어로 표기하며, 영구 SAS 자료의 이름은 마침표로 구분된 두 단어를 사용한다. 이런 두 단어 이름에서 마침표 앞의 첫 단어가 바로 *libref*다.

SAS 프로그램에서 *libref*의 지정은 LIBNAME 문장을 이용한다.

```
LIBNAME libref 'folder';
```

예를 들어보자. A: 드라이브의 경로 \FAMILY\CHILDREN에 영구 SAS 자료 파일 eldest가 저장되어 있다. 이 SAS 자료를 읽어들여 나이가 13 이상인 모든 관측들만 따로 추려 경로 C:\TEENAGE에 teens라는 이름의 영구 SAS 자료로 출력하려 한다. 다음은 이같은 작업을 하는 프로그램이다.

```
LIBNAME child 'a:\family\children';
LIBNAME preadult 'c:\teenage';

DATA preadult.teens;
  SET child.eldest;
  IF age < 13 THEN DELETE;
RUN;
```

윈도우즈의 파일 시스템에서 완벽하게 표기된 SAS 자료 파일 eldest와 SAS 시스템에서 *libref*의 관계는 다음과 같이 나타낼 수 있다. 이는 첫 번째 LIBNAME 문장에 대한 것이다.

```
A:\FAMILY\CHILDREN\ELDEST.ext
==================  =======
      libref      .  filename      ⇒    child.eldest
```

영구 SAS 자료 이름의 확장자는 SAS 버전에 따라 다르지만 SAS 시스템에서는 확장자를 따로 표기하지 않아도 된다. 프로그램의 DATA 단계에서 처리하는 작업은 데이터 라이브러리 child에 있는 SAS 자료 eldest를 읽어 나이가 13 살 이상인 아이들에 대한 관측들만 선택하여 C:\TEENAGE에 teens라는 이름의 영구 SAS 자료로 저장하려는 것이다. 따라서 폴더 C:\TEENAGE를 받는 *libref*가 필요하므로 둘째 줄에서 그 이름을 preadult로 지정한 것이다. 위 프로그램이 오류없이 실행되면 결과되는 영구 SAS 자료 파일의 완벽한 표기는 다음과 같을 것이다.

```
C:\TEENAGE\TEENS.ext
==========  ======
 libref   . filename      ⇒    preadult.teens
```

결국 LIBNAME 문장은 *libref*를 지정할 때 사용하며 *libref*는 디스크 상의 폴더다.

데이터 라이브러리의 이름은 사용자 편할대로 정의할 수 있으나 이미 용도가 유보된 몇 가지 어휘가 있다. 이들에 대해서는 제 8 장을 참조하기 바라며 여기서는 데이터 라이브러리 USER에 대하여만 언급한다.

영구 SAS 자료를 만들어 자료 처리를 하는 것은 분명히 효율적인 방법이다. 일단 영구 SAS 자료를 만들면 매번 원시 자료를 재입력하느라 시간을 낭비하지 않아도 되며, 간단한 SET 문장 하나로 SAS 자료 내에 포함된 관측, 변수, 변수의 유형, 레이블 등이 자동으로 올라온다. 그러나 영구 SAS 자료를 표기하기 위하여 두 단어 이름을 사용하는 것은 상당히 주의를 요하는 작업이고 한 번이라도 데이터 라이브러리의 이름을 빼먹으면 그 뒤의 자료 처리는 제대로 수행되지 않는다.

• **USER 라이브러리**

USER 라이브러리는 한 단어 이름으로 영구 SAS 자료를 처리할 수 있게끔 하는 특수한 라이브러리 이름으로 매우 유용한 라이브러리다. 다음 예를 보자.

```
LIBNAME USER 'c:\sasarea';

DATA test;
  INPUT x y;
DATALINES;
1  2
2  3
RUN;
```

이 DATA 단계에서는 변수 x와 y에 대한 두 개의 관측을 입력하여 test라는 SAS 자료를 생성한다. 여기서 test는 분명히 한 단어 이름이지만 이 DATA 단계에서 결과되는 SAS 자료 test는 사실상 영구 SAS 자료다. 정확히 말하면 폴더 C:\SASAREA에 test라는 영구 SAS 자료가 생성된다.

즉 *libref*로 USER가 사용되면 한 단어 이름의 SAS 자료도 전부 데이터 라이브러리 USER에 수록되는 영구 SAS 자료로 간주된다. 결국 위 프로그램에서 DATA 문장은 다음 지정과 동일한 효과를 갖는다.

```
DATA USER.test;
```

또 다음과 같은 USER 라이브러리의 지정을 보자.

```
LIBNAME USER '.';
```

도스에서 마침표 하나는 현재 폴더(current folder)를 뜻한다. 따라서 위와 같은 지정은 현재 폴더를 USER 라이브러리로 정의하는 것이다. 이렇게 되면 DATA 단계에서 생성되는 모든 영구 SAS 자료들은 현재 폴더 내에 저장된다. 이 지정은 상당히 쓸모있는 라이브러리 정의법이니 숙지하기 바란다.

기타 SAS 데이터 라이브러리에 대하여 더 상세한 해설은 제 8.4 절을 참조하라.

7.8 FILENAME 문장

LIBNAME 문장은 폴더를 지정할 때 쓰이지만 FILENAME 문장은 폴더를 포함하여 완전한 파일 이름을 받는 대명사를 지정할 때 쓰인다. 그리고 LIBNAME 문장은 기본적으로 영구 SAS 자료를 처리하기 위하여 사용하지만 FILENAME 문장은 순수한 외부 애스키 파일을 읽어들일 때 사용한다.

FILENAME ***fileref*** '***filename***';

LIBNAME 문장에서는 SAS 자료의 저장 폴더를 지칭하는 대명사를 *libref*라 하듯 FILENAME 문장에서는 외부 파일 이름을 받는 대명사를 ***fileref*** (file reference) 또는 파일 숏컷(file shortcut)이라 한다. 그리고 외부 애스키 파일을 읽어들이는데 사용하는 SAS 문장은 INFILE이며 따라서 FILENAME 문장은 언제나 INFILE 문장과 더

불어 사용된다.

예를 들어 A:\FAMILY\CHILDREN에 통계 상담 의뢰인이 가져온 데이터 eldest.dat이 있다고 가정하자. eldest.dat은 SAS 자료가 아니라 단순한 애스키 파일이다. 이 파일을 읽어들이려면 다음과 같은 프로그램을 작성한다.

```
FILENAME child 'a:\family\children\eldest.dat';
DATA teens;
  INFILE child;
  INPUT sex age ...;
RUN;
```

위 프로그램에서 FILENAME 문장이 반드시 필요한 것은 아니다. 즉 다음과 같은 프로그램도 앞서와 같은 기능을 수행한다.

```
DATA teens;
  INFILE 'a:\family\children\eldest.dat';
  INPUT sex age ...;
RUN;
```

FILENAME 문장이 반드시 필요하지는 않지만 일일이 DATA 단계에서 복잡한 경로를 표시하느니 아예 프로그램 첫 머리에서 FILENAME 문장들을 나열하는 편이 더 나을 것이다.

위의 예제 프로그램에서 결과되는 SAS 자료 teens는 일시 SAS 자료다. 만일 이 자료를 영구 SAS 자료로 만들고 싶다면 다음과 같이 할 수 있을 것이다.

```
FILENAME child 'a:\family\children\eldest.dat';
LIBNAME MyFolder 'c:\teenage';

DATA MyFolder.teens;
  INFILE child;
  INPUT sex age ...;
RUN;
```

여기서는 폴더 C:\TEENAGE를 라이브러리 이름 MyFolder로 받았다.

7.9 %INCLUDE 문장

%INCLUDE 문장은 외부 파일의 내용을 그대로 SAS 프로그램에 삽입하는 목적으로 사용한다. 사용 형식은 다음과 같다.

%INCLUDE *source*;

다음과 같은 프로그램을 보자. 여기서는 데이터를 입력한 다음 PLOT 절차를 호출하여 산점도(scatter plot)를 그리고 있다.

```
DATA scatter;
  INPUT x y @@;
DATALINES;
-2 -8  -1 -1  0  0   1  1   2  8
RUN;

PROC PLOT;
  PLOT y * x;
QUIT;
```

그런데 만일 PLOT 절차를 호출하는 부분을 디스크 상의 경로 C:\WORK에 외부 파일 plot.sas로 저장해놓았다고 하자. 즉, 애스키 파일 plot.sas의 내용은 다음과 같다.

```
PROC PLOT;
  PLOT y * x;
QUIT;
```

이 경우에 데이터만 입력한 다음 이 외부 파일의 내용을 프로그램으로 복사하여 실행하려면 다음 형식으로 %INCLUDE 문장을 사용한다.

```
DATA scatter;
  INPUT x y @@;
DATALINES;
```

```
-2 -8  -1 -1  0  0   1  1   2  8
RUN;

%INCLUDE "c:\work\plot.sas";
```

다음에 주어진 프로그램에서는 FILENAME 문장을 사용하여 %INCLUDE될 파일들이 존재하는 폴더를 지정한 다음 이 폴더에 저장된 회원(member) 파일들 중의 하나인 plot.sas를 불러오는 경우를 보여주고 있다.

```
FILENAME myfolder "c:\work";

DATA scatter;
  INPUT x y @@;
DATALINES;
-2 -8  -1 -1  0  0   1  1   2  8
RUN;

%INCLUDE myfolder(plot);
```

그렇다면 %INCLUDE 문장을 사용하여 DATALINES 문장 다음에 원시 자료를 불러올 수 있을까? 이는 불가능하다. 왜냐하면 DATALINES 문장 다음에 나타나는 문자열은 무조건 원시 자료로 간주하기 때문이다.

예를 들어, 입력 데이터를 C:\WORK에 data.txt란 이름으로 저장했다고 가정하자. data.txt의 내용은 다음과 같다.

```
-2 -8
-1 -1
 0  0
 1  1
 2  8
```

이 경우에 다음 식으로 사용한 %INCLUDE는 잘못된 것이다.

```
DATA scatter;
  INPUT x y;
DATALINES;
```

```
%INCLUDE "c:\work\data.txt";
RUN;
```

굳이 외부 파일에 수록된 원시 자료를 %INCLUDE 시키려면 일단 DATALINES 문장을 데이터 앞에 첨부해야한다. 즉 다음과 같이 입력된 외부 파일을 carddata.sas라고 부르자.

```
DATALINES;
 -2 -8
 -1 -1
  0  0
  1  1
  2  8
```

이러한 파일을 %INCLUDE하는 방법은 다음과 같다.

```
DATA scatter;
  INPUT x y;
  %INCLUDE "c:\work\carddata.sas";
RUN;
```

7.10 출력 전달 시스템(ODS)

ODS (Output Delevery System)는 다양한 포맷의 출력을 제공하기 위한 도구로서 다음과 같은 포맷의 문서 출력을 지원한다.

- OUTPUT – SAS 자료
- LISTING – 디폴트 출력. 고정폭 글꼴 사용.
- PRINTER – Postscript 출력. 변동폭 글꼴 사용.
- PDF – PDF (potable document format) 출력
- HTML – 웹 페이지 게시용 HTML 출력
- RTF – 문서편집기 삽입용

OUTPUT은 DATA 단계에서 SAS 자료의 출력, LISTING은 Output 윈도우로 나가는 텍스트 출력, PRINTER는 인쇄용 출력, HTML은 Results Viewer 윈도우로 나가는 출력이다. PDF는 Adobe에서 제안한 포맷이고 RTF (rich text format)은 평범한 텍스트 포맷에 색상 등 각종 제어 코드까지 삽입한 포맷이다.

ODS를 이용하려면 언제나 출력하고 싶은 절차 전후에서 ODS를 열고 닫는다. 열 때는 출력 파일이 저장될 경로를 지정한다.

HTM과 PDF 파일로 동시에 출력하는 한 가지 예를 든다. 나머지도 비슷하게 운용할 수 있다.

```
DATA;
  INPUT x $;
DATALINES;
Sung
Moon
RUN;

ODS PDF FILE="c:\temp\test.pdf"
ODS HTML FILE="c:\temp\test.htm"

PROC PRINT;
RUN;

ODS PDF CLOSE;
ODS HTML CLOSE;
```

물론 저장된 파일 test.pdf를 읽으려면 컴퓨터에 Acrobat이 설치되어 있어야 한다.

8

SAS 시스템의 운용

제 8 장에서는 SAS 시스템의 환경 설정을 바꾸고 시스템 디폴트를 지정하는 방법에 대하여 설명한다. 그리고 SAS 데이터 라이브러리와 라이브러리를 구성하는 SAS 파일의 유형 및 그들을 SAS 시스템에서 참조하는 방식에 대하여 상술한다.

8.1 시스템 선택사항

SAS 시스템을 컴퓨터에 최초로 설치하면 SAS 시스템에서 디폴트로 설정한 여러 가지 시스템 선택사항(system options)에 준하여 윈도우의 형태, 폴더 구조, 자료 입력과 결과의 출력 양식이 결정된다. 시스템 선택사항은 필요에 따라 사용자가 다시 설정할 수 있는데 이 절에서는 이러한 시스템 선택사항들의 제어에 관하여 해설한다.

자신의 시스템 설정을 확인하려면 OPTIONS 절차를 이용한다. 다음 프로그램을 실행하면 모든 시스템 선택사항들이 Log 윈도우로 출력된다.

```
PROC OPTIONS LONG; RUN;
```

시스템 설정을 변경하는 방법은 다음 세 가지다.

- OPTIONS 문장에서 새로운 설정을 정의한다.
- SAS System Options 윈도우를 열어 필요한 항목을 수정한다.
- 시스템 설정 파일(configuration file)의 내용을 수정한다.

OPTIONS 문장을 사용하면 이 문장이 포함된 SAS 프로그램 내에서만 수정된 사항이 유효하다. SAS System Options 윈도우를 사용하여 변경하면 기본적으로 그 순간부터 SAS 시스템이 종료될 때까지 모든 프로그램에 대하여 유효하며, 변경된 설정을 카탈로그 파일에 저장해 놓으면 카탈로그 파일을 재수정할 때까지 무한히 유효하다. 시스템 설정 파일을 편집하여 수정하는 방법은 시스템을 건드리지 않고 외부에서 설정을 변경하는 것이기에 사용자들에게 추천할만 하다.

SAS 시스템을 설치한 폴더를 “C:\Program Files\SAS”라 하자. SAS 시스템에서는 **루트 폴더**(root folder: sasroot)를 **!sasroot**로 표시한다.

SAS 9.2판: **!sasroot** = "C:\Program Files\SAS\SASFoundation\9.2"
SAS 9.1판 이하: **!sasroot** = "C:\Program Files\SAS"

시스템 설정 파일의 이름과 저장 경로는 SAS 버전에 따라 다르다.

SAS 9판(영문): !sasroot\nls\en\SASV9.CFG
SAS 9판(국문): !sasroot\nls\ko\SASV9.CFG
SAS 8판: !sasroot\SASV8.CFG

8.1.1 OPTIONS 문장

여기서는 OPTIONS 문장 내에서 사용 가능한 항목들을 설명한다. 시스템 디폴트는 굵게 표시하였다.

- **CENTER** | NOCENTER
  SAS 절차의 실행 결과가 Output 윈도우로 출력될 때 사용할 정렬 방식을 지정한다. CENTER는 가운데 정렬, NOCENTER는 왼쪽 정렬이다. PUT 문장을 사용한 출력은 이 선택사항의 영향을 받지 않는다.

- COMPRESS=YES | **NO**
  생성되는 SAS 자료의 압축 여부를 지정한다. 압축하면 처리에 다소 시간은 걸리지만 디스크 공간 사용 면에서 더 효율적이다.

- **DATE** | NODATE
  현재 날짜를 Output 윈도우의 모든 출력 페이지마다 상단에 인쇄할지 지정한다. 날짜를 인쇄하고 싶지 않으면 NODATE를 선택한다.

- DEVICE=*device_driver*
  SAS/GRAPH에서 사용할 그래픽스 출력장치 구동기의 이름을 지정한다. 디폴트는 WIN으로서 모니터로 출력된다. SAS 시스템에서 지원하는 모든 출력 장치들의 목록을 보려면 다음 프로그램을 실행한다. 목록은 Output 윈도우로 출력된다.

```
PROC GDEVICE CATALOG=sashelp.devices NOFS;
  LIST _ALL_;
RUN; QUIT;
```

몇 가지 대표적인 출력 장치들의 이름은 다음과 같다.

출력장치	이름	기종
레이저 인쇄기	LJ5PCL	HP LaserJet V, 600 dpi
잉크제트 인쇄기	DJ1600C	HP DeskJet 1600C
모니터	WIN	시스템 디폴트

- ERRORS = *n*

  자료를 읽어들일 때 지정된 입력 방식과 맞지 않는 관측이 존재하면 오류 메시지가 Log 윈도우로 출력되는데, 최대 몇 개 관측들에 대하여 오류 메시지를 출력할지 지정한다. 디폴트는 20이다. 예를 들어 총 관측 수가 500 개인 자료를 읽는데 오류가 있는 관측의 수가 50 개라면 최초 20 개 관측에 대해서는 오류 메시지가 출력되나 나머지 30 개에 대해서는 오류 메시지의 출력없이 그대로 작업이 수행된다.

- FIRSTOBS = *n*

  SAS 시스템이 처리하는 최초의 관측 번호를 지정한다. 디폴트는 1이다. 이것을 지정할 때는 극히 조심해야 한다. 예를 들어보자.

```
OPTIONS FIRSTOBS=3;
DATA fisrt;
  INPUT a b;
DATALINES;
a   b
=====
1   4
2   5
3   3
RUN;

DATA second;
  SET first;
RUN;
```

이 프로그램에서는 OPTIONS 문장에 FIESTOBS를 지정하여 DATA 단계에서 처리할 최초의 관측번호로 3을 지정하였다. 그리한 이유는 원시자료의 처음 두 관측이 변수 이름 a와 b에 대한 레이블이기 때문에 이 두 줄이 입력되는 것을 피하기 위한 것이다. 두 번째 DATA 단계에서는 앞서 만든 SAS 자료 first를 그대로 읽어 새로운 SAS 자료 second로 만드는데 이 때도 역시 FIRSTOBS = 3이 유효하므로 second에는 SAS 자료 first의 세 번째 관측 하나만 수록된다. 이런 현상을 방지하려면 두 DATA 단계 사이에 다음과 같이 새로운 OPTIONS 문장을 추가해야 한다.

```
OPTIONS FIRSTOBS=1;
```

- FORMCHAR='*characters*'

  CALENDAR, FREQ, TABULATE, PLOT 절차 등에서 출력되는 각종 표의 외곽선 형식을 지배하는 양식 문자(form character)를 사용자가 지정할 수 있도록 한다. 그런데 이하의 논의는 영문 윈도우즈에서만 성립한다. 한글 윈도우즈에서는 아래에서 언급하는 확장 문자세트 부분에 한글 자모를 할당하고 있기 때문에 변경하지 못한다. FORMCHAR의 디폴트는 다음 20 개 문자열이다.

```
¦----¦+¦---+=¦-/\<>*
```

처음 11 개 문자열은 다음과 같은 형태의 표의 외곽선을 출력할 때 쓰인다.

```
---------
¦   ¦   ¦
¦---+---¦
¦   ¦   ¦
---------
```

외곽선 문자열에서 처음 두 문자는 수직선(|)과 수평선(-), 그 다음 세 문자는 위 표 상단의 왼쪽 구석(-), 중간(-), 오른쪽 구석(-), 그 다음 세 문자는 위 표 중간의 왼쪽 끝(|), 가운데(+), 오른쪽 끝(|), 그 다음 세 문자는 각각 위 표 하단의 왼쪽 구석(-), 중간(-), 오른쪽 구석(-)을 지정한다. 다섯 줄로 이루어진 위 표에서 두 번째와 네 번째 줄은 제 1 번 문자인 수직선을 사용하여 연결하며, 제 2 번 문자인 수평선은 표를 이루는 문자들 간에 가로 연결을 담당한다. 만일 위 표에서 처음 두 개의 문자인 수평선과 수직선을 사용하지 않는다면 다음과 같은 가장 기본적인 표 모양을 보게 될 것이다.

```
---
¦+¦
---
```

이런 모양의 표는 CHART 절차, TABULATE 절차, PLOT 절차 등을 위시하여 수많은 SAS 절차에서 만드는 모든 표의 기본 양식이다. 그러나 미관상 위와 같은 표의 형태는 그다지 보기 좋은 것이 아니다. 필자가 애용하는 다음과 같은 매끈한 형태의 표를 출력하려면 어떻게 해야할까?

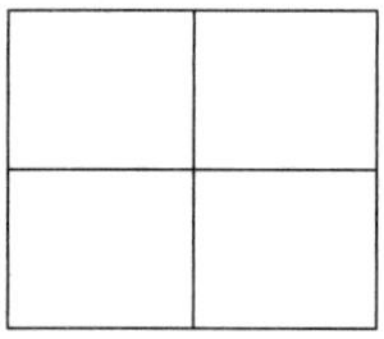

다음은 이같은 표를 만들 수 있는 앞서의 11 개 외곽선 문자에 대응되는 새로운 문자열이다.

│ ─ ┌ ┬ ┐ ├ ┼ ┤ └ ┴ ┘

이런 특별한 문자열은 PC에서 확장문자(extended character)라 불리우며, 확장문자를 입력하려면 키보드 상의 NumLock 키가 해제된 상태에서 Alt 키를 누르고 있으면서 해당 문자를 나타내는 고유 십진수를 입력한다. 한 가지 유의할 점은 확장문자에 대한 고유 숫자를 입력할 때는 반드시 키보드 오른쪽에 따로 마련된 숫자키판을 사용해야 한다는 것이다. 예를 들어 그리스 문자 σ도 확장문자의 하나인데 σ의 고유 번호는 229이다. 이 문자를 화면에 나타내려면 Alt 키를 계속 누르면서 229를 입력하고 나서 Alt 키에서 손가락을 떼면 된다. 표의 외곽선 문자의 지정은 자신에게 가장 마음에 드는 형태로 영구히 변경하는 편이 유리하므로 시스템 설정 파일을 열어 수정하는 것을 권한다. 다음은 위에서 새로 제시한 외곽선 확장문자에 대응되는 고유 번호들이다.

```
     218   194   191
      ┌     ┬     ┐          │ 179
 195  ├     ┼     ┤  180     ┼ 197
      └     ┴     ┘          ─ 196
     192   193   217
```

이상과 같은 새로운 외곽선 문자를 정의하려면 시스템 선택사항 FORMCHAR의 문자열은 다음과 같이 되어야 한다.

│ ─ ┌ ┬ ┐ ├ ┼ ┤ └ ┴ ┘ + = │ ─ / \ < > *

경우에 따라서 다음과 같은 양식의 표를 선호하는 이도 있을 것이다.

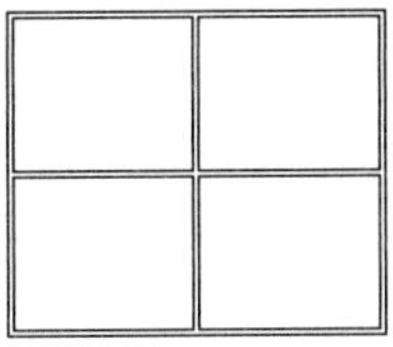

이런 양식의 표를 만들 때도 앞에서 설명한 대로 해당되는 확장문자의 고유 번호를 입력하면 된다. 애초의 20 개 외곽선 문자 중 12 번째부터 마지막까지 문자열은 스케쥴링(scheduling)이나 공정관리 등의 기법으로부터의 출력 양식을 지정할 때 쓰이며 일반 사용자에게는 거의 불필요하다.

- LINESIZE= *width*

  이 선택사항은 줄 크기, 즉 출력에서 한 줄에 포함되는 문자들의 최대 개수를 지정한다. 지정 가능한 *width*의 범위는 64~256이다.

- MISSING='*character*'

  분실 숫자변수 값을 어떻게 출력할지 지정한다. 디폴트는 마침표(.)다. 분실값을 * 로 나타내고 싶으면 MISSING='*'와 같이 지정한다.

- NEWS='*filename*' | **NONEWS**

  이것은 SAS 시스템을 시작할 때마다 뉴스 파일의 내용이 Log 윈도우로 나타나게끔 한다. *filename*에 드라이브와 경로를 덧붙일 수 있다. 폴더가 명시되어 있지 않다면 SAS 시스템을 호출한 폴더 **SASUSER** (C:\Documents and Settings\Administrator\My Documents\My SAS Files\9.1)에서 뉴스 파일을 찾는다. 예를 들어 SASUSER에 다음과 같은 세 줄의 메시지가 수록된 순수한 애스키 파일 alert.txt를 보관하였다.

```
==============================================
Please do not terminate SAS System ABNORMALLY!!!
==============================================
```

이 내용을 SAS 시스템을 시작할 때마다 매번 나오게 하려면 SAS 시스템의 자동 실행 파일 AUTOEXEC.SAS의 OPTIONS 문장에 다음을 추가한다.

```
OPTIONS NEWS= 'alert.txt';
```

- **NOTES** | NONOTES

  디폴트는 NOTES로서 SAS 프로그램의 실행시 SAS 시스템의 동작 상태 및 오류 메시지 등이 Log 윈도우로 출력된다. NONOTES를 지정하면 아주 축약된 형태의 오류 메시지만 출력된다. SAS 시스템의 사용에 익숙해지면 NONOTES를 지정하여 작업 소요 시간을 단축할 수 있다.

- **NUMBER** | NONUMBER

  Output 윈도우로 출력되는 SAS 절차들의 결과를 페이지 단위로 번호 붙여 출력할지 지정한다. 디폴트는 NUMBER로 매 페이지 상단에 일련 번호를 인쇄한다.

- OBS=*n* | MAX

  DATA 단계에서 입력되는 자료의 가장 마지막 관측의 번호를 지정한다. 디폴트는 MAX로서 자료의 가장 마지막 관측까지 처리한다. 예를 들어 총 500 개 관측으로 이루어진 자료에서 처음부터 100 개까지만 처리하고 싶으면 OBS=100을 지정한다. 이것은 앞에서 언급한 선택사항 FIRSTOBS와 더불어 아주 유용하게 쓰인다. 큰 자료를 분석하는 긴 프로그램을 작성했다고 가정하자. 프로그램 상에 오류가 있을지도 모르는 상황에서 덮어놓고 프로그램을 실행하는 것은 현명한 선택이 아니다. 이런 경우에는 수집된 자료 중 일부만으로 프로그램이 오류없이 잘 수행되는지 먼저 확인하는 편이 시간 절약이 된다. 시스템 선택사항 OBS는 주로 이런 목적으로 사용한다.

- PAGENO=*n*

  Output 윈도우로 SAS 절차의 실행 결과를 출력할 때 출력 페이지의 시작 번호를 지정한다. 페이지 번호를 11부터 시작하게 하려면 PAGENO=11을 지정한다.

- PAGESIZE=*n*

  페이지 크기, 즉 Output 윈도우로 SAS 절차의 실행 결과를 출력할 때 한 페이지에 포함될 최대 줄의 갯수를 지정한다. 지정 범위는 15~32767. 사용하는 글꼴의 크기에 따라 다르지만 10 급을 사용할 경우 인쇄기에서는 66 줄이 한 페이지를 이루므로 PAGESIZE=60과 같이 지정하는 편이 좋을 것이다. 위 아래 세 줄씩은 대개 사용하지 않는다.

- **REPLACE** | NOREPLACE
  영구 SAS 자료를 대체할지 여부를 지정한다. SAS 프로그램의 DATA 단계에서 이미 존재하는 SAS 자료의 이름과 동일한 이름을 중복 사용하면 원래의 SAS 자료는 자동적으로 소거되고 새로운 내용으로 대체되어 저장된다. 이것을 피하려면 NOREPLACE를 지정한다.

- **SOURCE** | NOSOURCE
  SAS 프로그램의 실행시 실행되는 순서대로 SAS 프로그램 내의 문장들이 Log 윈도우로 출력되는 것을 조절한다. NOSOURCE를 지정하면 실행된 SAS 문장들이 Log 윈도우로 출력되지 않기 때문에 작업 시간이 약간 단축된다.

- **STIMER** | NOSTIMER
  SAS 프로그램의 실행시 각 DATA 단계와 PROC 단계마다 처리에 소요된 시간을 Log 윈도우로 출력할지 여부를 지정한다.

8.1.2 SAS System Options 윈도우

작업공간 메뉴판에서 'Tools → Options → System...'을 선택하거나, 단축키 Ctrl I를 누르거나, 명령막대에서 'options'를 입력하면 화면 8.1과 같은 탐색기 형식의 SAS System Options 윈도우가 화면에 나타난다.

화면 8.1에 보이는 것과 같이 설정 그룹 폴더를 선택하면 그 폴더에 속한 항목들이 우측에 나타나는데 이 항목들 중 바꾸고 싶은 항목을 선택하여 마우스 오른쪽 단추를 눌러 'Modify Value'를 선택하면 화면 8.2와 같은 편집창이 나타난다. 여기에 적당한 값을 넣고 'OK'를 누르면 변경한 내용이 저장된다. 그런데 이러한 변경은 SAS 시스템 종료 전까지만 유효하다.

그런데 SAS System Options 윈도우에서 모든 시스템 설정을 바꿀 수 있지는 않다. 시스템 디폴트 설정 사항들을 수정하는 가장 확실한 방법은 SAS 시스템 설정 파일 SASV9.CFG를 수정하는 것이다.

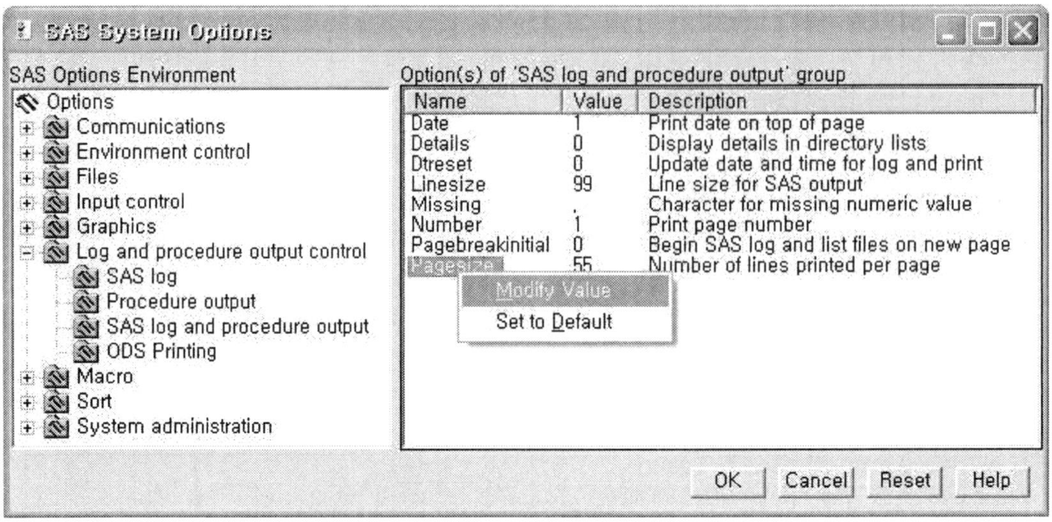

화면 8.1 SAS System Options 윈도우

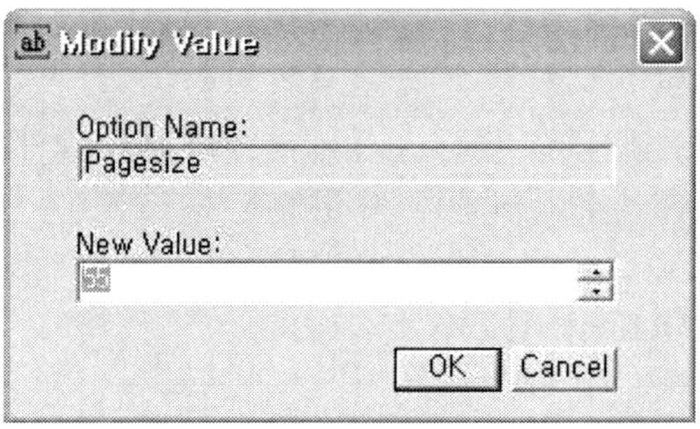

화면 8.2 항목에 대한 새 값을 선택

8.2 AUTOEXEC.SAS와 SASV9.CFG

SAS 시스템의 환경 설정 및 초기화는 SASV9.CFG와 AUTOEXEC.SAS의 두 파일로 이루어지는데, SASV9.CFG의 지정대로 환경 설정을 끝낸 연후 AUTOEXEC.SAS에서 수록된 명령어들을 수행하여 초기화 작업을 한다. AUTOEXEC.SAS는 없어도 되지만 SASV9.CFG는 반드시 존재해야 한다.

이미 언급한대로 실행 순서는 SASV9.CFG가 AUTOEXEC.SAS에 우선하나 여기서는 AUTOEXEC.SAS에 대하여 먼저 설명하겠다.

8.2.1 AUTOEXEC.SAS

AUTOEXEC.SAS는 일괄처리 파일(batch file)로서 일련의 SAS 문장들로 이루어지며, 이 문장들은 SAS 시스템이 초기화될 때 자동 실행된다. AUTOEXEC.SAS에 주로 포함되는 내용은 사용자가 선호하는 시스템 선택사항, SAS 데이터 라이브러리로 사용할 폴더의 지정 등이다.

AUTOEXEC.SAS 파일에 직접 완전한 SAS 프로그램을 삽입하여 실행할 수도 있으나 이 파일에는 시스템 구동시 기본적으로 필요하며 자주 수정하지 않을 조건들만 삽입하는 편이 좋다.

다음에 보이는 것이 AUTOEXEC.SAS 파일의 한 가지 예다.

```
options nosource nonotes nodate nonumber nostimer;
libname MySAS 'c:\Temp';
```

8.2.2 SASV9.CFG

시스템 설정 파일 SASV9.CFG는 도움말, 메시지, 실행 파일들의 설치 경로 등을 비롯한 각종 시스템 환경에 관한 정보가 담겨있는 파일이다. 파일에 사용자가 시스템 선택사항들을 수정하여 삽입할 수 있다. SAS 시스템을 초기화하려면 최소한 하나의 설정 파일이 존재해야 한다.

SAS 9판을 설치하면 설정 파일 SASV9.CFG가 두 군데 저장된다.

- !sasroot 폴더
- !sasroot\nls*language-code* 폴더

여기서 *language-code*는 SAS 시스템의 디폴트 언어에 대한 두 글자 코드로서 국문판이면 'ko', 영문판이면 'en'이다. 참고로 NLS는 'National Language Support'를 의미한다.

그런데 위 두 가지 설정 파일 중 실제 중요한 파일은 두 번째다. !sasroot 폴더에 저장된 SASV9.CFG의 내용은 SAS 디폴트 언어에 대한 설정 파일의 저장 위치에 대

한 지정이기 때문이다. 영문판 SAS를 아무 조건 변경 없이 설치했다면 !sasroot에 위치한 SASV9.CFG의 내용은 다음 한 줄이다.

```
-config "c:\program files\sas\9.2\nls\en\sasv9.cfg
```

SAS 시스템의 환경 설정에 관련된 지정들은 반드시 대시(-)로 시작한다. !sasroot\nls*language-code*\SASV9.CFG에서 알아둘만한 사항들은 다음과 같다.

- -AWSTITLE "*text*"
  작업공간 표제막대(title bar)의 표제를 바꾼다. 예를 들어,

  ```
  -AWSTITLE "My SAS System"
  ```

  을 지정하면 작업공간의 타이틀이 SAS 대신 'My SAS System'으로 나타난다.

- -SET SASROOT *pathname*
  SAS 시스템의 루트 폴더를 지정한다. 물론 SAS 시스템 설치시 루트 폴더의 위치는 시스템 스스로 판별하므로 사용자가 재입력할 필요는 없다. 예를 들어 경로 C:\Statistics\SAS System\에 SAS를 설치했다면 다음과 같이 루트 폴더를 지정한다.

  ```
  -SET sasroot "C:\Statistics\SAS System"
  ```

  그리고 SAS 시스템에서는 루트 폴더를 !sasroot로 표기한다. SAS 시스템의 루트 폴더는 실행 파일 SAS.EXE가 있는 폴더다.

- -SASUSER *pathname*
  개인별 시스템 선택사항이 수록되는 카탈로그 파일 PROFILE이 저장되는 경로를 지정한다. SASUSER는 영구 SAS 라이브러리다. SASUSER의 정확한 디폴트 위치는 SAS 버전과 시스템 운영체제에 따라 다른데 윈도우즈 XP에서 SAS 9판을 설치했다면 c:\Documents and Settings*username*\My Documents\가 디폴트 경로가 된다.

- −**SPLASH** | NOSPLASH
  SAS를 시작할 때 로고(logo) 화면을 보일지 말지 정한다.

- −WORK *pathname*
  SAS 시스템의 작업공간으로 사용할 경로를 지정한다. 지정된 폴더에는 중간 결과 파일들이 일시 보관되었다가 SAS 시스템의 종료와 동시에 전부 지워진다. 8판 이상에서 WORK의 디폴트는 '!temp\SAS Temporary Files'다. !temp는 윈도우즈 설치 폴더에 존재하는 폴더로 대부분의 경우 C:\Windows\Temp일 것이다.

- −USER *pathname*
  디폴트 영구 SAS 데이터 라이브러리를 지정한다. 일단 지정하면 SAS 프로그램에서 한 단어 이름으로 생성된 모든 SAS 자료는 이 폴더에 영구 SAS 파일로 저장된다. 만일 이 경우에 일시 SAS 자료를 만들고 싶다면 WORK.*dataname*과 같이 앞 단어가 WORK인 두 단어 이름을 사용해야 한다.

- −SASINITIALFOLDER *folder*
  현재 작업 폴더를 지정한다. 동시에 Open 대화상자와 Save As 대화상자에서 최초로 탐색할 디폴트 폴더를 지정한다. SAS 시스템 디폴트는 'C:\Documents and Settings\ Administrator\My Documents\My SAS Files\9.1'이다. 예를 들어,

```
-SASINITIALFOLDER "."
```

  을 지정하면 SAS 시스템을 호출한 현재 폴더가 Open 대화상자와 Save As 대화상자의 디폴트 폴더가 된다. 만일 다음과 같이 지정하면 c:\myfiles 폴더가 현재 작업 폴더로 설정된다.

```
-SASINITIALFOLDER "c:\myfiles"
```

8.3 SAS 데이터 라이브러리와 SAS 파일

SAS **파일**(SAS file)은 SAS 시스템 내에서 만들어지며 SAS 시스템만이 이해하는

특별한 구조를 갖는 파일들을 의미한다. SAS 파일의 내용을 문서편집기 따위로 확인할 방법은 없다.

우리가 하나의 SAS 프로그램을 Editor 윈도우에서 작성하였다면 윈도우에 보이는 프로그램을 SAS 파일이라 할 수 있을까? 그렇지 않다. SAS 프로그램은 사용자가 만드는 것이지 SAS 시스템이 만드는 것이 아니기 때문이다. 편집된 SAS 프로그램을 FILE 문장을 써서 컴퓨터 파일로 저장했다 하더라도 SAS 파일은 아니다. SAS 시스템 용어로 이런 파일은 **외부 파일**(external file)이라 불리운다. SAS 시스템 밖에서 문서편집기로 만든 프로그램이나 데이터 파일 역시 외부 파일이지 SAS 파일이 아니다. 간단히 말해서 일반 텍스트 파일은 SAS 파일이 되지 못한다.

여러분이 지금까지 접한 SAS 파일의 한 가지는 SAS 자료(SAS data set)다. SAS 자료는 DATA 단계를 처리하여 결과된 내부 파일로서 영구 라이브러리를 지정하지 않았다면 일시적으로 만들어졌다가 SAS 시스템의 종료와 함께 지워진다.

SAS 시스템에서 정보 처리를 하려면 그 정보가 먼저 SAS 파일에 수록되어 있어야 한다. SAS 프로그램의 첫 단계가 대부분의 경우 DATA 단계인데 이것은 곧 DATA 단계를 실행하여 입력된 정보를 SAS 자료 즉 SAS 파일에 수록하여 이후의 PROC 단계에서 이용토록 하는 것이다.

SAS 파일은 오직 SAS 프로그램에 의해서만 처리될 수 있다. 이러한 SAS 파일에는 **SAS 자료**(SAS data set)와 **SAS 카탈로그**(SAS catalog)의 두 가지를 비롯하여 기타 **저장 프로그램**(stored program), **액세스 기술자**(access descriptor) 등이 있다.

저장 프로그램이란 컴파일(compile)된 DATA 단계의 프로그램 파일이고 액세스 기술자는 단위 소프트웨어 SAS/ACCESS로 처리된 파일인데 여기서 이 두 가지에 대한 설명은 생략한다.

이러한 SAS 파일들의 집합을 **SAS 데이터 라이브러리**(SAS data library)라고 부르며, 라이브러리에 소속된 **SAS 파일**들을 **회원**(member)이라 한다. 또 SAS 파일의 성격에 따라 회원유형(member type)이 결정된다. 회원 유형은 다음과 같이 구분된다.

	SAS 파일	회원유형
데이터 라이브러리	자료	DATA, VIEW
	카탈로그	CATALOG
	저장 프로그램	PROGRAM
	액세스 기술자	ACCESS

SAS 자료와 SAS 카탈로그는 파일 이름 뒤에 붙는 확장자로 구별한다.

SAS 자료	.sas7bdat
SAS 카탈로그	.sas7bcat

즉 확장자가 .sas7bdat인 파일은 SAS 자료 파일, .sas7bcat으로 끝나는 파일은 카탈로그라 부르는 SAS 파일이다.

카탈로그는 동일 목적을 갖는 또는 동일 유형의 작업을 처리하는 컴파일된 SAS 프로그램, SAS 자료, 화면, 메뉴판 등이 집적된 SAS 파일로서 카탈로그에 소속된 파일을 'entry'라 부른다. 카탈로그 내에 또 다른 카탈로그가 부속되지는 못한다.

카탈로그는 여러 유형의 파일들의 집합이지만 가장 흔히 쓰이는 SAS 파일인 SAS 자료에는 행렬 형태로 주어진 데이터 값들과 데이터에 관련된 포맷 등 제반 정보가 수록된다. 이와 같은 행렬 형태의 데이터 배열에서 열을 변수, 행을 관측 또는 레코드(record)라 부른다. 그런데 유형이 DATA인 SAS 자료에는 이런 모든 정보가 다 수록되지만, 유형이 VIEW인 SAS 자료에는 데이터를 검색하는데 필요한 최소한의 정보만 수록된다.

이러한 SAS 파일들을 프로그램에서 처리하려면 그 SAS 파일이 존재하는 경로와 이름을 지정해야 한다.

완전한 SAS 자료의 이름은 마침표로 분할된 두 단어로 구성된다. 각 단어는 최대 여덟 글자까지 사용할 수 있다. 따라서 SAS 자료의 이름은 다음과 같은 형식으로 표시할 수 있다.

libref.filename

여기서 *libref*는 원하는 SAS 파일이 저장된 폴더를 지칭하는 대명사다. *filename*은 SAS 파일의 이름으로 확장자는 덧붙이지 않는다. 사용자가 굳이 확장자를 덧붙이지 않더라도 SAS 시스템 스스로 알기 때문이다. SAS 파일을 처리할 때도 SAS 시스템은 확장자를 감지하여 어떤 유형의 SAS 파일인지 알게 되므로 사용자는 확장자에 대해서 신경쓸 필요가 전혀 없다.

SAS 자료와는 달리 카탈로그는 자체 내 수많은 회원 파일을 포함할 수 있으며 따라서 카탈로그에 수록된 개별적인 파일을 처리할 때는 다음과 같이 네 단계의 이름을 사용한다.

libref.filename.entry.type

여기서 *libref*는 처리하려는 SAS 파일이 보관된 폴더의 이름, *filename*은 카탈로그의 이름, *entry*는 카탈로그에 수록된 파일의 이름, *type*은 파일의 유형을 나타낸다.

SAS 파일의 두 종류인 SAS 자료와 SAS 카탈로그의 차이는 다음과 같은 도해를 보면 빨리 이해가 될 것이다.

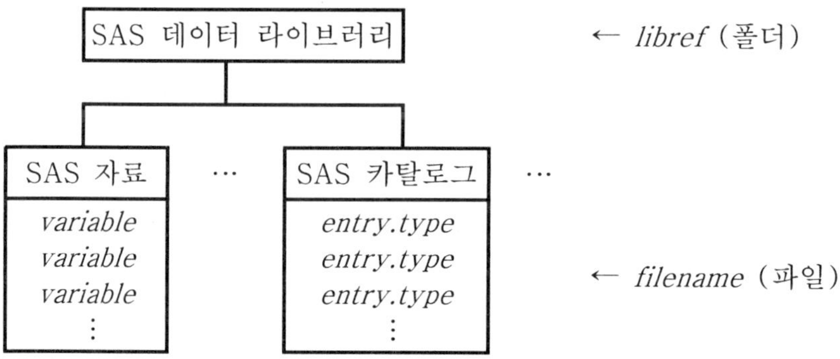

요약하면 SAS 데이터 라이브러리는 SAS 자료와 SAS 카탈로그 파일 등 SAS 파일들의 저장소다. SAS 시스템에서는 각 파일에 붙는 확장자로 두 유형의 SAS 파일들을 자동 구분한다.

SAS 자료에는 DATA 단계를 거쳐 입력한 관측들이 수록되며 SAS 자료의 단위는 변수다. SAS 카탈로그는 entry 파일들로 구성되는데 한 카탈로그 내에서 entry 파일들은 회원 파일에 붙는 고유한 이름과 유형으로 구분된다.

카탈로그는 실제 자료분석이나 자료의 입출력과는 직접적인 관계가 없으며 주로 자료 처리를 옆에서 도와주는 역할을 한다. 카탈로그의 활용은 고급 사용자에게 필요하며 SAS/GRAPH, SAS/IML, SAS/AF, SAS/FSP 등 단위 소프트웨어에서 처리된 프로그램, 데이터, 결과들을 카탈로그로 만들어두면 추후 원래 데이터나 프로그램을 재처리하지 않아도 필요한 정보를 바로 카탈로그에서 호출할 수 있다.

일반 자료 처리에서 카탈로그에 대한 상세한 지식은 불필요하므로 이하의 해설에서는 SAS 자료를 중심으로 SAS 데이터 라이브러리에 대하여 기술한다.

*libref*는 'SAS data library refernce'를 뜻한다. 여기서 *lib*는 영어로 도서관을 뜻하는 'library'의 첫 세 글자, *ref*는 지칭을 뜻하는 'reference'의 앞 세 글자다. 그리고 SAS 자료(SAS data)는 SAS 시스템만이 읽고 처리할 수 있는 SAS 자료와 SAS 카탈로그를 포함하는 SAS 파일들을 의미한다. 결국 **SAS 데이터 라이브러리**(SAS data library)란 SAS 자료나 카탈로그가 존재하는 일종의 도서관이며 이 도서관을 지칭하는 낱말이 바로 *libref*다. 디스크에서 파일이 저장된 위치를 폴더라 하는데, SAS 자료와 카탈로그를 모아둔 폴더가 바로 SAS 데이터 라이브러리인 것이다. 즉 일정한 폴더 내에 다수의 SAS 파일들을 보관한다면 그때 우리는 이러한 폴더를 SAS 데이터 라이브러리라고 하는 것이다. 앞으로는 이것을 단순히 데이터 라이브러리라 부르겠다.

class라는 영구 SAS 자료를 경로 D:\SASAREA\MINJI에 보관하였다고 가정하자. 컴퓨터에서 이 파일은 다음과 같이 표시한다.

```
D:\SASAREA\MINJI\class.sas7bdat
```

이 SAS 자료를 SAS 프로그램에서 불러 처리하려면 *libref*와 *filename*의 두 단어를 이용하여 해당 파일에 대한 완전한 경로와 파일 이름을 표기해야 한다.

즉 *libref*로는 SAS 자료 class.sas7bdat가 보관된 폴더 D:\SASAREA\MINJI를 지정해야 하고, *filename*으로는 SAS 자료의 이름 class를 명시해야 한다. 전술했듯이 확장자는 불필요하다.

그렇다면 데이터 라이브러리 *libref*는 어떻게 정의할 수 있을까? 정의하는 방법에는 여러 가지가 있지만 가장 간단한 방법은 프로그램에서 요구하는 SAS 파일들이 존재하는 폴더를 LIBNAME 문장으로 지정하는 것이다.

폴더 D:\SASAREA\MINJI를 지칭하는 데이터 라이브러리의 대명사로 mydata를 선택하였다고 가정하자. 이때 D:\SASAREA\MINJI 내의 SAS 자료 class.sas7bdat를 처리하려면 다음과 같이 프로그램을 작성한다.

```
LIBNAME mydata 'd:\sasarea\minji';
DATA credit;
  SET mydata.class;
  ⋮  (SAS 문장들)
RUN;
```

이렇게 실행하면 데이터 라이브러리 mydata가 받는 폴더 D:\SASAREA\MINJI 내의 SAS 자료 class가 호출되어 class에 포함된 변수와 관측 전부가 새로운 일시 SAS 자료 credit에 저장된다. SAS 자료 class를 오래 전에 만들어서 변수 이름 등이 무엇이었는지 전혀 기억나지 않는다면, Explorer 윈도우에서 원하는 SAS 자료 파일에 커서를 두고 마우스를 두 번 클릭하면 지정된 SAS 자료에 수록된 모든 변수의 이름과 유형에 관한 정보를 읽을 수 있다. 여기에 대하여는 제 9 장을 참조하라.

위와 반대로 프로그램에서 읽은 자료를 영구 SAS 자료로 만들 때도 역시 *libref*와 *filename*의 두 단어 이름을 지정한다. 다음 예를 보자.

```
LIBNAME mydata 'd:\sasarea\minji';
DATA mydata.class;
  INPUT …;
  ⋮  (SAS 문장들)
DATALINES;
  ⋮
RUN;
```

이 프로그램을 실행하면 읽어들인 자료 전부가 데이터 라이브러리 mydata가 대표하는 폴더에 class라는 이름의 영구 SAS 자료 파일로 저장된다. 다시 말해서, 폴더 D:\SASAREA\MINJI 내에 class.sas7bdat라는 파일이 생긴다.

데이터 라이브러리의 이름을 어떻게 붙이든 상관없으나 다음의 몇 가지 이름은 이미 SAS 시스템에서 용도가 지정된 것이므로 함부로 사용할 수 없다.

LIBRARY
SAS*xxxx*
WORK

SAS*xxxx*에 해당하는 데이터 라이브러리 이름에는 SASUSER, SASHELP 등이 있다. 위 목록에 나타난 이름들은 모두 SAS 시스템에서 사용이 유보된 데이터 라이브러리 이름이므로 일반 사용자가 이런 이름을 함부로 자신의 데이터 라이브러리 이름으로 사용할 수 없다. 특히 데이터 라이브러리의 이름으로 WORK은 절대 선언할 수 없다. 데이터 라이브러리의 첫 단어가 WORK인 모든 SAS 자료는 언제나 일시 SAS 자료를 뜻하며 따라서 WORK으로 시작하는 두 단어 이름으로는 영구 SAS 자료를 만들 수 없다.

데이터 라이브러리 SASUSER와 WORK에 대하여 보충 해설을 한다. SAS 9판의 경우 SASUSER와 WORK에 대응되는 폴더를 시스템 설치시 사용자가 선택하도록 하고 있다. 디폴트 설정을 그대로 사용한다면 각각 대표하는 폴더는 다음과 같다.

SASUSER ⇔ C:\Documents and Settings\Administrator\My Documents\My SAS Files\9.1
WORK ⇔ C:\Windows\Temp\SAS Temporary Files\

영구 보관된 SAS 파일들의 갯수가 늘어나면 자연히 이들의 효율적 관리라는 문제가 대두된다. 예를 들어 영구 SAS 자료의 내용을 일부 수정하고 싶으면 어떻게 해야 하나? SAS 파일의 이름을 다른 이름으로 바꾸려면 어떻게 할까? 보관된 SAS 파일의 내용은 무엇인가? 이런 문제에 부딪칠 때마다 일일이 DATA 문장을 사용하여 SAS 파일을 읽어들여 내용을 확인하고 다시 저장하는 등의 방법은 비효율적이다.

이런 경우에는 CONTENTS 절차, COPY 절차 등으로 SAS 파일을 관리할 수 있으며 또 SAS/FSP 소프트웨어를 사용하면 직접 SAS 자료를 화면에 불러내어 관측 단위로 재편집할 수도 있다.

8.4 SAS 시스템 파일

혼자 사용하는 SAS 시스템에서는 별 문제가 안 되겠지만 여럿이 사용하는 컴퓨터에 설치된 SAS 시스템을 운용하려면 각 개인별로 자기 취향에 맞게 구성된 SAS 시스템을 유지하고 싶을 것이다. 이런 사용자 관점에서 중요한 시스템 파일이 다음 네 가지다.

- SASV9.CFG
- AUTOEXEC.SAS
- PROFILE 카탈로그
- WORK 라이브러리

이 시스템 파일들의 기능에 대해서는 이미 설명하였지만 여기서는 몇 가지 사항을 부연한다.

SAS 시스템에서는 언제나 시작 폴더에서 SASV9.CFG와 AUTOEXEC.SAS를 탐색하여 이 파일들이 존재하면 이 파일들의 내용을 기초로 시스템 구성을 한다. 만일 시작 폴더에 이 파일들이 없다면 궁극적으로 SAS 시스템의 루트 폴더에 위치한 파일들을 읽어 시스템을 구성한다. 따라서 공용 컴퓨터에서는 각 개인별 폴더를 만든 다음 !sasroot\nls*language-code*\SASV9.CFG와 AUTOEXEC.SAS를 자기 폴더로 복사한 후 적절히 내용을 편집하여 이를 기초로 각자가 독립적으로 SAS 시스템을 구동케해야 한다.

PROFILE 카탈로그에는 사용자별로 제각기 설정한 SAS 시스템의 운용 형태가 보존된다. 따라서 이 파일이 저장되는 폴더를 사용자마다 서로 다르게 설정하면 다른 사람의 시스템 구성을 훼손하는 일이 없을 것이다. 그런데 PROFILE 카탈로그의 저장 위치는 SASV9.CFG에서 지정한다. 따라서 개인별로 SAS 시스템을 독자적으로 운영하려면 자신만의 시스템 설정 파일 SASV9.CFG을 만들어야한다.

예를 들어 공용 컴퓨터에서 아무개 씨의 개인 폴더가 C:\MyFolder, 그리고 SAS 시스템이 설치된 루트 폴더가 C:\Statistics\SAS System\이라고 가정하자.

우선 !sasroot\nls*language-code*\SASV9.CFG 파일을 C:\MyFolder로 복사하고 파일 이름을 바꾼다. 바꾸지 않아도 무방하지만, 예를 들어 MyConfig.CFG라고 새로 이름을 정한 다음 이 파일의 내용 중 다음과 같은 부분을 편집하여 SASUSER 라이브러리를 C:\MyFolder로 수정한다.

```
/* Setup the default SAS System user profile folder */
-SASUSER c:\MyFolder\
```

이상의 과정을 완료했으면 이번에는 바탕화면에 보이는 SAS 아이콘의 속성에서 대상(target)을 다음과 같이 변경한다.

"C:\Statistics\SAS System\sas.exe -config C:\MyFolder\MyConfig.CFG"

이제 SAS 아이콘을 마우스로 두 번 누르면 자신만의 SAS 시스템을 운영할 수 있다. 또한 앞으로 설정할 모든 SAS 시스템 구성들은 C:\MyFolder 내에 PROFILE 카탈로그 파일에 기록될 것이다.

덧붙여 MyConfig.CFG와 AUTOEXEC.SAS 파일들을 자신에 맞게 더 고치거나 새로운 사항을 추가하는 것도 가능하다. 물론 이렇게 해도 다른 사용자들에게는 하등 영향을 미치지 않는다.

예를 들어 MyConfig.CFG 파일에서 -WORK 지정으로 SAS 시스템의 작업 공간으로 사용할 자신만의 경로를 정할 수 있다. 예를 들어 다음과 같이 지정하면,

```
-work saswork
```

C:\MyFolder 아래 SASWORK 폴더가 생성되어 연산의 중간 결과 등 임시 파일들은 전부 이 폴더, 즉 C:\MyFolder\SASWORK 내에 저장된다. 물론 여기에 저장된 중간 결과 파일들은 SAS 시스템이 끝남과 동시에 전부 지워진다.

- -WORK *library* [USE]
  작업 폴더를 설정한다. 지정된 라이브러리 이름의 하위 폴더가 시작 폴더 바로 밑에 설정된다. USE 옵션을 사용하지 않으면 SASWORK 폴더에 또 다른 하위 폴더들이 생성되어 임시 작업 파일들을 저장하는데 이는 번거롭다. 항상 USE를 지정하는 편이 더 낫다.

8.5 SAS 시스템의 폴더 구조

SAS 시스템을 설치한 루트 폴더의 논리적 이름(logical name)은 !sasroot다. 디폴트 설치를 수행했다면 !sasroot의 경로는 'c:\Program Files\SAS\SAS 9.1'이다. SAS 시스템이 공유하는 파일들은 'c:\Program Files\SAS\Shared Files'에 저장된다.

루트 폴더의 하위 폴더 중 가장 중요한 것은 Core 폴더인데 이 폴더의 하위 폴더들의 기능은 다음과 같다.

- !sasroot\Core\RESOURCE – 글꼴, 아이콘 파일 등을 내장하고 있다.
- !sasroot\Core\SAMPLE – 샘플 프로그램을 내장하고 있다.
- !sasroot\Core\SASINST – 설치 소프트웨어를 내장하고 있다.

그리고 설치된 단위 소프트웨어 모듈마다 루트 폴더 밑에 하나씩 하위 폴더를 차지한다. 각 단위 소프트웨어들이 보유하는 대표적 폴더 형태는 다음과 같다. 단위 소프트웨어에 따라 구조가 약간 다를 수 있다.

!sasroot***product**	\SASEXE	실행 파일들
	\SASHELP	도움말 카탈로그
	\SASMACRO	마크로 파일들
	\SASMSG	메시지 파일들
	\SASSAMPLE	샘플 프로그램들
	\SASTEST	성능 시험 프로그램들
	\SASMISC	기타 외부 파일들

※ Registry Editor

윈도우즈에서는 시스템 구성 정보를 레지스트리(registry)라 부르는 데이터베이스 파일에 저장하여 이를 기초로 시스템을 운영한다. 즉 윈도우즈가 설치된 폴더(일반적으로 C:\Windows)에 존재하는 user.dat과 system.dat의 두 파일에 레지스트리 정보가 저장되어 있다. 물론 레지스트리에는 SAS 시스템에 대한 모든 설정도 수록되어 있다. 이러한 레지스트리 정보를 편집하려면 RegEdit.exe 파일을 실행시키면 된다.

그런데 SAS 시스템에서는 오직 SAS 시스템에 관련된 부분만을 편집케하는 독자적인 레지스트리 편집기(registry editor)를 제공한다. 이를 호출하려면 작업공간 메뉴판에서 'Solutions → Accessories → Registry Editor'를 선택한다. 다음 화면을 보라.

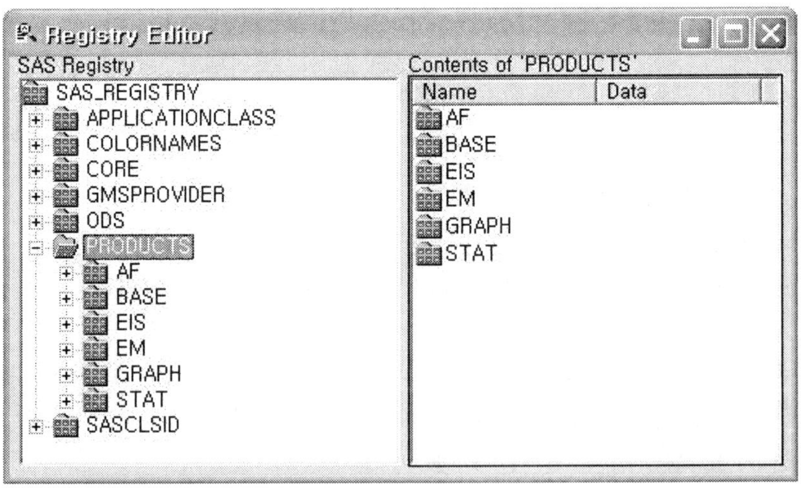

I

SAS 절차 일람

SAS 시스템을 구성하는 주요 단위 소프트웨어에서 제공하는 SAS 절차들을 정리한다. 각 절차마다 기능을 간략히 덧붙였다.

특히 많이 쓰이는 기본 SAS 소프트웨어, 즉 SAS/CORE와 SAS/BASE에 속하는 모든 절차들과 SAS/STAT에 소속된 고급 통계분석 절차들에 한하여 용도별로 분류하여 기능 설명과 함께 일람표에 추가하였다. 분류 내 절차들은 영어 자모 순서대로 나열하였다.

1. 기본 SAS 소프트웨어

(1) 기초통계

기초통계(elementary statistics) 절차는 평균, 표준오차, 분위수, 상관계수와 같은 간단한 기술통계량(descriptive statistic)들을 비롯하여 자료 정리, 산점도와 도표 등의 출력에 연관된 SAS 절차들이다.

[기술통계량]

- CORR
  숫자변수들에 대한 단일변량 단순 기술통계량을 산출한다.

- MEANS
  숫자변수들에 대한 단일변량 기술통계량을 계산한다. 각종 적률(moment), 분위수(quantile) 등을 출력한다. SAS 자료로 출력이 가능하다.

- SUMMARY
  숫자변수들에 대한 단일변량 기술통계량들을 산출하여 그 결과를 새로운 SAS 자료로 출력한다. Output 윈도우로 출력은 없다.

- REPORT
  TABULATE 절차와 동일한 통계량들을 출력한다. 포맷 조절이 가능하다.

- SQL
  DBMS 데이터에 대한 기술통계량을 계산한다. SAS 자료로 출력이 가능하다.

- TABULATE
  기술통계량을 표 형식으로 출력한다. SAS 자료로 출력이 가능하다.

- UNIVARIATE
  숫자변수들에 대한 기술통계량을 계산하고, 분위수, 상자 그림, 줄기와 잎 그림, 정규도 등 분포에 관련된 자세한 분석을 출력한다. 단일변량 기술통계량을 산출하는 가장 강력한 절차다. SAS 자료로 출력이 가능하다.

[빈도와 교차표]

- FREQ
  일원 빈도표나 다차원 분할표를 작성하며 범주형 자료분석에 관련된 다양한 통계량을 출력한다. 일차원 빈도표에서는 적합도 검증을 한다. 이차원 교차표에서는 독립성 검증, 연관측도, 층화분석 결과 등이 출력된다. 삼차원 이상이면 층화분석을 한다. SAS 자료로 출력이 가능하다.

- TABULATE
  일원 빈도표와 이원 교차표를 출력한다. SAS 자료로 출력이 가능하다.

- UNIVARIATE
  일원 빈도표를 출력한다. SAS 자료로 출력이 가능하다.

[상관분석]

- CORR
  피어슨(Pearson)의 상관계수를 비롯하여 스피어만(Spearman)의 순위상관, 켄달(Kendall)의 τ, 호에프딩(Hoeffding)의 종속측도와 같은 비모수 연관측도들, 부분상관계수, 크론박(Cronbach)의 α 계수 등을 산출한다.

[분포분석]

- UNIVARIATE
  위치 검증과 정규성 검증을 수행한다.

- FREQ
  일차원 빈도표에서는 적합도 검증을 한다. 이차원 교차표에서는 독립성 검증, 연관측도, 층화분석 결과 등이 출력된다. 삼차원 이상이면 층화분석을 한다.

[로버스트 추정]

- UNIVARIATE
  척도(scale)의 로버스트 추정, 절단평균과 윈저화평균 기초의 로버스트 추정을 수행한다.

[데이터 변환]

- RANK
  자료를 순위화하여 순위자료(rank data)를 SAS 자료로 출력한다.

- STANDARD
  변수들을 주어진 평균과 표준편차를 갖도록 표준화하여 SAS 자료로 출력한다.

[저해상도 그래픽스]

- CHART
  수직막대그래프, 수평막대그래프, 히스토그램, 블록, 파이, 별도표를 그린다. 도표와 더불어 빈도, 퍼센티지, 합계, 평균 등을 출력한다.

- UNIVARIATE
  상자 그림, 줄기와 잎 그림, 정규확률도 등을 출력한다.

(2) 보고서 작성

보고서 작성(report-writing) 절차는 SAS 자료에 수록된 정보의 표현에 관련된 절차들이다. 정보의 표현은 단순히 SAS 자료에 수록된 관측들의 출력이거나 각종 그래프, 도표일 수 있다.

[자세한 보고서]

- PRINT
  SAS 자료에 수록된 관측들을 인쇄한다. 열합을 출력한다.

- REPORT
  PRINT 절차보다 더 세세한 조절이 가능하다. 행합과 열합을 출력한다.

- SQL
  SQL (Structured Query Language)과 SAS 포맷 기능을 활용하여 보고서를 작성할 수 있는 SAS 자료를 생성한다. PRINT나 REPORT 절차만큼 출력 조절을 하지는 못한다.

[요약 보고서]

- MEANS
  숫자변수들에 대한 단일변량 기술통계량을 계산한다. 각종 적률(moment), 분위수(quantile) 등을 출력한다. SAS 자료로 출력이 가능하다.

- SUMMARY
  숫자변수들에 대한 단일변량 기술통계량들을 산출하여 그 결과를 새로운 SAS 자료로 출력한다. Output 윈도우로 출력은 없다.

- PRINT
  SAS 자료에 수록된 관측들을 인쇄한다. 열합을 출력한다.

- REPORT
  PRINT, MEANS, TABULATE 절차들을 통합한 기능을 제공한다.

- SQL
  DBMS 표로부터 보고서를 작성할 수 있다.

- TABULATE
  일원 빈도표와 이원 교차표를 출력한다. 기술통계량을 포함한 다차원 표를 출력한다.

[칼렌다]

- CALENDAR
  데이터를 달력 포맷으로 출력하며 월별 일정표를 만든다.

[다패널 보고서]

- REPORT
  전화번호부 형식의 다패널 보고서를 출력한다.

[저해상도 그래픽스 보고서]

- CHART
  수직막대그래프, 수평막대그래프, 히스토그램, 블록, 파이, 별도표를 그린다. 도표와 더불어 빈도, 퍼센티지, 합계, 평균 등을 출력한다.

- PLOT
  변수들 간 산점도(scatter plot)를 그린다.

- TIMEPLOT
  시차를 두고 관측된 변수들을 시간축에 도시한다.

(3) 유틸리티

유틸리티(utility) 절차는 SAS 시스템의 원래 목적인 통계 분석에 수반되는 잡다한 주변 작업을 거드는 특별한 용도의 절차다. 대체로 통계 분석과는 직접적인 상관이 없다. 몇 가지를 제외하면 주로 SAS 자료 관리에 관련된 절차들이다.

[정보 제공]

- COMPARE
  두 SAS 자료에 수록된 동일 변수의 값들을 비교한다.

- CONTENTS
  SAS 데이터 라이브러리 파일들에 대한 정보를 출력한다.

- OPTIONS
  현재 지정된 SAS 시스템 설정 사항들을 출력한다.

- SQL
  SAS 자료에 대한 사전식 정보를 제공한다. 사전식 정보에는 마크로, 표제, 인덱스, 외부 파일, SAS 시스템 선택사항들이 포함된다.

[SAS 시스템 설정 관리]

- OPTIONS
  현재 지정된 SAS 시스템 선택사항들을 출력한다.

- OPTLOAD
  SAS 레지스트리 또는 SAS 자료에 저장된 SAS 시스템의 선택사항들을 읽는다.

- OPTSAVE
  SAS 시스템의 선택사항들을 SAS 레지스트리 또는 SAS 자료에 저장한다.

[인쇄와 출력 전달 시스템(ODS)]

- DOCUMENT
  ODS 문서에 저장된 절차 출력을 관리한다.

- FONTREG
  SAS 레지스트리에 시스템 글꼴을 추가한다.

- FORMAT
  데이터 입출력 포맷을 사용자가 새로 정의한다.

- PRINTTO
  SAS 절차의 출력과 로그를 새로 지정된 목적지로 보낸다. 목적지는 파일, 인쇄기, 카탈로그 엔트리 등이 될 수 있다.

- PRTDEF
  인쇄기 정의를 생성한다.

- PRTEXP
  인쇄기 정의 속성을 SAS 자료로 내보낸다.

- TEMPLATE
  ODS 출력을 재단한다.

[데이터 생성, 검색, 편집]

- FSLIST
  SAS 프로그램이 절차 출력을 포함하는 외부 파일을 검색한다.

- SQL
  SQL을 이용하여 SAS 자료를 생성한다.

[변수 변환]

- DBCSTAB
  한글과 같은 DBCS (double byte character set)에 대한 변환표를 만든다.

- FORMAT
  데이터 입출력 포맷을 사용자가 새로 정의한다.

- SORT
  SAS 자료의 관측들을 지정한 변수들에 따라 순서화하여 SAS 자료로 출력한다.

- SQL
  하나 이상의 변수들을 기준으로 SAS 자료를 순서화한다.

- TRANSPOSE
  SAS 자료를 전치하여 관측을 변수로, 변수는 관측으로 만든 후 SAS 자료로 출력한다.

- TRANTAB
  PC에서 사용하는 표준 7-비트 코드인 ASCII (American Standard Code for Information Interchange)와 대형 컴퓨터에서 주로 사용하는 EBCDIC (Extended Binary-Coded Decimal Interchange Code) 코드 간 번역표(translation table)를 편집한다. 이러한 번역표는 사용 언어가 영어가 아닌 운영체제에서 SORT 절차 등을 사용할 때 필요하다. 참고로 UNIX, DOS, Windows 9*x* 등은 ASCII 코드를 사용하고, Windows/NT, XP는 새로운 문자 코드인 Unicode를 사용하며, IBM System 390 서버 등은 EBCDIC을 사용한다.

[SAS 파일 관리]

- APPEND
  하나의 SAS 자료를 다른 SAS 자료의 끝에 덧붙인다.

- BMDP
  SAS 자료를 분석하기 위하여 BMDP 프로그램을 불러들인다.

- CATALOG
  카탈로그 파일을 관리(회원파일의 복사, 이동, 삭제 등)한다.

- CIMPORT
  CPORT 절차로 내보낸 이송파일(transport file)을 가져온다. 이 절차는 서로 다른 운영체제 간 카탈로그, 데이터세트의 이동을 가능케한다.

- CONVERT
  BMDP, OSIRIS, SPSS 파일 등을 SAS 자료로 변환한다.

- COPY
  SAS 데이터 라이브러리나 SAS 데이터 라이브러리의 소속 파일들을 다른 SAS 데이터 라이브러리로 복사한다.

- CPORT
  SAS 자료나 SAS 카탈로그 파일을 다른 운영체제를 갖는 SAS 시스템에 전송할 수 있는 이송순차파일(transport sequential file)로 변환한다.

- CV2VIEW
  SAS/ACCESS 검색 기술자(descriptor)들을 SQL로 검색할 수 있도록 변환한다.

- DATASETS
  SAS 데이터 라이브러리를 관리하는 일반적인 절차로서 SAS 데이터 라이브러리에 소속된 각종 SAS 자료, 카탈로그 등에 대하여 복사, 삭제, 덧붙이기를 한다. APPEND, CONTENTS, COPY 절차들의 기능을 포함한다.

- EXPORT
  SAS 자료를 외부 파일로 내보낸다.

- IMPORT
  DBMS 데이터, 계산표 데이터, 구획화된 외부파일(delimited external file: 데이터 값들이 빈 칸이나 쉼표로 구분됨)에 저장된 외부 데이터를 읽어 SAS 자료로 쓴다.

- PDS
  분할된 SAS 자료의 회원들에 대한 목록화, 삭제, 이름 바꾸기 등을 처리한다.

- PDSCOPY
  분할된 SAS 자료를 각종 매체로 복사한다.

- REGISTRY
  윈도우즈 레지스트리 정보를 SAS 레지스트리로 가져온다.

- SOURCE
  라이브러리 데이터세트를 백업한다.

- SQL
  SAS 자료들을 결합한다.

- TAPECOPY
  테이프 대 테이프 복사를 수행한다.

[윈도우 제어]

- PMENU
  SAS 응용 윈도우에서 사용할 PMENU (pull-down menu)를 정의한다.

[기타]

- EXPLODE
  포스터 등에 쓰이는 특대 문자들을 인쇄하는 절차로서 각 문자는 *, H, T, Q 문자들이 중첩한 문자행렬로 이루어진다.

- PWENCODE
  SAS 프로그램에서 사용할 패스워드를 암호화한다.

- SETINIT
  SAS 시스템의 라이센스 정보를 검색하거나 계약 만료일을 새로 지정한다.

2. SAS/STAT

(1) 회귀분석

회귀분석(regression analysis)은 한 변수와 다른 변수들 간의 관계를 적절한 모형으로 설명하는 통계분석기법이다. 시계열 자료를 분석하는 SAS/ETS의 AUTOREG 절차, PDLREG 절차, SYSLIN 절차, SYSNLIN 절차 등에서도 회귀분석을 할 수 있다.

- CATMOD
  분할표로 주어진 범주형 자료에서 반응빈도의 함수들에 선형모형, 로그선형모형을 적합하고 로지스틱 회귀분석, 반복측정분석 등을 수행한다.

- GAM
  비모수 회귀와 평활 기법에 기초한 일반화가산모형(generalized additive model)을 적합한다. 종속변수의 정규성을 요구하지 않는다.

- GLM
  최소제곱법으로 일반선형모형을 적합하고 분석한다. 모든 유형의 회귀분석을 수행한다.

- LIFEREG
  절단된 생존 자료에서 실패 시간에 대한 각종 모형을 적합하고 분석한다.

- LOESS
  회귀 표면에 대한 적절한 모수 모형을 알 수 없을 때 비모수 회귀표면을 적합한다. 바깥점(outlier)이 존재해서 로버스트 적합이 요구되는 경우에도 사용할 수 있다.

- LOGISTIC
  이진반응(binary response) 또는 순서반응(ordinal response)과 같은 이산반응값들과 설명변수들간의 관계를 탐색하기 위한 선형 로지스틱 회귀모형을 적합하고 분석한다.

- NLIN

  (가중)최소제곱법으로 비선형 회귀모형의 모수를 추정하고 분석한다.

- ORTHOREG

  젠틀맨-기븐스(Gentleman-Givens)의 방법을 사용하여 정확한 역행렬을 구하기 힘든 악성 자료에 대한 회귀분석을 한다.

- PHREG

  Cox의 비례위험모형(proportional hazards model)에 기초한 Cox 회귀모형을 이용하여 생존자료분석을 한다.

- PLS

  부분최소제곱(PLS: partial least squares)을 포함한 선형예측법들을 사용한 모형을 적합한다.

- PROBIT

  회귀변수가 연속, 반응변수가 이산인 경우에 프로빗 회귀, 로지스틱 회귀분석을 하여 회귀계수와 분계점반응률(threshold response rate) 등을 최우추정법으로 산출한다. 생물통계학 분야에서 쓰인다.

- REG

  선형회귀모형을 적합하고 분석한다. 회귀모형에 관한 광범위한 진단통계량과 모형선택에 관한 분석이 출력된다.

- ROBUSTREG

  바깥점(outlier)을 검출하고 저항적 회귀 추정을 위한 로버스트 회귀 절차다. M 추정, LTS 추정, S 추정, MM 추정 등 네 가지 추정법을 지원한다.

- RSREG

  이차반응표면모형(quadratic response surface model)을 적합하고, 적합된 반응표면을 분석하여 최적 반응을 주는 요인 수준을 결정한다.

- TPHREG

  범주형 변수의 삽입이 가능한 PHREG 절차다.

- TPSPLINE

  준모수(semiparametric) 또는 비모수 회귀모형을 적합하기 위하여 벌점최소제곱법(penalized least squares method)을 사용한다. 잡음이 섞인 평활 다변량함수를 근사하기 위하여 박판평활스플라인(Thin-Plate smoothing SPLINE)을 계산한다.

- TRANSREG

  변환회귀(Transformation Regression)를 수행한다. 원시자료에 대한 최적 변환을 찾아 선형회귀모형, 정준상관모형, 분산분석 모형 등을 적합하고 분석한다.

(2) 분산분석

분산분석(analysis of variance)은 실험 자료를 분석하는 통계기법이다. 실험 조건에 따라 반응값에 차이가 나는지 통계적으로 검증한다. GLM 절차 하나로 모든 유형의 분산분석을 수행할 수 있다.

- ANOVA

  몇 가지 예외는 있지만 근본적으로 균형자료(balanced data)만을 분산분석한다. 다변량 분산분석, 반복측정 분산분석 등을 포함하며 다중비교도 가능하다.

- CATMOD

  분할표로 주어진 범주형 자료에서 반응빈도의 함수들에 선형모형, 로그선형모형을 적합하고 로지스틱 회귀분석, 반복측정분석 등을 수행한다.

- GENMOD

  Nelder와 Wedderburn이 정의한 일반화선형모형(generalized linear model)을 적합한다.

- GLM

  일반선형모형을 기초로 균형자료뿐 아니라 불균형자료에 대한 모든 유형의 분산분석을 수행한다. (가중 및 다항)회귀분석, (다변량)분산분석, 공분산분석, 반응표면분석, 부분상관분석, 반복측정분산분석 등을 할 수 있다.

- GLIMMIX

  일반화 선형혼합모형(generalized linear mixed model)을 적합한다. 상관이 존재하거나 등분산 가정이 어긋나거나 반응변수가 정규분포를 따르지 않는 경우에 적용한다.

- GLMMOD
  일반선형모형에 대한 모형행렬(model matrix)을 구축한다. 다항회귀 등 특수 모형들을 더 효율적으로 처리할 수 있도록 한다.

- GLMPOWER
  선형모형에 대한 검증력과 표본 크기 분석을 통하여 자원 배분과 설계를 최적화한다.

- INBREED
  가계(pedigree) 데이터에서 공분산 또는 근친교배계수(inbreeding coefficient)를 계산한다.

- LATTICE
  격자설계(lattice design) 자료를 분산분석한다.

- MIXED
  데이터에 상관이 존재하거나 등분산 데이터가 아닌 경우에 혼합선형모형(mixed linear model)을 적합하고 분석한다.

- MULTTEST
  동일 데이터에 대하여 많은 가설검증을 수행하는 다중검증(multiple testing) 문제를 다룬다. 다변량 일원분산분석 모형 데이터에 적용한다.

- NESTED
  지분모형(nested model)에 관한 랜덤효과 분산분석, 공분산분석을 수행한다.

- NLMIXED
  비선형 혼합효과모형을 적합한다.

- NPAR1WAY
  순위자료를 기초로 비모수 일원분석을 하고 경험적 분포함수에 기초한 몇 가지 통계량을 산출한다.

- PLAN
  요인실험을 설계하고 임의화한다. 실험설계 초기 단계에서 필요한 절차다.

- POWER
  검증력과 표본 크기 분석을 통하여 자원 배분과 설계를 최적화한다. 복잡한 선형모형에 대해서는 GLMPOWER를 사용한다.

- TTEST
  서로 독립인 정규분포에서 추출된 두 그룹의 모평균이 같은지 이표본 t 검증을 한다.

- VARCOMP
  랜덤효과, 또는 혼합효과 모형에서 분산요소(variance component)를 추정한다.

(3) 범주형 자료분석

범주형 자료분석(categorical data analysis)은 분할표 형식으로 주어진 자료를 분석하는 통계 기법이다.

- CATMOD
  분할표로 주어진 범주형 자료에서 반응빈도의 함수들에 선형모형, 로그선형모형을 적합하고 로지스틱 회귀분석, 반복측정분석 등을 수행한다.

- CORRESP
  분할표에 대한 가중주성분분석인 대응분석(correspondence analysis)을 한다.

- FREQ
  다차원 빈도표나 분할표를 작성하며 범주형 자료분석에 관련된 다양한 통계량을 출력한다. 일차원 빈도표에서는 적합도 검증을 한다. 이차원 교차표에서는 독립성 검증, 연관측도, 층화분석 결과 등이 출력된다. 삼차원 이상이면 층화분석을 한다.

- LOGISTIC
  이진 또는 순서 반응 자료에 대하여 최우 추정법에 의하여 선형 로지스틱 회귀모형을 적합하고 분석한다.

- PROBIT
  이진 또는 순서 반응 자료에 대하여 최우 추정법에 의하여 회귀 모수 및 최적 한계 모수를 추정, 분석한다.

(4) 다변량분석

다변량분석(multivariate analysis)은 종속변수가 둘 이상인 데이터를 분석하는 통계기법이다.

- CANCORR
  정준상관(canonical correlation)과 부분정준상관 분석을 수행하고 정준변수의 점수를 SAS 자료로 출력한다.

- CORRESP
  분할표에 대한 가중주성분분석인 대응분석(correspondence analysis)을 한다.

- DISTANCE
  관측들 간 거리, 유사성, 비유사성 등 근접성 측도(proximity measure)들을 계산한다. 행렬로 저장된 근접성 측도 데이터는 CLUSTER, MDS, MODECLUS 절차 등에 입력 자료로 사용할 수 있다.

- FACTOR
  회전을 포함한 여러 유형의 주성분분석, 공통요인분석을 수행하고 성분점수 또는 공통요인점수의 추정값을 SAS 자료로 출력한다.

- MDS
  다차원척도(multidimensional scaling) 모형을 적합하고 분석한다.

- MI
  분실 데이터에 대한 다중대체(multiple imputation)를 수행한다.

- MIANALYZE
  분실 데이터에 대한 다중대체 결과를 토대로 타당한 통계 추론을 수행한다.

- MULTTEST
  동일 데이터에 대하여 많은 검증을 하는 다중검증(multiple testing) 문제를 다룬다.

- PRINCOMP
  주성분분석(principal component analysis)을 하고 표준화 또는 비표준화 주성분 점수를 SAS 자료로 출력한다.

- PRINQUAL
  PRINQUAL (principal components of qualitative data) 절차는 질적자료에 대한 최적 변환을 찾는 절차로서 변환된 변수들의 공분산 행렬을 최적화한다.

(5) 판별분석

판별분석(discriminant analysis)은 수집된 관측들을 주어진 양적변수들의 값을 기초로 둘 이상의 지정된 그룹으로 분류할 때 사용하는 통계기법이다.

- CANDISC
  그룹 간 차이를 가장 잘 요약하는 양적변수들의 선형조합을 찾기 위한 정준판별분석(canonical discriminant analysis)을 수행한다. 정준판별분석은 주성분분석 및 정준상관과 연관된 차원축소 기법이다. 다변량 분산분석도 수행한다.

- DISCRIM
  하나 이상의 양적변수들을 기초로 관측값들을 두 개 이상의 그룹으로 분류하는 기준이 되는 각종 판별함수(discriminant function)들을 계산한다.

- STEPDISC
  그룹간 차이를 가장 잘 밝혀주는 양적변수들의 부분집합을 찾기 위한 단계별 판별분석(stepwise discriminant analysis)을 한다. CANDISC나 DISCRIM 절차를 위한 예비 분석으로 사용할 수 있는데, 전방선택, 후방소거, 단계별선택 기법 등을 지정할 수 있다.

(6) 집락분석

집락분석(cluster analysis)과 판별분석은 서로 비슷하나, 차이점은 분류될 그룹을 미리 지정하지 않고 수집된 자료의 특성에 따라 집락화하는 것이다. 집락분석 준비 절차는 실제 집락분석에 앞서 데이터 처리를 해주는 절차들이다.

- CLUSTER
  거리 또는 좌표 자료에 평균연결(average linkage), 중심법(centroid method), 완전연결(complete linkage), 밀도연결(density linkage) 등 전통적인 응집위계 집락화(agglomerative hierarchical clustering) 기법들을 적용하여 관측들을 집락화한다. TREE 절차에서 사용할 SAS 자료를 출력한다.

- FASTCLUS
  관측의 갯수가 적어도 십만 개 이상인 좌표 자료에 대하여 k-평균법을 사용하여 상호배반 집락화를 한다.

- MODECLUS
  비모수 밀도추정값에 기초한 몇 가지 앨고리즘으로 집락화를 한다.

- VARCLUS
  상관행렬을 기초로 기울어진 다중그룹 성분분석 기법을 적용하여 변수들의 계급구조 또는 상호배반 집락분석을 수행한다. TREE 절차에서 사용될 SAS 자료를 출력한다.

- TREE
  CLUSTER 절차나 VARCLUS 절차로부터 출력된 SAS 자료를 이용하여 계층화된 나무그림(tree diagram, dendrogram)을 그린다.

▶ 집락분석 준비 절차

- ACECLUS
  ACECLUS (Approximate Covariance Estimation for CLUStering) 절차는 추후 CLUSTER 절차나 FASTCLUS 절차를 이용한 집락분석에서 사용할 정준변수의 점수를 SAS 자료로 출력한다.

- DISTANCE
  관측들 간 거리, 유사성, 비유사성 등 근접성 측도(proximity measure)들을 계산한다. 행렬로 저장된 근접성 측도 데이터는 CLUSTER, MDS, MODECLUS 절차 등에 입력 자료로 사용할 수 있다.

- PRINCOMP
  주성분분석을 하고 표준화 또는 비표준화 주성분 점수를 SAS 자료로 출력한다.

(7) 점수화

점수화 절차(scoring procedure)는 SAS 자료에 포함된 변수들을 변환하여 새로운 SAS 자료로 출력하는 절차다.

- RANK
  자료를 순위화하여 SAS 자료로 출력한다.

- SCORE
  두 SAS 자료(점수자료와 원시자료)의 값들을 곱하여 새로운 SAS 자료로 출력한다. 점수자료(scoring data)가 계수, 원시자료(raw data)가 변수 역할을 하는 선형조합들이 새로운 SAS 자료의 데이터가 된다. FACTOR 절차와 더불어 사용한다.

- STDIZE
  위치 측도를 빼고 척도 측도로 나누어 숫자변수를 표준화한다. 바깥점에 저항성이 높은 로버스트 측도들을 지정할 수 있다.

- TRANSREG
  최적 축척된 변환된 변수를 SAS 자료로 출력하여 다른 SAS 절차에서 분석케 한다.

(8) 생존분석

생존분석(survival analysis)은 생존시간 또는 실패시간 자료를 분석하는 통계기법이다. 무한정 관측이 불가능하여 어느 순간에 자료 수집을 중지하는 경우에는 자료가 우측중도절단(right-censored)되었다고 한다. 반대로 의료통계자료에서 흔히 볼 수 있지만 예를 들어 폐암 환자들의 생존자료를 수집할 때 언제부터 암이 발생하였는지 알 수 없는 경우는 좌측중도절단(left-censored)된 자료다. 때때로 관측 대상들의 변화를 기록하다보면, 어떤 구간에서 사망, 실패, 고장난 것은 알지만 정확히 어느 순간에 그렇게 되었는지 모를 수 있다. 이런 것은 구간중도절단(interval-censored)된 것이다.

- LIFEREG
  중도절단된 실패시간 자료에 가속실패시간모형(accelerated failure time model)을 적합하고 분석한다.

- LIFETEST
  우측 중도절단된 자료에서 생존분포에 대한 비모수 추정을 한다. 분포에 대한 생명표 추정도 가능하다.

- PHREG
  Cox의 비례위험모형(proportional hazards model)에 기초한 Cox 회귀모형을 이용하여 생존자료분석을 한다.

(9) 조사설계와 분석

복잡한 조사(complex survey)를 설계하고 분석하는 절차들이다.

- SURVEYFREQ
  표본조사 데이터로부터 각종 빈도표, 교차표들을 출력한다.

- SURVEYLOGISTIC
  표본조사 데이터에 로지스틱 회귀분석을 수행한다.

- SURVEYMEANS
  층화표집, 집락표집들이 중첩된 복잡한 조사설계에서 평균, 분산 등을 추정한다.

- SURVEYREG
  층화표집, 집락표집들이 중첩된 복잡한 조사설계 데이터에 대하여 회귀분석을 한다.

- SURVEYSELECT
  조사설계에 따라 확률표본을 선택한다.

(10) 공간 데이터 분석

공간 데이터(spatial data) 분석에 관련된 절차들이다.

- KRIGE2D
  이차원 크리깅(kriging)을 수행한다. 준변동도 모형(semivariogram model)을 다룰 수 있다.

- SIM2D
  이차원에서 주어진 평균과 공분산을 갖는 정규모형에 대하여 공간 모의실험을 하여 결과를 SAS 자료로 출력한다.

- VARIOGRAM
  이차원 공간 데이터에 대하여 정규 준변동도, 공분산 등 공간적 연속성 측도들을 산출한다.

(11) 기타

밀도추정, 구조방정식 분석 등 SAS/STAT에 속한 나머지 절차들을 나열하였다.

- CALIS
  공분산구조분석으로 선형구조방정식 모형의 모수를 추정하고 적합성을 검증한다. 다중선형회귀, 다변량 선형회귀, 선형측정오차모형, 경로분석 등이 가능하다. 사회학, 경제학, 행동과학 등에서 쓰인다.

- BOXPLOT
  상자그림(box plot)을 그린다. 특히 그룹화된 관측들에 대하여 나란한 상자-구레나룻 그림(side-by-side box-and-whisker plot)을 그린다.

- KDE
  통계적 밀도추정법의 하나인 핵밀도추정(KDE: kernel density estimation)을 수행한다. 단일변량 또는 이변량 데이터에 적용한다.

3. SAS/ETS

(1) 시계열모형 및 예측

- ARIMA
  단일변량 시계열모형을 세우고 모수를 추정하고 예측하는 절차다. 박스-젠킨스(Box-Jenkins) ARIMA (autoregressive integrated moving average) 모형 또는 ARMA (autoregressive moving average)모형으로 시계열 자료, 전이함수 자료, 간섭자료들을 분석하고 예측한다.

- AUTOREG
  시계열 자료의 오차항이 AR 과정일 때 회귀모형의 모수를 추정하고 분석한다. 또한 오차항이 이분산인 경우 GARCH (generalized autoregressive conditional heteroscedasticity) 모형으로 교정한다.

- ENTROPY
  일반화 최대 엔트로피(generalized maximum entropy)에 기초한 모수적 선형 추정을 수행한다. 전통적인 일반화 최소제곱 추정에 대한 대안이다.

- FORECAST
  계절변동을 보정한 AR 모형이나 지수평활모형으로 시계열 자료를 적합하고 예측한다.

- MDC
  다항이산선택(MDC: multinomial discrete choice)은 다중선택이 가능한 모형을 분석한다.

- PDLREG
  AR 과정에서 지체효과(lagged effect) 다중회귀분석을 수행한다.

- QLIM
  QLIM (Qualitative and LImited dependent variable Model)은 단일 또는 다변량 제한 종속변수 모형을 분석한다. 종속변수들은 이산이거나 제한된 범위의 제한된 값만 취한다.

- SPECTRA
  시계열 자료에 대한 스펙트럼 또는 교차스펙트럼 분석(cross-spectral analysis)을 수행한다.

- STATESPACE
  상태공간 모형(state space model)으로 정상 다변량 시계열 자료를 분석하고 예측한다.

- TIMESERIES
  시간이 찍힌 거래 데이터(transactional data)를 분석한다.

- UCM
  비관측 성분모형(Unobserved Components Model)을 사용하여 등간격 단일변량 시계열자료를 분석하고 예측한다.

- VARMAX
  다변량 시계열 자료에 대하여 VARMAX 모형에 의한 분석과 예측을 수행한다.

- X11
  사분기 또는 월간 시계열 자료에 대하여 계절변동을 보정한다.

- X12
  사분기 또는 월간 시계열 자료에 대하여 계절변동을 보정한다. X11이 보강된 절차다.

(2) 시스템 모형 및 예측

- MODEL
  비선형 연립방정식으로 시스템을 모형화하고 모수를 추정하고 예측한다.

- SIMLIN
  SYSLIN 절차에서 출력된 선형구조방정식(linear structural equation)들의 계수를 읽어 축약 형식을 계산한다.

- SYSLIN
  상호종속적 선형회귀방정식들의 모수를 추정한다.

- TSCSREG

  TSCSREG (Time Series Cross Section Regression) 절차는 시계열 자료와 횡단자료(cross-sectional data)가 병존하는 선형계량경제모형을 분석한다. 시계열 패널 데이터(panel data)를 분석한다.

(3) 기타

- COMPUTAB

  시계열 자료에 대한 표 형식의 보고서를 작성한다.

- DATASOURCE

  주요한 통계작성기관에서 배포한 시계열 자료를 SAS 자료로 변환한다.

- EXPAND

  시계열 자료의 표집간격(sampling interval)을 변경한다. 표집간격이 다른 시계열 자료들을 단일 SAS 자료로 만들 때 유용하다.

- LOAN

  대부금 분할 상환 등을 분석한다.

(4) Time Series Forecasting System

SAS/ETS의 시계열 분석 및 예측 도구들을 통합한 독자적인 인터페이스로 작업공간 메뉴판에서 'Solutions → Analysis → Time Series Forecasting System'을 선택한다.

(5) Investment Analysis

대부, 채권, 저축 등 각종 투자분석을 위한 독자적인 인터페이스로 작업공간 메뉴판에서 'Solutions → Analysis → Investment Analysis'를 선택한다.

4. SAS/OR

(1) 프로젝트 및 일정 관리

• CPM

프로젝트에서 우선순위, 재원, 시간 제약을 감안한 일정관리를 하며, 결과된 일정을 SAS 자료로 출력할 수 있다. CPM은 'critical path method'의 약자다.

• DTREE

의사결정 문제를 평가하고 분석한다. 최적 결정에 이르는 결정 구조를 결정나무(decision tree) 형태로 출력한다.

• GANTT

CPM 절차 등으로 결정된 일정의 진척 상황을 간트도표(Gantt chart)로 보여준다. 간트도표는 프로젝트를 계획하고 제어하는 그래픽 관리 도구다.

• NETDRAW

프로젝트 활동 상황을 네트워크 다이어그램(network diagram)으로 보여준다.

• PM

프로젝트를 계획, 제어, 감시하는 목적으로 사용하는 대화식 절차로, CPM 절차와 근본적으로 동일하다.

(2) 수리 계획과 네트워크 유동계획

• ASSIGN

배정 문제의 최적해를 구한다.

• INTPOINT

부가 제한이 따르는 네트워크 계획 문제와 더 일반적인 LP 문제를 푼다.

• LP

선형계획(linear programming), 정수계획(integer programming), 혼합정수계획(mixed-integer programming)의 최적해를 구한다. 민감도(sensitivity) 분석도 출력된다.

- NETFLOW

  순수한 네트워크 유동(network flow) 계획에 대한 최적해를 구한다.

- NLP

  비선형계획(nonlinear programming) 문제에서 최적해를 구한다.

- QP

  이차계획(quadratic programming) 문제에서 최적해를 구한다. 또 부가 제한이 따르는 이차 네트워크 계획 문제를 푼다.

- TRANS

  수송 문제(transportation problem)에 대한 최적해를 구한다.

(3) 국소탐색 최적화

- GA

  자연선택과 진화의 원리를 이용한 발생 앨고리즘(genetic algorithm)을 이용한 국소탐색 기법이다.

(4) 제한계획

- CLP

  유한영역에서 제한계획(constraint programming)을 푼다.

(5) Bill-of-material 처리

- BOM

  BOM(bill of material) 처리를 수행한다..

(6) PROJMAN 인터페이스

대화식 간트도표(Gantt chart)를 기초로 프로젝트 관리(project management)를 수행하는 사용자 인터페이스로 작업공간 메뉴판에서 'Solutions → Analysis → Project Management'를 선택하여 불러온다.

(7) QSIM 인터페이스

QSIM (Queueing Simulation)은 대기행렬 모의실험을 의미하는데 QSIM은 이산 사건 모의실험을 통하여 대기행렬 시스템(queueing system)을 모형화하고 분석하는 도구다. 작업공간 메뉴판에서 'Solutions → Analysis → Queueing Simulation'을 선택하여 불러온다.

5. SAS/QC

(1) 관리도(control chart)

- ANOM
  평균분석(analysis of means) 결과를 기초로 ANOM 도표를 만든다..

- CAPABILITY
  요약통계량을 계산하고 성능지수(capability index)를 처리한다. 누적분포도, 히스토그램, P-P 도, Q-Q 도, 확률도 등의 그림을 그린다.

- CUSUM
  평균 또는 기타 측정값에 대한 CUSUM 관리도를 그려 공정이 통계적 관리상태에 있는지 판별한다.

- MACONTROL
  균등가중이동평균(UWMA: uniformly weighted moving average), 또는 지수가중이동평균(EWMA: exponentially weighted moving average) 관리도를 만든다.

- PARETO
  품질관리 문제들로부터 파레토도(Pareto chart)를 그린다.

- SHEWHART
  슈와트 관리도(Shewhart control chart)를 그려 공정이 통계적 관리상태에 있는지 판별한다.

(2) 요인실험설계

- FACTEX
  직교, 또는 부분직교 요인실험 설계를 만든다. 블록화도 가능하다.

- OPTEX
  가능한 실험점의 후보들과 주어진 모형을 기초로 요인실험에 대한 최적 설계를 찾는다.

- RELIABILITY
  신뢰성 분석과 생존분석을 한다. 중도절단 수명데이터를 기초로 수명분포를 적합한다. 제품의 수명데이터, 시스템의 수리데이터 등을 분석하는 유용한 도구다.

- ISHIKAWA
  이시카와 환경, 즉 이시카와도(Ishikawa diagram)를 그리는 독립된 윈도우를 불러낸다.

(3) SQC 메뉴 시스템

통계적 품질관리(SQC: statistical quality control)에 관련된 작업을 담당하는 메뉴 시스템으로 작업공간 메뉴판에서 'Solutions → Analysis → Quality Improvement'를 선택하여 불러온다. 슈와트도(Shewhart chart), 파레토도(Pareto chart), 이시카와도(Ishikawa diagram)를 그리며 공정능력분석(process capability analysis)을 한다.

(4) ADX 인터페이스

실험설계 및 분석, 그리고 최적화를 위한 사용자 인터페이스로, 작업공간 메뉴판에서 'Solutions → Analysis → Design of Experiments'를 선택하여 불러온다. ADX는 'automated design of experiments'를 뜻한다.

요인설계, 일부요인설계, 직교배열, 반응표면설계, 혼합물설계, 분할구설계 등이 가용하다.

6. SAS/GRAPH

(1) 그래프

- GAREABAR

  데이터의 각 범주에 대하여 동시에 두 변수의 행태를 볼 수 있는 영역막대도표 (area bar chart)를 제작한다.

- GBARLINE

  막대선도표(bar line chart)를 제작한다. 막대선도표란 수직막대도표에 꺾은선 그래프가 중첩된 것이다.

- GCHART

  수직 및 수평 막대그래프, 블록, 파이, 도넛, 별도표 등을 그린다.

- GCONTOUR

  삼차원 등고선도(contour plot)를 그린다. 등고선도란 일반 지도처럼 이차원 평면에 세 변수를 그리는 기법이다.

- GPLOT

  산점도, 즉, 2차원 그래프를 그린다.

- GPRINT

  일반 SAS 절차의 텍스트 출력을 그래픽스 출력으로 변환하며, 제목과 각주를 덧붙일 수 있다.

- GRADAR

  레이더 도표(radar chart)를 제작한다.

- GSLIDE

  텍스트로 이루어진 그래픽스 출력을 만든다.

- G3D

  삼차원 표면도, 또는 삼차원 산점도를 그린다.

• G3GRID

스플라인 평활(spline smoothing), 보간법(interpolation) 등 평활 기법으로 불규칙하게 흩어진 점들을 처리하여 격자 데이터로 변환한 다음 SAS 자료로 출력한다. G3GRID 절차는 G3D 절차 등을 적용하여 실제 그래프를 그리기 직전 단계에서 수행한다.

(2) 지도

• GMAP

이차원(choropleth 방식) 혹은 삼차원(surface, block, prism 방식) 천연색 지도를 그린다.

• GPROJECT

경도와 위도로 표현된 좌표들이 수록된 지도 자료에 지도 사영(map projection) 방법을 적용한다.

• GREDUCE

지도 좌표 자료를 처리하여 지도를 그리는데 필요한 점의 수를 줄인다.

• GREMOVE

같은 속성을 갖는 지역 간 경계선을 제거하여 더 큰 단위의 지역을 만든다. 새로운 지도 자료로 출력할 수 있다.

• MAPIMPORT

공간 데이터 포맷의 하나인 ESRI 형상파일을 가져온다.

(3) 유틸리티

• GANNO

ANNOTATE 자료에 저장된 정보대로 그래프를 그린다. ANNOTATE 자료란 출력을 향상시킬 수 있는 명령 및 함수들이 포함된 파일인데, 이를 정의하여 사용하면 다른 사람들 것과 다른 독자적인 그래프 출력을 얻을 수 있다.

• GDEVICE

그래픽스 장치구동기의 파라메터를 검색하고 변경한다.

- GFONT
  새로운 글자체를 만든다.

- GIMPORT
  표준 CGM (computer graphic metafile) 포맷의 그래픽스 파일을 SAS 그래픽스 출력으로 변환하여 가져온다.

- GKEYMAP
  SAS/GRAPH와 운영체제 간 문자코드가 다른 경우 이를 맞춰준다.

- GOPTIONS
  현재 설정된 선택사항들을 보여준다.

- GREPLAY
  SAS/GRAPH 작업으로 얻은 그래프들의 카탈로그를 관리하는 전화면 시현 도구로서, 복사, 삭제, 수정 등이 가능하다.

- GTESTIT
  SAS/GRAPH가 제대로 설치되었는지 확인하는 진단 도구다.

7. SAS/AF

- BUILD
  SAS/AF 응용 프로그램을 구축하는 도구다.

- DISPLAY
  SAS/AF 응용 프로그램을 실행한다.

8. SAS/FSP

(1) SAS 자료 관리

- FSBROWSE
  SAS 자료의 관측들을 한번에 하나씩 검색한다.

• **FSEDIT**
SAS 자료를 생성하거나 편집한다.

• **FSPRINT**
SAS 자료를 생성하거나, 주어진 SAS 자료를 편집하고 인쇄한다. SAS 자료는 전화면에 행렬 형식으로 보여진다.

• **FSVIEW**
SAS 자료를 생성하거나 편집한다. 기존 변수들에 기초한 새로운 변수를 만들 수 있다.

(2) 기타

• **FSLETTER**
개인적인 편지나 보고서를 만드는 과정, 또는 양식을 규격화, 단순화한다.

• **FSLIST**
외부 파일의 내용을 검색한다.

9. SAS/IML

• **IML**
행렬연산을 전담하는 IML (Interactive Matrix Language) 시스템을 구동시켜 행렬에 관련된 작업 처리를 한다.

• **IML Workshop**
SAS/IML용 그래픽 사용자 인터페이스를 제공한다. IML을 보강한 IMLPLUS을 내장하고 있다. 독립적인 소프트웨어인 IML Workshop의 최신판은 다음 주소에서 다운로드할 수 있다.

http://support.sas.com/rnd/app/da/workshop.html

10. SAS/Genetics

유전학 데이터를 분석하는 절차들이다.

- ALLELE
  유전자 표식(genetic marker) 데이터에 대한 예비분석을 수행한다.

- CASECONTROL
  표식 정보를 기초로 어떤 질병에 대한 민감성에 영향을 주는 유전자를 확인할 수 있다. 이 절차는 그러한 표식정보를 해석한다.

- FAMILY
  가족 데이터를 분석하여 표식과 질병 간 연관성을 밝힌다.

- HAPLOTYPE
  유전형(genotype)으로부터 일배체형(haplotype)의 빈도를 추정한다.

- HTSNP
  모든 일배체형으로부터 유전자 변형의 대표적 형태인 SNP를 확인한다.

- INBREED
  가계(pedigree) 데이터에서 공분산 또는 근친교배계수(inbreeding coefficient)를 계산한다.

- PSMOOTH
  유전 데이터에서 다중검증에 대한 평활법을 제공한다.

11. 기타

다음 절차들은 이상에서 소개한 주요 소프트웨어 이외의 단위 소프트웨어들에서 사용 가능한 절차들이다.

- ADMIN [SAS/CONNECT]
  실행 중인 도메인 서버를 관리한다.

- **DBF** [SAS/ACCESS]
  DBF 포맷의 외부 파일을 SAS 자료로 변환한다. 그 반대도 가능하다.

- **DBLOAD** [SAS/ACCESS]
  DB2 포맷의 파일을 만들고 읽고 관측들을 추가한다.

- **DIF** [SAS/ACCESS]
  DIF 포맷의 외부 파일을 SAS 자료로 변환한다. 그 반대도 가능하다.

- **DOWNLOAD** [SAS/CONNECT]
  원격호스트(remote host) 컴퓨터의 파일을 로컬호스트(local host)로 이송한다.

- **GIS** [SAS/GIS]
  SAS/GIS (지리정보시스템: Geographic Information System)에서 사용하는 공간 데이터베이스(spatial database)를 만들고 관리한다.

- **MDDB** [SAS/MDDB Server]
  SAS 자료를 읽고 요약한다. 또 요약한 데이터를 다차원 데이터베이스(MDDB: multidimensional database)에 저장한다. MDDB는 신속하고 간편히 접근할 수 있도록 요약된 데이터를 저장하는 특수한 데이터 저장소다.

- **UPLOAD** [SAS/CONNECT]
  로컬호스트(local host) 컴퓨터의 파일을 원격호스트(remote host)로 이송한다.

II

PRINT 절차와 SORT 절차

이 책에서 SAS 언어를 해설하면서 자주 사용한 PRINT 절차와 SORT 절차의 문법을 간단히 소개한다.

1. PRINT 절차

SAS 자료에 수록된 관측들을 인쇄하는 절차로 결과는 Output 윈도우로 출력된다.

```
PROC PRINT DATA=SASdataset [LABEL];
   ID variables;
   VAR variables;
   BY variables;
RUN;
```

가장 간단한 PRINT 절차는 PROC PRINT 문장에 인쇄할 SAS 자료의 이름을 지정하는 것이다. 그러면 SAS 자료에 속한 모든 변수들이 출력된다.

```
PROC PRINT DATA=SASdataset;
RUN;
```

만일 다음과 같이 SAS 자료의 이름조차 사용하지 않으면 가장 최근에 생성된 SAS 자료를 인쇄한다.

```
PROC PRINT;
RUN;
```

SAS 자료의 변수에 레이블을 붙여놓았을 때 변수 이름 대신 레이블을 출력시키려면 키워드 LABEL을 추가한다.

ID 문장에는 각 관측의 신분 확인 변수를 지정한다. 생략하면 관측 번호가 레이블 OBS 밑에 자동 출력된다. VAR 문장에는 인쇄할 변수들을 지정한다. 생략하면 SAS 자료 내 모든 변수들이 출력된다. BY 문장은 지정된 변수의 값에 따라 SAS 자료를 분할하여 독립적으로 인쇄하고자 할 때 지정한다. BY 문장을 사용하려면 SORT 절차로 SAS 자료를 미리 순서화해야 한다.

2. SORT 절차

SORT 절차는 SAS 자료 내 관측들의 배열을 지정된 기준 변수들의 값에 따라 순서화한다. 다른 SAS 절차에서 BY 문장을 사용하여 자료를 분할 처리하려면 반드시 그 이전에 SORT 절차를 호출하여 SAS 자료를 순서화해야 한다.

```
PROC SORT DATA=SASdataset1 OUT=SASdataset2;
  BY [DESCENDING] variable … ;
RUN;
```

PROC SORT 문장에서 *SASdataset1*은 BY 변수를 기준으로 순서화될 SAS 자료의 이름이다. DATA=*SASdataset1*이 생략되면 자동적으로 가장 최근에 생성된 SAS 자료를 순서화한다. *SASdataset2*는 순서화된 관측들이 출력될 SAS 자료의 이름인데 만일 OUT=*SASdataset2*가 생략되면 *SASdataset1*이 순서화된 SAS 자료로 대체된다.

SORT 절차에서 BY 문장은 절대 생략할 수 없다. 오름차순의 순서화가 디폴트인데 내림차순의 순서화가 필요하면 해당 변수 앞에 DESCENDING을 추가한다.

III

SAS 윈도우

SAS 작업공간에서 불러낼 수 있는 주요한 윈도우(window)들을 정리한다. SAS 시스템의 일차적인 윈도우들인 Editor 윈도우, Log 윈도우, Output 윈도우, Explorer 윈도우, Results 윈도우들을 비롯하여 기타 특수 윈도우인 Keys 윈도우, Options 윈도우 등에 대하여는 이미 소개한 바 있다.

SAS 시스템에서는 모두 약 40 여종의 윈도우를 호출할 수 있는 바 각각의 목적과 쓰임새는 같지 않다. 이들 중 SAS 시스템을 운용하는데 쓸모 있는 윈도우들의 이름과 용도를 뒤따르는 표에 요약하였다. 윈도우들은 영어 자모 순으로 나열하였다.

윈도우 이름	용도
AF	SAS/AF로 개발된 응용 프로그램을 보여준다.
Assist	메뉴판 방식으로 운영되는 SAS/ASSIST를 호출한다.
Editor	Enhanced Editor 윈도우를 열어 SAS 프로그램을 편집, 실행한다.
Explorer	카탈로그, 데이터세트 등 SAS 파일들을 중앙 관리한다.
Footnotes	SAS 절차들의 출력에서 사용할 각주를 정의하고 변경한다.
Help	SAS 시스템에 대한 도움말을 보여준다.
Keys	단축키들에 SAS 작업공간 명령어를 기억시킨다.
Log	Editor 윈도우나 Assist 윈도우에서 접수된 SAS 절차의 실행 상황, 오류나 경고 메시지 등이 출력된다.
SAS System Options	SAS 시스템 선택사항들에 관한 정보를 보여준다.
Output	SAS 절차의 실행 결과가 출력된다.
Program Editor	SAS 프로그램을 편집, 실행한다.
Results	SAS 출력을 관리하고 검색한다.
Titles	SAS 절차들의 출력에서 사용될 제목을 정의하고 변경한다.

표에서 굵은 글씨로 표시한 다섯 개 윈도우가 작업공간을 구성하는 기본 윈도우들이다. SAS 9판의 기본 윈도우의 하나인 Explorer 윈도우는 6판 이하의 SAS 시스템에서 사용하던 CATALOG, DIR, FILENAME, LIBNAME, VAR 윈도우들의 기능을 통합한 것이다. 호출 방식은 다음과 같다.

윈도우 이름	단축키	호출 명령어	메뉴
AF			
Editor	F5	WEDIT	View → Enhanced Editor
Explorer		EXPLORER	View → Explorer
Footnotes		FOOTNOTES	
Help	F1	HELP	Help → SAS Help and Documentation
Keys	F9	KEYS	Tools → Options → Keys
Log	F6	LOG	View → Log
SAS System Options	Ctrl I	OPTIONS	Tools → Options → System...
Output	F7	OUTPUT	View → Output
Results			View → Results
Titles	Ctrl T	TITLES	

- **Explorer 윈도우에서 라이브러리를 정의하는 방법**

자신만의 데이터 라이브러리를 설정하려면 Explorer 윈도우를 이용한다. Explorer 윈도우에서 'Libraries' 항목을 선택한 후 화면 아무 곳에서나 마우스 오른쪽 단추를 누르면 돌출메뉴가 나타나는데 여기서 'New...'를 선택한다. New Library 대화상자에서 새로 정의할 라이브러리에 적절한 이름과 경로를 지정하고 'Enable at startup'에 √ 표시를 하면 정의가 끝난다. 이후 자신의 프로그램에서 SAS 자료의 이름으로 두 단어 이름을 사용하면 프로그램에서 생성되는 모든 SAS 자료가 지정된 폴더에 영구 저장된다.

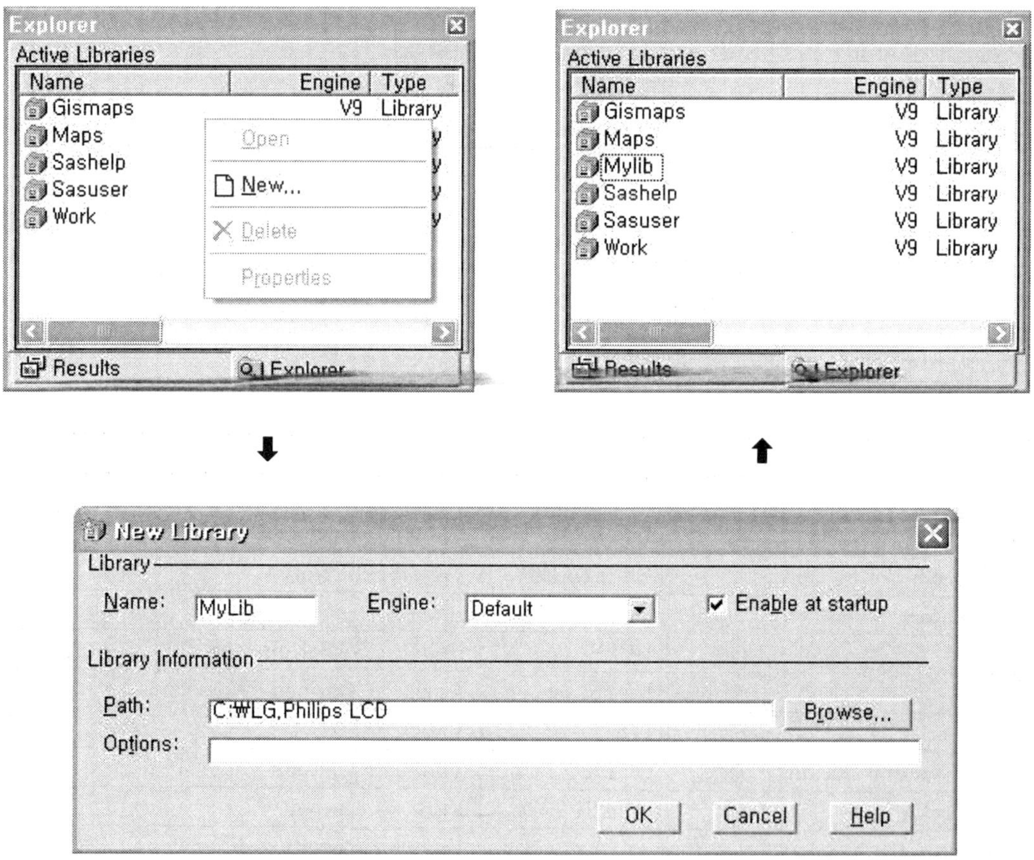

IV

SAS 해설 시리즈 소개

그간 필자가 저술한 SAS 해설 시리즈와 이들에서 소개한 절차들을 간추린다.

- SAS 시스템과 SAS 언어, 7판 (2009)
- 기본 SAS 소프트웨어 – 기술통계, 3판 (2000)
- SAS/STAT – 회귀분석, 3판 (2004)
- SAS/STAT – 분산분석, 2판 (2001)
- SAS/IML – 행렬연산, 2판 (1999)
- SAS/GRAPH – 통계그래픽스, 2판 (2001)
- SAS를 이용한 통계적 자료분석, 2판 (2003)

제목	절차	기능
기본 SAS 소프트웨어 - 기술통계	PRINT	인쇄
	SORT	순서화
	RANK	순위화
	STANDARD	표준화
	STDIZE	표준화 및 로버스트 측도
	MEANS	기술통계량
	UNIVARIATE	기술통계분석, Q-Q도
	BOXPLOT	상자그림
	CORR	상관분석과 상관측도
	FREQ	범주형자료, 연관 및 일치측도
	CHART	도표
	PLOT	산점도
	TABULATE	표
	FORMAT	입출력 포맷 정의
	OPTIONS	시스템 설정 확인
	TRANSPOSE	자료의 행과 열의 전치
SAS/STAT - **회귀분석**	REG	선형회귀, 능형회귀
	NLIN	비선형회귀
	ORTHOREG	직교회귀
	RSREG	반응표면분석
	LOGISTIC	일반화선형모형, 로지스틱회귀
	GENMOD	포아송회귀
SAS/STAT - **분산분석**	GLM	일반선형모형
	ANOVA	분산분석
	NESTED	지분모형
	VARCOMP	분산요소 추정
	NPAR1WAY	비모수 일원분산분석
	TTEST	t 검증
SAS/IML - **행렬연산**	IML	행렬연산
SAS/GRAPH - **통계그래픽스**	GSLIDE	텍스트 출력 및 슬라이드
	GCHART	각종 이삼차원 도표
	GPLOT	산점도, 평활도, 상자도, 거품도
	G3D	삼차원표면도, 산점도
	G3GRID	격자좌표 생성 및 데이터 평활
	GCONTOUR	등고선도
	GMAP	지리데이터를 이용한 각종 지도
	GTESTIT	시스템 설치 검사
	GOPTIONS	그래픽스 시스템 제어
	GREPLAY	그래픽스 파일의 재생 및 전시

제목	절차	기능
SAS를 이용한 통계적 자료분석	PRINT	인쇄
	SORT	순서화
	(G)CHART	막대그래프 등 도표
	MEANS	기술통계 분석
	UNIVARIATE	상자그림, 줄기-잎 그림
	FREQ	설문지 분석과 독립성 검증
	CORR	상관계수
	(G)PLOT	산점도
	REG	회귀분석
	TTEST	이표본 평균차이 검증
	ANOVA	분산분석
	GLM	분산분석

찾아보기

|저자 약력|

成 來 慶

서울대학교 계산통계학과
서울대학교 대학원 계산통계학과, 통계학 석사
육군사관학교 수학과, 교관
미국 버지니아 공과대학 통계학과
미국 아이오와 주립대학교 통계학과, 통계학 박사
미국 하바드 대학 통계학과 특별연구원
이화여자대학교 통계학과, 부교수
고려대학교 통계연구소 특별연구원
KT 전문임원
코어의학통계원(CIMS) 원장

SAS 시스템과 SAS 언어 -제7판-

저 자	성내경
발 행 인	김지영
발 행 처	자유아카데미
주 소	경기도 파주시 회동길 37-42 파주출판도시
전 화	031-955-1321
팩 스	031-955-1322
홈페이지	www.freeaca.com
전자우편	main@freeaca.com(대표) editor@freeaca.com(편집) crm@freeaca.com(영업)
등 록	제406-2003-017호, 1980. 7. 12
제7판1쇄	2009년 1월 31일 발행
제7판6쇄	2021년 3월 10일 발행
정 가	25,000원

저자와의 협의하에 인지생략

무단 복제를 금하며, 잘못된 책은 바꾸어 드립니다.
ISBN 978-89-7338-746-5 93310